Universalität der Menschenrechte

Rechtspolitisches Symposium
Legal Policy Symposium

Herausgegeben im Institut für Rechtspolitik an der Universität Trier
von Bernd von Hoffmann und Gerhard Robbers

Band 7

PETER LANG
Frankfurt am Main · Berlin · Bern · Bruxelles · New York · Oxford · Wien

Bernd von Hoffmann (Hrsg.)

Universalität der Menschenrechte

Kulturelle Pluralität

PETER LANG
Internationaler Verlag der Wissenschaften

Bibliografische Information der Deutschen Nationalbibliothek
Die Deutsche Nationalbibliothek verzeichnet diese Publikation in der Deutschen Nationalbibliografie; detaillierte bibliografische Daten sind im Internet über <http://www.d-nb.de> abrufbar.

Gedruckt auf alterungsbeständigem, säurefreiem Papier.

ISSN 1610-8906
ISBN 978-3-631-58853-6

Printed in Germany 1 2 3 4 5 7

www.peterlang.de

INHALTSVERZEICHNIS

VORWORT

Das Institut für Rechtspolitik behandelte in seinem achten Symposium vom 26. – 28. März 2008 die „Universalität der Menschenrechte".

Nach dem Ende des Kalten Krieges ist der Schutz der Menschenrechte auf breiter Front in den Vordergrund des politischen und internationalrechtlichen Interesses gerückt. Das Kuratorium der Gesellschaft für Rechtspolitik hat ebenfalls auf die Bedeutung der Thematik hingewiesen.

Das Symposium widmete sich schwerpunktmäßig zwei Aspekten: Einerseits ging es um das Spannungsverhältnis zwischen universeller Geltung der Menschenrechte und kultureller Pluralität; andererseits wurden neuere Entwicklungen des Schutzes der Menschenrechte durch staatliche Gerichte diskutiert.

Die Teilnehmer des Symposiums hatten vorab Leitsätze der Referate in Händen. Die intensive Diskussion der Referate in einem kleinen, interdisziplinären Kreis von Sachverständigen war Schwerpunkt des Symposiums. Diskussionsberichte sind Bestandteil dieses Bandes. Eine Generaldebatte am Schluss des Symposiums mündete in der thesenartigen Zusammenfassung der wesentlichen Ergebnisse durch eine kleine Arbeitsgruppe; der Herausgeber übernimmt die Verantwortung für den Inhalt. Dank gilt den Referenten für die zügige Erstellung druckreifer Manuskripte.

Ein besonderer Dank gilt meinen Mitarbeiterinnen Ref. iur. *Janine Bonn* und Ref. iur. *Manuela Krach*; sie haben wesentlichen Anteil an Vorbereitung und Durchführung des Symposiums sowie der Redaktion dieses Buches. Unschätzbare Hilfe leisteten die Trierer Rechtsstudenten *Katharina Böhme, Ingrid Kehrer, Linda Kern, Christina Schmidt-Holtmann, Oliver Wolf* sowie Ref. iur. *Anna Gros* und Ref. iur. *Christian Spatz*. Sie erstellten die Diskussionsprotokolle so, dass diese noch während des Symposiums verfügbar waren. Die Mitarbeiter des Instituts unterstützten das Symposium in bewährter Manier; *Claudia Lehnen* betreute umsichtig die Drucklegung.

Trier, im September 2008 Bernd von Hoffmann

I. UNIVERSALITÄTSANSPRUCH DER MENSCHENRECHTE

BERND VON HOFFMANN

EINFÜHRUNG: KULTURELLE VIELFALT UND RECHTSSCHUTZ

Der Aufstieg der Menschenrechte nach dem 2. Weltkrieg leitete eine neue Epoche des Völkerrechts ein: Das Individuum wurde als Völkerrechtssubjekt entdeckt.

Die Menschenrechte wurzeln in abendländischer Tradition, nämlich griechischer Philosophie, christlichem Menschenbild und politischen Revolutionen.

Heute wird den Menschenrechten universale Geltung zugesprochen. Man mag sich fragen, wie dieser Geltungsanspruch mit Kulturen kompatibel ist, die nicht auf der abendländischen Tradition aufbauen, also etwa dem Islam und dem Fernen Osten. Wir hören, dass bereits Kant vor dem friedensgefährdenden Potential partikularer Offenbarungsreligionen warnte. Ist der Universalitätsanspruch abendländischer Menschenrechte nur eine neue Spielart westlichen Imperialismus? Steht dem nicht das Gebot der Respektierung kultureller Identität und „Artenvielfalt" entgegen?

Vielleicht bedeutet der Universalitätsanspruch der Menschenrechte ihre Abnabelung von dem abendländischen Ursprung. Oder sind universaler Kern und regionaler Hof miteinander verknüpft? Herr Robbers stellte kürzlich fest, dass die Schutzgüter – wie Leben, Eigentum und Glaubensfreiheit – universal anerkannt sind, dass aber ihre Schranken im Konflikt mit anderen Gütern höchst partikular bestimmt werden und fordert verstärkt Dialoge, um einheitliche Schranken zu bestimmen. Dies könnte zu einer Relativierung des universalen Geltungsanspruches führen. So kennt man im Internationalen Privatrecht den Topos von der Relativität des ordre public: Inländische Grundrechtsvorstellungen setzen sich mehr durch, wenn der Sachverhalt stärker mit dem Inland verbunden ist.

Das Bekenntnis zur Durchsetzung der Menschenrechte hat im Privatrechtsverkehr neuartige Fragestellungen aufgeworfen. So wird die internationale Zuständigkeit staatlicher Gerichte für private Schadensersatzklagen wegen Menschenrechtsverletzungen zunehmend für begründet angesehen, obwohl kein Inlandsbezug besteht, der im Allgemeinen für die Tätigkeit inländischer Gerichte verlangt wird. Auch Schadensersatzklagen Privater wegen Verletzung der körperlichen Identität durch ausländische Interventionstruppen werden zunehmend angestrengt. Dafür muss aber die Immunität des intervenierenden Staates zurückstehen.

Insgesamt werden zwei Grundfragen dieses Symposium beschäftigen: einerseits der Gegensatz zwischen Universalität und kultureller Vielfalt, anderseits der Schutz der Menschenrechte durch Institutionen des Privatrechts.

CHRISTIAN TOMUSCHAT

MENSCHENRECHTE IN DER PRAXIS DER VEREINTEN NATIONEN

I. Historische Grundlagen

Die Menschenrechte sind heute einer der Hauptbestandteile des internationalen Rechtssystems, dessen Grundlagen vor über sechs Jahrzehnten mit der Charta der Vereinten Nationen geschaffen wurden. Ursprünglich standen die Menschenrechte eher am Rande des Aktionsprogramms der Weltorganisation. Erwähnt sind sie in der Präambel, in Art. 1 Abs. 3 sowie vor allem in den Art. 55 und 56 der Charta. Als fachliches Sonderorgan des Wirtschafts- und Sozialrates sollte eine besondere Kommission für die „Förderung" („promotion") der Menschenrechte sorgen (Art. 68). Aber in den speziellen Aufgabenzuweisungen für die Generalversammlung (Art. 11) ist von Menschenrechten nicht die Rede, und dem Sicherheitsrat war einzig und allein aufgetragen, den Weltfrieden und die internationale Sicherheit zu gewährleisten. Nach den Erfahrungen des Zweiten Weltkrieges schien es vordringlich, den Frieden in der Welt zu sichern, um damit feste Grundlagen für die Respektierung der Menschenrechte zu schaffen.

Aber es war doch gleichzeitig auch das Bewusstsein vorhanden, dass Menschenrechte nicht nur das Ergebnis, sondern auch die Vorbedingung für friedliche Verhältnisse in der Welt sein könnten. So wurde auf Drängen vieler Länder die neu geschaffene Menschenrechtskommission sogleich mit der Aufgabe betraut, einen Katalog von Menschenrechten zu formulieren, die einem jeden menschlichen Wesen ohne Rücksicht auf seine persönlichen Eigenschaften zukommen sollten. Es ist erstaunlich, dass dieses Unternehmen innerhalb weniger Jahre gelang. Schon am 10. Dezember 1948 wurde von der Generalversammlung feierlich die Allgemeine Erklärung der Menschenrechte (AEMR) verabschiedet.[1] Sie konnte sich nicht auf einhellige Zustimmung stützen. Zwar gab es keine Gegenstimmen, aber die sechs kommunistischen Staaten Mittel- und Osteuropas sowie Saudi-Arabien und Südafrika enthielten sich der Stimme.

---

1 Resolution 217 A (III).

Lange Zeit war von einem „Geburtsfehler“ der AEMR die Rede. In der Tat entstammte sie einer Weltorganisation, welche diese Bezeichnung noch nicht wahrhaft verdiente. Die Zahl der Mitglieder belief sich auf 56, während heute die Vereinten Nationen bekanntlich nicht weniger als 192 Staaten umfassen. Westeuropa war zahlreich vertreten, ebenso der amerikanische Kontinent. Aber Asien stellte nur ein schwaches Kontingent von elf Staaten und Afrika lag noch weithin unter dem Schatten des Kolonialismus: Nur drei Staaten waren im Jahre 1948 aktive Mitglieder (Ägypten, Äthiopien, Liberia). Es ist dennoch verfehlt, die AEMR als ein Produkt ausschließlich oder überwiegend westlichen Denkens hinzustellen, wie dies von Seiten sowohl ihrer Kritiker wie auch ihrer Befürworter immer wieder geschehen ist. In der Menschenrechtskommission waren bei der Redaktionsarbeit aktiv und prominent eine ganze Reihe von Vertretern der Dritten Welt beteiligt, unter denen insbesondere Frau Mehta aus Indien und Charles Malik aus dem Libanon hervorragten. Es war also kein geschlossener westlicher Club, der die Entwürfe für die AEMR anfertigte.

In einer Publikation der UNESCO aus dem Jahre 1949, die kurz nach der Verabschiedung der AEMR veröffentlicht wurde, sind Stimmen aus der Dritten Welt zu den Wertgrundlagen dieses Dokuments zusammengetragen. Schriftsteller und Philosophen waren befragt worden, ob auch sie in der AEMR ein Spiegelbild ihrer eigenen Kultur erblicken könnten. Durchweg wurde diese Frage bejaht, obwohl vor allem Persönlichkeiten aus dem asiatischen Raum vielfach betonten, dass die AEMR wohl zu einseitig die Rechte des Individuums betone und den Pflichtenaspekt allzu sehr beiseite schiebe. Eines der berühmtesten Zitate in diesem Zusammenhang ist die Aussage von Mahatma Gandhi, seine Mutter habe ihn gelehrt “that all rights to be deserved and preserved came from duty well done”[2]. Dennoch waren diese Stimmen kein Votum gegen die Universalität der AEMR, sondern bemühten sich lediglich um eine gewisse Akzentverlagerung.

Hätte man sich in der Menschenrechtskommission darum bemüht, vor der Ausarbeitung eines Textes zunächst ein Einverständnis über die ethischen und ggf. auch religiösen Grundlagen der Menschenrechte zu erzielen, so wäre es aller Wahrscheinlichkeit nicht zu einem erfolgreichen Abschluss der Arbeiten gekommen. Es ist eine Banalität festzustellen, dass die Menschheit in Völker und Gruppen mit den unterschiedlichsten Traditionen und Überzeugungen zer-

2 Brief vom 25.5.1947, abgedruckt in: Human Rights Teaching IV (1985), 4.

fällt. Dies allerdings, so zeigt die Einigung über den in der AEMR niedergelegten Text, hindert nicht daran, gemeinsame Leitvorstellungen über eine gerechte Sozialordnung, vor allem das Verhältnis des Staates zu seinen Bürgern anzuerkennen. Richtig ist, dass diese Gemeinsamkeit zunächst eine Gemeinsamkeit auf dem semantischen Parkett war, die der Umsetzung in praktische Realität bedurfte. Dennoch darf man die Verabschiedung eines solchen Programms – die AEMR bezeichnete sich ja selbst in ihrer Präambel als das „von allen Völkern und Nationen zu erreichende gemeinsame Ideal" – nicht gering schätzen. Die in Paris während der dritten Sitzungsperiode der Generalversammlung vertretenen Regierungen waren von den besten Absichten erfüllt und fest entschlossen, dem proklamierten Ideal nachzueifern. Dass die Routine ihrer laufenden Geschäfte vielfach anders aussah, mögen sie verdrängt haben, und einige mögen auch aus purer Heuchelei ein positives Votum abgegeben haben. Aber große politische Dokumente bedürfen stets eines besonderen Elans, der sich über die Alltagswidrigkeiten erhebt. Tatsache ist auch, dass die AEMR die Jahrzehnte bis zum heutigen Tage unbeschadet überstanden hat. In der berühmten Gipfelerklärung aus dem Jahre 2005 mit dem Titel „World Summit Outcome"[3] hat die Generalversammlung sich wie folgt geäußert (§ 120):

> "We reaffirm the solemn commitment of our States to fulfil their obligations to promote universal respect for and the observance and protection of all human rights and fundamental freedoms for all in accordance with the Charter, the Universal Declaration of Human Rights and other instruments relating to human rights and international law. The universal nature of these rights and freedoms is beyond question."

Die Linie solcher Aussagen setzt sich bis zum heutigen Tage fort. So hat die Generalversammlung erst vor wenigen Monaten wieder die AEMR zusammen mit den beiden Weltpakten als das „Herzstück" („core") der Internationalen Charta der Menschenrechte bezeichnet.[4]

Überdies ist es eine Tatsache von hoher Bedeutung, dass die inhaltliche Gestalt der AEMR 18 Jahre später durch die Verabschiedung jener beiden Weltpakte, des Internationalen Pakts über bürgerliche und politische Rechte (IPBPR) auf der einen und des Internationalen Paktes über wirtschaftliche, soziale und kulturelle Rechte (IPWSKR) auf der anderen Seite, bestätigt und bekräftigt wurde. Zu jenem Zeitpunkt, am 16. Dezember 1966, waren die Ver-

3 GV-Resolution 60/1.

4 GV-Resolution 62/147, 18.12.2007, Präambel, § 2.

einten Nationen kein vom Westen dominiertes Gebilde mehr. Im Zuge der Dekolonisierung waren zahlreiche afrikanische und asiatische Staaten neu in die Weltorganisation aufgenommen worden (120 Mitglieder) und es war sogar der Druck, der von ihnen ausging, der schließlich die beiden antagonistischen Blöcke von Ost und West dazu brachte, über ihre ideologischen Differenzen hinwegzusehen und sich einem breiten, durch keinerlei Enthaltung getrübten Konsens anzuschließen. So lässt sich das heutige Grundgerüst der menschenrechtlichen Gewährleistungen unter keinem denkbaren Aspekt mehr als einseitig von westlichem Gedankengut beeinflusstes Denkschema kritisieren. Man darf es sogar als Glücksfall bezeichnen, dass die Verabschiedung der beiden Weltpakte sich über so viele Jahre hinauszögerte. So konnten die Entwürfe den Geruch kolonialer Fremdbestimmung abstreifen.

Ideologischen Gegnern bleibt immer noch die Möglichkeit, die Legitimität der beiden Weltpakte mit der Behauptung anzugreifen, dass ja die verantwortlichen Staatsmänner und Diplomaten auf ihrem Erziehungsweg durchweg durch die Schule des Westens gegangen seien und sich deswegen Ansichten zu eigen gemacht hätten, die nichts mit den originären kulturellen Wertgrundlagen in ihren Heimatländern zu tun hätten. Freilich ist dies ein arg billiges, populistisches Argument. Jeder Mensch erlebt im Laufe seines Lebens vielfältige Einflüsse aus seinem sozialen Umfeld. Darum wird er aber nicht von seinen Wurzeln abgeschnitten. Die im Kindes- und Jugendalter erworbenen Wertvorstellungen wirft man nicht einfach über Bord, noch werden solche Wertvorstellungen gänzlich verdrängt von den jüngeren Eindrücken. Insgesamt darf man auch die Vorstellung von unberührten, authentischen National- oder Regionalkulturen in einer Welt, die nicht nur durch Informationskanäle eng vernetzt ist, einer gewissen Naivität zeihen. Alle Personen, die in ihren Ländern Führungspositionen einnehmen, haben sich mit Gedanken vertraut machen müssen, die außerhalb der nationalen Grenzen Geltung erlangt haben. Solche Ausweitung des geistigen Horizonts darf nicht mit Entfremdung gleichgesetzt werden, will man nicht einem Provinzialismus das Wort reden, der jede Beschäftigung mit einer neuartigen Ideenwelt sogleich als vaterlandslosen Elitismus ablehnt.

Nicht unterschlagen werden darf die Tatsache, dass bei der Verfestigung der in der AEMR enthaltenen idealistischen Substanz zu verbindlichem positiven Recht gewisse Forderungen abgeschnitten worden sind, die von vielen Regierungen als zu weitgehend empfunden wurden, nämlich das Asylrecht (Art. 14), das Recht auf eine Staatsangehörigkeit (Art. 15) sowie das Recht auf Eigentum (Art. 17). Im Übrigen aber blieb die normative Reichweite der

AEMR fast durchweg erhalten, ja durch die Bestimmung über den Minderheitsschutz erhielt der IPBPR noch eine wertvolle Ergänzung (Art. 27). Wie auch die AEMR verkörpern die beiden Weltpakte exemplarisch die Einheit der traditionellen Freiheitsrechte mit den „moderneren" wirtschaftlichen und sozialen Rechten. Die große Frage lautete in der Folgezeit, ob sich die beiden Blöcke der „ersten" und der „zweiten" Welt auch definitiv durch ihre verbindliche Unterschrift, zu solcher Einheit bekennen würden. Vielfach wurde die Vermutung geäußert, der Westen würde nur den IPBPR ratifizieren, während der Osten sich mit der Annahme des IPWSKR begnügen würde.

In der Tat war für die Sowjetunion und ihre Verbündeten die Billigung des IPBPR eine große Herausforderung, enthielt und enthält doch der IPBPR mit seinem Gebot der Nichtdiskriminierung aus politischen Gründen wie auch mit seiner Gewährleistung elementarer politischer Freiheiten nichts weniger als Sprengstoff für eine Diktatur. Offensichtlich hoffte man, es werde nicht alles so heiß gegessen, wie es gekocht worden sei. Überdies verabredete man sich im Kreise der kommunistischen Staaten, sogleich massiv auch dem IPBPR und nicht nur dem IPWSKR beizutreten, um durch eine starke Repräsentation im zuständigen Überwachungsgremium, dem Menschenrechtsausschuss, die Interpretation der Paktrechte auf Bahnen politischer Harmlosigkeit lenken zu können. Nach wie vor lehnten die Sowjetunion und ihre Verbündeten auch nach der Ratifizierung des IPBPR das Konzept bürgerlicher Freiheitsrechte entschieden ab und waren keineswegs bereit, auf Grund ihrer eingegangenen völkerrechtlichen Verpflichtungen neue Wege zu beschreiten.[5] Für die historische Forschung müssten die Protokolle über die Zusammenkünfte, bei denen über die Möglichkeit einer Zustimmung zum IPBPR beraten wurde, eine Fundgrube für aufschlussreiche Erkenntnisse sein.

Ganz anders war die Lage im Westen. Es ist eine Fehlvorstellung, die aber bis zum heutigen Tage immer wieder verbreitet wird, dass der Westen kein Interesse an wirtschaftlichen und sozialen Rechten habe. Jeder Blick in eine Tageszeitung, jeder Wahlkampf lehrt das Gegenteil. Arbeit, Rente, Wohnung und Gesundheit stehen im Mittelpunkt des politischen Interesses. Um sie drehen sich fast alle Auseinandersetzungen. Die Abneigung der Politik gegen wirtschaftliche und soziale Grundrechte betrifft aber nicht den Inhalt, sondern

---

5 Als symptomatisch kann insoweit die rücksichtslose Verfolgung der Mitglieder der Menschenrechtsgruppe „Charta 77" in der Tschechoslowakei gelten, die nichts anderes forderte, als dass die Regierung ihres Landes die von ihr eingegangenen völkerrechtlichen Verpflichtungen auch erfüllen solle.

lediglich die Modalität ihrer Verwirklichung. Eine große Skepsis herrscht gegenüber verfassungsrechtlichen Normierungen, die Rechte festschreiben würden, von denen jeder weiß, dass sie in hohem Maße kontextabhängig sind. In den kommunistischen Staaten konnte man in aller Seelenruhe alle nur denkbaren Versprechungen mit dem Kleid der verfassungsrechtlichen Garantie umhüllen, denn es gab keine richterliche Gewalt, die solche Rechte hätte anmahnen und durchsetzen können. Letzten Endes haben sich die westlichen Staaten entschlossen, trotz ihrer Bedenken auch den IPWSKR zu akzeptieren, da in dessen einleitender Generalklausel (Art. 2 Abs. 1) klargestellt wird, dass die nachfolgenden „Rechte" keine echten Rechte sein sollen, sondern im Wesentlichen Leitbestimmungen für den Staat. Dieser wird auf eine Politik verpflichtet, die den einzelnen wirtschaftlichen und sozialen Rechten eine echte Effektivität verschaffen soll. An individuelle Rechtsansprüche war jedenfalls ursprünglich nicht gedacht.

Prüft man heute nach, wie sich der Ratifikationsstand der beiden Weltpakte entwickelt hat, so stellt man fest, dass sich auch nach über 40 Jahren echte Universalität nicht eingestellt hat. Der IPBPR steht bei 161 Vertragstaaten, während der IPWSKR nur wenig dahinter zurück bleibt (157 Vertragstaaten). Die verbleibende Lücke von etwas über 30 Staaten sollte aber auch nicht dramatisiert werden. Die Liste der Außenseiter umfasst in erster Linie zahlreiche Kleinststaaten, die eine Ratifikation der beiden Pakte für sich nicht als dringend ansehen und die auch davor zurückscheuen, die Berichtspflichten auf sich zu nehmen, die mit der Vertragsmitgliedschaft verbunden wären. Sehr viel kleiner ist die Gruppe der bewussten Verweigerer. Was den IPBPR angeht, so steht an ihrer Spitze China zusammen mit dem ihm eng verbundenen Laos. Für China ist es angesichts der Unruhe im Lande gegenwärtig fast undenkbar, sich auf das Abenteuer der vorbehaltlosen Anerkennung politischer Freiheitsrechte einzulassen. Insofern kann man seiner Regierung die Ehrlichkeit nicht absprechen. Ratifikation des IPBPR würde auf pure Heuchelei hinauslaufen und würde letztlich die Autorität dieses Übereinkommens beschädigen.

Ähnliche, aber auch andere Gründe sind es, welche die konservativen Staaten der arabischen Halbinsel (Oman, Qatar, Saudi-Arabien, Vereinigte Arabische Emirate) bis zum heutigen Tage davon abhalten, sich dem IPBPR zu unterwerfen. Hier ist es nicht zuletzt die von dem Pakt proklamierte Gleichheit von Mann und Frau, die als Hindernis gesehen wird. Dass man angesichts der im Alltag praktizierten Regeln der Scharia nicht bereit ist, einem Vertragswerk beizutreten, zu dessen Leitzielen die Überwindung der Diskriminierung der Frau zählt, darf man wiederum als einen Ausdruck von offener Ehrlichkeit werten. Hier gibt es offensichtlich eine Wertdivergenz, die sich weder wegreden noch übertünchen lässt.

Was den IPWSKR angeht, so sind die USA der Verweigerer mit dem größten politischen Gewicht. Natürlich hat auch in den USA niemand Einwände dagegen, dass der Einzelne ein würdevolles Leben außerhalb von bedrängender materieller Not führen kann. Aber die Bewohner der USA haben eine skeptische Einstellung gegenüber dem Staatsapparat. Sie sind eher der Auffassung, dass es dem Einzelnen selbst obliege, für sein Wohlergehen zu sorgen, als dass man diese Sorge dem Staat aufbürden sollte. Diese Einstellung hängt mit einer Mentalität zusammen, die immer noch den amerikanischen Traum – vom Tellerwäscher zum Millionär – als greifbare Realität ansieht. Sollte dieser Traum definitiv dem Absturz geweiht sein, so würden sich aller Wahrscheinlichkeit nach auch die Ansichten über die legitimen Staatsaufgaben ändern. Wenn große Teile der Bevölkerung aus eigenen Kräften ihre Existenz nicht mehr sichern können, muss eines Tages notwendigerweise der Staat die Schutzfunktion übernehmen.

Aufschlussreiche Einsichten in kulturelle Diskrepanzen vermitteln schließlich auch die Vorbehalte, die vor allem zu dem Übereinkommen zur Beseitigung jeder Form von Diskriminierung der Frau aus dem Jahre 1979[6] sowie dem Übereinkommen über die Rechte des Kindes von 1989[7] eingelegt worden sind. Gleichsam den Gipfelpunkt hat bei dem ersten Übereinkommen Saudi-Arabien erreicht, das gleichzeitig mit der Akzeptierung der Verpflichtungen aus dem Übereinkommen den Vorbehalt machte, dass jeweils im Konfliktsfalle die Scharia vorgehe:

> "1. In case of contradiction between any term of the Convention and the norms of islamic law, the Kingdom is not under obligation to observe the contradictory terms of the Convention."

Das Übereinkommen über die Rechte des Kindes wurde in ähnlicher Weise von Kuwait und Malaysia gleichsam kahl gepfändet. Der kuwaitische Vorbehalt lautet:

> "[Kuwait expresses] reservations on all provisions of the Convention that are incompatible with the laws of Islamic Shari'a and the local statutes in effect,"

---

6 GV-Resolution 34/180, 18.12.1979.
7 GV-Resolution 44/25, 20.11.1989.

und noch drastischer geht Malaysia vor, wenn es die Erklärung abgibt:

> "that the said provisions shall be applicable only if they are in conformity with the Constitution, national laws and national policies of the Government of Malaysia."

Hier bleibt von der Substanz des Vertragswerks nicht einmal ein Schatten übrig. Die Ratifikation dient lediglich als Alibi, um sich einen Anstrich von Weltoffenheit zu geben. Einen Modernisierungsschub bewirken solche eingeschränkten Annahmeerklärungen nicht. Eigentlich dienen sie nur dazu, dem in der Sache unwilligen Staat die Chance zu eröffnen, Kandidaten für den zuständigen Expertenausschuss aufzustellen, um dann dort die eigene konservative Position von innen heraus weiter verfolgen zu können. Leider hat der Generalsekretär der Vereinten Nationen keine Praxis entwickelt, die es ihm ermöglichen würde, Ratifikationserklärungen mit Vorbehalten, die offensichtlich mit Ziel und Zweck des Vertrages unvereinbar sind, als unzulässig im Sinne des Art. 19 c) des Wiener Übereinkommens über das Recht der Verträge zurückzuweisen. Staaten mit solch zerstörerischen oder jedenfalls unehrlichen Absichten wären dann daran gehindert, die Vertragsmitgliedschaft zu erwerben.

II. Die heutige Problemlage

1. Die Mündigkeit des Menschen

In der politischen Praxis werden vielfach die bestehenden Divergenzen nicht zur Kenntnis genommen. Zu einer gängigen Floskel ist seit vielen Jahren die Einheit von klassischen liberalen Freiheitsrechten auf der einen Seite und wirtschaftlichen und sozialen Rechten auf der anderen Seite geworden.[8] Unter diesem Gebirge von drückender Einigkeit sind grundlegende philosophische Fragen verdeckt worden. Diese Fragen sind gleichwohl von großer Schlicht-

---

8 Vgl. etwa § 5 der Schlusserklärung der Wiener Weltmenschenrechtskonferenz vom Juni 1993: "All human rights are universal, indivisible and interdependent and interrelated". Diese Formel wird ständig fortgeführt, so auch in § 121 des World Summit Outcome, wo der erste Satz lautet: "We reaffirm that all human rights are universal, indivisible, interrelated, interdependent and mutually reinforcing and that all human rights must be treated in a fair and equal manner, on the same footing and with the same emphasis."

heit. Im Kern geht es um die Reichweite der Verantwortung des Staates für die Menschen unter seiner Zuständigkeit. Kann und soll der Staat der Garant für die Lebensbedingungen dieser Menschen sein? Im World Summit Outcome von 2005 ist die sog. „responsibility to protect“ in sehr vorsichtiger Form zum Ausdruck gebracht worden. Im Wesentlichen wird gesagt, dass der Staat die Aufgabe habe, den Bürger vor schweren Menschenrechtsverletzungen zu bewahren (Nr. 138). In der spezifischen menschenrechtlichen Debatte hingegen ist man bereits sehr viel weiter vorangeschritten. Vor allem in seinen „Allgemeinen Bemerkungen“ erhebt der Ausschuss für wirtschaftliche, soziale und kulturelle Rechte nach dem IPWSKR sehr weit reichende Forderungen. Ganz besonders lesenswert sind die Allgemeinen Bemerkungen zum Recht auf Gesundheit, welche der Ausschuss im Jahre 2000 verabschiedet hat.[9] Der Leser wird mit sehr detaillierten Ausführungen über einen idealen Gesundheitsschutz konfrontiert. Nach Ansicht des Ausschusses muss der Staat gleichsam Himmel und Hölle in Bewegung setzen, um für die Menschen angemessene Bedingungen zu schaffen. Es ist gleichsam ein Handbuch der modernen Präventivmedizin entstanden. Erstaunlich darf und muss man auf der anderen Seite finden, dass der Ausschuss mit keinem Wort auf die persönliche Verantwortung des Einzelnen für seine Gesundheit eingeht. Eine solche einseitige Verteilung der Lasten verfehlt den richtigen Gleichgewichtspunkt.

Dies ist nicht lediglich eine empirische, faktische Frage in dem Sinne, welche Haushaltsmittel einem Staat zur Verfügung stehen und was sich eine Gemeinschaft an medizinischem Schutz leisten kann. Vielmehr wird der Kern des Menschenrechtsgedankens berührt. Wie viel an Verantwortung soll der Staat für das Wohlergehen seiner Bürger tragen? Das Wort „Jeder ist seines Glückes Schmied“ klingt banal, birgt aber in sich einen wahren Kern. Die menschliche Würde erwächst gerade aus der einem jeden gestellten Aufgabe, sein eigenes Leben zu meistern und Verantwortung für sich und die Menschen in seiner Umgebung zu übernehmen. Das Individuum wird nicht als bloßes Objekt vorausgesetzt, als bloßer Gegenstand der Betreuung, sondern als ein aktives Subjekt, das selbst sein Schicksal gestaltet. Würde man den Ausgangspunkt anders definieren, müsste man auch sogleich die grundlegende Vorstellung von der Gleichheit aller Menschen aufgeben. Denn dann müsste man die Menschheit einteilen in solche, die der Allgemeinheit zur Fürsorge anvertraut sind, und solche andere, die fähig und in der Lage sind, Entscheidungen über den

9 General Comment Nr. 14.

Lebensweg nicht nur für sich selbst, sondern auch für die Menschen innerhalb ihres jeweiligen Gemeinschaftsverbandes zu treffen.

2. *Tradition und Herkommen, politischer Gesamtrahmen*

Aufschlussreich für das Konzept der Universalität sind auch gewisse Nuancierungen, die sich seit den Vorbereitungskonferenzen für die Wiener Welt-Menschenrechtskonferenz von 1993 in den amtlichen Dokumenten der Vereinten Nationen finden. Die jüngste Formel, die in genereller Form auf unterschiedliche gesellschaftliche Zustände und deren Einfluss auf die Bedeutung der Menschenrechte hinweist, findet sich in dem Schlussdokument des Weltgipfels im Jahre 2005, wo es heißt (§ 121, Satz 2):

> "While the significance of national and regional particularities and various historical, cultural and religious backgrounds must be borne in mind, all States, regardless of their political, economic and cultural systems, have the duty to promote and protect all human rights and fundamental freedoms.“

Es trifft zu, dass in der Tat die gesellschaftlichen Traditionen in weltweiter Runde höchst unterschiedlicher Art sind. Das Gegenteil zu behaupten hieße die Augen vor der Wirklichkeit verschließen. Offensichtlich versucht sich die zitierte Wendung an einer Abwägung, wo schon die Auswahl der zu berücksichtigenden Faktoren von großer Vorsicht geprägt ist. Abgehoben wird in der an erster Stelle genannten Differenzierungsklausel auf das historische, das kulturelle und das religiöse Umfeld mit seinen entsprechenden Prägungen. Nicht genannt wird dabei der politische Kontext, und zwar offensichtlich mit klarer Absicht, denn es wird nachfolgend in der Negativklausel ausdrücklich betont, dass das politische, wirtschaftliche und kulturelle System nicht zu Abstrichen bei der Einhaltung der Menschenrechte führen dürfe. Völlig logisch ist dieser Aufbau des Satzes nicht, denn in der Differenzierungsklausel wird die Unterschiedlichkeit der Kulturen als Unterscheidungsmerkmal anerkannt, während sie in der Negativklausel als irrelevant beiseite geschoben wird. Eines ist allerdings sehr deutlich zum Ausdruck gebracht: Die Menschenrechte sollen nicht von der politischen und wirtschaftlichen Gesamtsituation in einem bestimmten Lande abhängig sein. Man muss zugeben, dass die damit vorgenommenen Abgrenzungen keineswegs absolut trennscharf sind. Kultur, Religion und Politik sind wegen ihrer Weite Lebensbereiche, die sich vielfach überschneiden. Aber dennoch ist eine Generallinie erkennbar, die durchaus vernünftig erscheint und die auch sonst außerhalb der Vereinten Nationen, Anerkennung gefunden hat.

In der Rechtsprechung des Europäischen Gerichtshofs für Menschenrechte (EMRGH) hat sich die Lehre von der margin of appreciation/marge d'appréciation entwickelt, wonach den Staaten bei der Anwendung der Rechtsgarantien der EMRK ein gewisser Beurteilungsspielraum zusteht.[10] Diese Lehre birgt klar erkennbare Gefahren in sich. Sie ist geeignet, die Überwachungsfunktion des EMRGH in Gefahr zu bringen. Wären nationale Regierungen berechtigt, in jedem Falle auf ihre speziellen nationalen Anschauungen und Praktiken zu verweisen, um auf diese Weise dem Vorwurf eines Rechtsbruchs zu entgehen, so könnte der gemeinsame europäische Grundrechtsstandard, den die EMRK anstrebt, nicht nur ausfransen, sondern regelrecht zerfallen. Der EMRGH hat diese potentiell destruktive Tendenz seiner eigenen Rechtsprechung klar erkannt. Deshalb übt er große Vorsicht, was das sachliche Anwendungsfeld des nationalen Beurteilungsspielsraums angeht. Der Bereich *par excellence*, wo der Berufung auf die nationalen Eigenheiten eine gewisse Relevanz zuerkannt wird, ist die Sexualmoral, wo in der Tat, jedenfalls in den Anfangsjahren der Tätigkeit des Straßburger Gerichtshofs, eine weite Kluft zwischen den eher freizügigen Auffassungen der skandinavischen Länder und den strikteren Vorstellungen im katholischen Süden des Kontinents herrschte. Diese Diskrepanz kam erstmals zum Tragen im Falle des sog. „Little Red Schoolbook“, einer ursprünglich dänischen Publikation, die speziell an Schüler gerichtet war und allerlei sexuelle Tipps enthielt, die von den Behörden im Vereinigten Königreich als so anstößig empfunden wurden, dass das „Little Red Schoolbook“ von ihnen verboten wurde. Die Beschwerde gegen dieses Verbot blieb erfolglos. Der EMRGH war der Auffassung, dass die Tolerierung des Machwerks in Dänemark kein Hindernis darstellen könne für ein Verbot in einem anderen Land, dessen Gesellschaft nach wie vor höhere Anforderungen an öffentliche Äußerungen über geschlechtliche Fragen stelle.[11] Auch die Entscheidung Müller gegen Schweiz fügt sich in diese Linie ein. Müller, ein Maler, hatte Bilder eigenen Schaffens in einer Ausstellung versammelt, die nach kurzer Zeit von der Polizei verboten wurde. Dieses Verbot wurde vom EMRGH im Hinblick auf die örtlichen Verhältnisse in einem katholischen Milieu bestätigt, nicht freilich die Beschlagnahme der Bilder, die

10 Vgl. etwa *Christoph Grabenwarter*, Europäische Menschenrechtskonvention, 2. Aufl. 2005, S. 112, Rdnr. 20, 21.

11 Urteil Handyside, A 24, 7.12.1976.

zu recht als ein Verstoß gegen das Prinzip der Verhältnismäßigkeit gerügt wurde.[12]

Was hingegen die politischen Freiheitsrechte angeht, so hat der EMRGH sich niemals von dem Argument des Beurteilungsspielraums beeindrucken lassen. Besonders instruktiv erscheinen insoweit eine Reihe von Urteilen, die zum Nachteil von Österreich gefällt wurden. Zur Zeit von Staatspräsident Kreisky hatte sich in Österreich eine Art von Untertanengeist breitgemacht, der jede schärfere Kritik an dem Staatsoberhaupt sogleich als ein strafrechtliches Vergehen wertete.[13] Auch dem Führer der liberalen Partei, Jörg Haider, wurde ein solcher besonderer Schutz zuerkannt.[14] Keine der angegriffenen nationalen Gerichtsentscheidungen hielt indes gegenüber den Angriffen der Verurteilten stand. Was den politischen Meinungsbildungsprozess in der freiheitlichen Demokratie angeht, so wie sie durch die EMRK vorgegeben ist, duldet der EMRGH keine „Österreicheleien“. Wenn er sich einmal mit den Verhältnissen in Russland zu befassen haben wird, wird er auch keine Eigenheiten der russischen Demokratie akzeptieren, selbst wenn diese Eigenheiten auf die kulturellen Traditionen des Zarentums zurückzuführen sein mögen.

In den Verfahren vor dem Menschenrechtsausschuss (MRA) nach dem Internationalen Pakt über bürgerliche und politische Rechte (IPBPR) spielten diese und ähnliche Fragen vor allem in den Auseinandersetzungen zwischen Ost und West eine erhebliche Rolle. Es ist bereits unterstrichen worden, dass die Ratifikation des IPBPR für die sozialistischen Staaten ein erhebliches Wagnis war. Denn die Grundphilosophie des Paktes mit seinen politischen Freiheitsrechten und seinem strikten Verbot politischer Diskriminierung stand in einem unauflösbaren Widerspruch mit der sozialistischen Ideologie, wonach der Sozialismus den Zentralpfeiler der Staatlichkeit bildete und jegliche Kritik daran strafrechtlich geahndet werden konnte. Von den Mitgliedern des MRA aus den sozialistischen Staaten war sich niemand schärfer dieser Spannungslage bewusst als Bernhard Graefrath, das Mitglied aus der DDR. Er versuchte eine Theorie zu entwickeln, wonach sämtliche Freiheitsrechte des Paktes in den Vertragstaaten unter einem allgemeinen Vorbehalt der tragenden Staatsideologie stünden. Geschickt knüpfte er dabei an die Einschränkungsklausel zur Meinungsfreiheit (Art. 19 IPBPR) an, wonach die Meinungsfreiheit aus Gründen des „ordre public“ eingegrenzt werden darf. Es ist in der Tat richtig, dass

12 Urteil Müller / Schweiz, A 133, 24.5.1988.

13 Vgl. das Urteil Lingens / Österreich, A 103, 24.3.1988.

14 Vgl. das Urteil Oberschlick / Österreich, Reports 1997-IV, 1.7.1997.

„ordre public“ ein sehr weiter Begriff ist, der sich ohne Verfälschung als „öffentliches Interesse“, im Englischen „public policy“, übersetzen lässt.[15] Allerdings ließ die Graefrathsche Interpretation von der Meinungsfreiheit nichts anderes übrig als das Recht, der Regierung Beifall zu spenden. Mit der Zielsetzung der politischen Freiheitsrechte im IPBPR hat das nichts mehr zu tun, zumal sich eine solche Einengung mit dem ausdrücklichen aufgeführten Verbot der Diskriminierung aus politischen Gründen kaum verträgt. Zu Ende gedacht, würde Graefraths Theorie in der Welt von heute bedeuten, dass etwa in Weißrussland Meinungsfreiheit sich darauf beschränken würde, die Politik des Diktators Lukashenko unterstützen zu dürfen. Solche Renationalisierungen des einheitlichen Grundrechtsstandards, die beliebige Um- und Verbiegungen gestatten, wären der Tod des Gedankens internationalen Menschenrechtsschutzes. So ist auch Graefrath mit seinen Bemühungen zur Immunisierung der sozialistischen Ideologie gegenüber dem IPBPR gescheitert. Dabei waren es gar nicht so sehr die Mitglieder aus den westlichen Demokratien, die seine Konzepte zu Fall gebracht haben, als vielmehr die Mitglieder aus der Dritten Welt, die unisono gegen die Unterordnung der politischen Freiheitsrechte unter nationale Verfassungszielbestimmungen Front machten.

Auch soweit das Gipfeldokument von 2005 sich für die Berücksichtigungsfähigkeit von kulturellen Unterschieden ausspricht, muss es gewisse Grenzlinien geben. Das gilt auch, soweit man anerkennt, dass die Wirkungskraft von Menschenrechten sich primär aus ihrer kulturellen Verwurzelung ergibt.[16] Mit zwei Problemen vor allem muss man sich insoweit auseinandersetzen. Zum einen ist es gar nicht einfach, die Kultur eines Volkes oder gar einer ganzen Weltregion zu bestimmen. Zum anderen muss man sich auch eingestehen, dass nicht jede Tradition in gleicher Weise erhaltenswert ist.

Wo und wie findet man kulturelle Strukturen? Eine der wenig überprüften Idealvorstellungen ist diejenige einer heilen Welt in Afrika vor der Landnahme durch die europäischen Eroberer und Kolonisatoren. In dem Buch „Roots“

---

15 So ist der Begriff der „öffentlichen Ordnung“ in Art. 39 Abs. 3 EG – im Französischen „ordre public“ – in der englischen Fassung des Vertragswerks als „public policy“ übersetzt worden.

16 Vgl. etwa *Christian Tomuschat*, Is Universality of Human Rights Standards an Outdated and Utopian Concept?, in: *Roland Bieber et al.* (Hrsg.), Das Europa der zweiten Generation. Gedächtnisschrift für Christoph Sasse, Bd. II, Kehl 1981, S. 585, 591 et seq.

des amerikanischen Autors Alex Haley[17] hat dieser schwärmerische Gedanke vor mehreren Jahrzehnten einen bildhaften Ausdruck gefunden. Geschildert wird eine Welt von Frieden und Solidarität, nicht eine Welt von Kampf, Blutvergießen und Tod. Wie die frühen Verhältnisse im Afrika südlich der Sahara tatsächlich gewesen sind, wird sich mangels schriftlicher Zeugnisse auch mit den modernsten Methoden der Wissenschaft nicht mehr aufklären lassen. Aber es kommt ja auch auf die heutige Situation an, auf den heutigen „Kulturbefund“. Insofern fällt ins Gewicht, dass Afrika, soweit es nicht über Ägypten an die mediterranen Kulturen angeschlossen war, jedenfalls seit einem halben Jahrtausend im Austausch mit den Europäern stand, wobei über viele Jahrhunderte der Einfluss der seefahrenden Nationen sich auf die küstennahen Zonen beschränkte und erst das 19. Jahrhundert die eigentliche Kolonisation in Gang setzte.

Afrika hat durch die Kolonisation einen Zivilisationsschub erlebt. Es hat Zugang zu einer Gedankenwelt und gleichzeitig zu einer technologischen Zivilisation erhalten, die auf seinem Boden nicht gediehen waren. Zu den negativen Erfahrungen hat andererseits bis in das 20. Jahrhundert hinein eine Politik der offenen Diskriminierung gezählt. Afrikaner wurden von allen Kolonialmächten als Menschen zweiter Klasse behandelt. Kolonialkriege wurden nicht nach den Maßstäben des Völkerrechts geführt, auf die man sich 1899 und 1907 in Den Haag geeinigt hatte. Jeder, der sich gegen die Kolonialherrschaft auflehnte, wurde als verbrecherischer Aufrührer betrachtet. Noch im Jahre 1950 wurde bei der Abfassung der EMRK darauf geachtet, jeder Kolonialmacht die Möglichkeit einzuräumen, ihre nicht zu dem eigentlichen Metropolgebiet gehörenden Hoheitsgebiete aus dem territorialen Geltungsbereich auszuschließen (heute: Art. 56 (1)), was dann auch tatsächlich geschah. Die Angehörigen der afrikanischen Kolonialvölker kamen so nie unter den Schutz der EMRK.

Dennoch haben sich die afrikanischen Länder kulturell nicht etwa „rein“ erhalten. Ihre gesamte Lebenswelt steht vor allem in der Moderne seit 1945 unter den Einflüssen der globalisierten Welt. Radio, Fernsehen und Internet sind allgegenwärtig. Auch die Tatsache, dass seit nunmehr 60 Jahren die Menschenrechte ständig in geradezu ritueller Weise beschworen werden, hat unvermeidlich die Denkweisen geprägt. Hinzu kommt, dass Afrika sich im Jahre 1981 die Afrikanische Charta der Rechte der Menschen und Völker[18] gegeben

17 London 1977.

18 Abgedruckt etwa bei: *Ian Brownlie/Guy S. Goodwin-Gill*, Basic Documents on Human Rights, 4. Aufl. 2002, S. 728.

hat, die sich ebenfalls zu den Grundwerten bekennt, die auf universeller Ebene zu Leitlinien der Politik und verbindlichen Verhaltensmaßstäben erklärt worden sind. Entstanden ist somit ein Konglomerat, dessen Einzelbestandteile sich gar nicht mehr voneinander trennen lassen. Das entspricht den üblichen Abläufen kultureller Prozesse. Kulturen sind niemals abgeschlossene, unveränderliche Gebilde. Gerade weil sie Kulturen sind, sind sie auf Dialog, auf Austausch und gegenseitige Befruchtung hin angelegt. Eine Gesellschaft, die sich auf sich selbst zurückzieht und ihr Ziel in der Erhaltung der Identität durch Abkapselung von außen sieht, verliert ihre Vitalität und begibt sich auf einen Kurs der inneren Auszehrung. Es wäre daher illusorisch, nach einer wahrhaft authentischen, spezifischen afrikanischen Kultur zu suchen, etwa in dem Bestreben, diesen wahren Kern durch Aussonderung und Abscheidung der „fremden" Elemente aufspüren zu können.

Mit diesen Äußerungen soll nicht gesagt sein, dass sich nun eine perfekte Durchdringung der Kulturen eingestellt habe. Die allgemein bekannten Ereignisse in Kenia und Simbabwe zeigen, welch große Anstrengungen nach wie vor unternommen werden müssen, um ein volles Verständnis für Demokratie und Rechtsstaatlichkeit herbeizuführen.

Rätsel gibt auch ein Blick auf China auf. Wo liegt hier die ethisch-kulturelle Substanz? Unzweifelhaft hat China eine konfuzianische Vergangenheit. Aber diese historische Grundlage wird seit vielen Jahrzehnten überlagert durch die kommunistische Ideologie, die wiederum im Wirtschaftsleben eine kapitalistische Struktur akzeptiert hat. Welche Verbindung diese unterschiedlichen Stränge eingegangen sind, wird wohl nur der Soziologe feststellen können, und auch dieser muss sich mit einer Momentaufnahme für das Hier und Heute begnügen. So bleibt jede Aussage über das kulturelle Eigenprofil Chinas letzten Endes in Annahmen und Vermutungen stecken. Es bleiben nur einige wenige Grundtendenzen, etwa in dem Sinne, dass für China die stärkere Betonung der Pflichtenstellung des Einzelnen typisch ist.

Letzten Endes wird man sich eingestehen müssen, dass in einer Welt der Globalisierung, wo über die Netze der Kommunikation fast jeder mit fast jedem verbunden ist, die Blöcke, an denen man sich früher so leicht hat orientieren können, ihre scharfen Kanten verloren haben. Natürlich gibt es immer noch das „Typische", was immer man darunter verstehen mag, sei es nun reines Vorurteil oder aus empirischen Beobachtungen abgeleitet. Aber fast keine Volks- oder Nationalkultur hat sich in Reinform erhalten. Unverrückbar, ewig – das sind Begriffe, die wohl nie gepasst haben und die heute noch weni-

ger als jemals zuvor passen. Tatsache ist, dass es einen weltweit geführten Dialog
über Menschenrechte und Grundwerte gibt, von dem sich eine Gruppe selbst dann nicht ausschließen könnte, wenn sie dies zur Absicht haben sollte. Unvermeidlich prägt dieser Dialog die kulturellen Überzeugungen. Was Tag für Tag angepriesen und als Ideal für die Ordnung der zwischenmenschlichen Beziehungen dargestellt wird, findet Eingang in die ethisch-moralischen Grundlagen einer jeden Gesellschaft, freilich in unterschiedlicher Stärke, mit unterschiedlichen Nuancierungen.

Es ist nicht ohne Belang, wie diese Querbeziehungen zwischen Menschenrechten und kulturellen Traditionen vom MRA wahrgenommen werden. Der MRA ist das repräsentative Organ der Gemeinschaft der Vertragstaaten, die, es sei nochmals betont, mittlerweile 161 Mitglieder umfasst und die mehr oder weniger die Universalität erreicht hat, auch wenn nach wie vor insbesondere die konservativen Staaten der arabischen Halbinsel und China abseits stehen. Im Einklang mit dem Universalitätsideal steht die Zusammensetzung des MRA. Alle Regionalgruppen werden bei den Wahlen entsprechend ihrem Anteil an den Ratifikationen berücksichtigt. Dementsprechend hat sich auch die Interpretationspraxis des MRA entwickelt. Sie kann nicht als Ausdruck der politischen Ansichten lediglich einer Gruppe von Mitgliedern bezeichnet werden. Der MRA ist ein Organ, welches die Vielgestaltigkeit der Welt getreulich in sich widerspiegelt.

Umso aussagekräftiger sind die Stellungnahmen, mit denen der MRA seine Schlussfolgerungen über Länder mit starken eigentümlichen Zügen kundtut. Ein repräsentatives Beispiel für eine solche Stellungnahme sind die „Concluding observations“ zu dem letzten Bericht, der ihm vom Sudan vorgelegt worden war.[19] Die Prüfung dieses Berichts fand im Juli 2007 statt. Hier ging es um so grundlegende Fragen wie die Gleichberechtigung der Frau im gesamten öffentlichen Leben wie auch im Ehe- und Familienrecht, ferner das Problem der Genitalverstümmelung, eine gesellschaftliche Praxis, die aber vom sudanesischen Staat wenn nicht gefördert, so jedenfalls doch nicht unterbunden wird. Der MRA schreckte hier nicht vor klaren Worten zurück. Eindeutig wird die offensichtliche Benachteiligung der Frau in allen diesen Lebensbereichen verurteilt, scharfe und entschiedene Kritik findet auch die fortbestehende Praxis der Beschneidungen, die für viele junge Mädchen auf der Schwelle zum

19 UN-Dok CCPR/C/SDN/CO/3, 29. 8. 2007.

Status der erwachsenen Frau Siechtum und sogar Tod mit sich bringen kann. Ganz offensichtlich betrachtet es der MRA als völlig irrelevant, dass die gegeißelten Regeln oder Verhaltensweisen tief in der kollektiven Psyche wurzeln oder sogar religiösen Vorgaben folgen. Die abschließenden Bemerkungen zum Sudan sind im Übrigen kein isolierter Einzelfall, sondern reihen sich in eine konstante Linie der Entscheidungsfindung ein.

Diese Beobachtung wirft die allgemeine Frage auf, was gelten soll, wenn man eine grundlegende Diskrepanz zwischen dem normativen Anspruch der internationalen Verträge zum Schutze der Menschenrechte und der gelebten gesellschaftlichen Praxis feststellen kann. Soll man etwa das Ziel, gegen die Genitalverstümmelung anzukämpfen, aufgeben, weil eben eine einflussreiche Gruppe innerhalb der in Rede stehenden Bevölkerung, möglicherweise sogar eine Mehrheit, diese Initiation in die Erwachsenenwelt gutheißt? Ist es vielleicht sogar undemokratisch, solche Forderungen zu stellen? An dieser Stelle ist eine klare politische Stellungnahme unabdingbar. Das in den internationalen Menschenrechtsverträgen verankerte Recht wird von einem Ethos der Aufklärung getragen.[20] Es geht um grundlegende Gerechtigkeitspostulate wie Gleichheit und Lebensglück auf der einen Seite, um Distanzierung von damit unvereinbaren Sitten und Gebräuchen auf der anderen Seite. Menschenrechte sind eben nicht nur naturwüchsige Produkte, Konstruktionen, die ihre Grundlagen lediglich in der Empirie haben. Sie lassen sich ohne den ihnen innewohnenden Fortschrittsglauben, ihre Herkunft vom Gleichheitsgrundsatz und den Satz von der menschlichen Würde gar nicht verstehen.[21] Es kann keinen Ko-

---

20 In seiner Schrift „Zum ewigen Frieden" aus dem Jahre 1795 nennt Kant als Grundbedingungen der bürgerlichen Verfassung in jedem Staat Freiheit und Gleichheit, ed. *Weischedel*, Bd. VI, 1964, S. 191, 204.

21 Vgl. dazu die Rede, die Papst Benedikt XVI. am 18.4.2008 vor der UN-Generalversammlung gehalten hat: "It is evident, though, that the rights recognized and expounded in the Declaration apply to everyone by virtue of the common origin of the person, who remains the high-point of God's creative design for the world and for history. They are based on the natural law inscribed on human hearts and present in different cultures and civilizations. Removing human rights from this context would mean restricting their range and yielding to a relativistic conception, according to which the meaning and interpretation of rights could vary and their universality would be denied in the name of different cultural, political, social and even religious outlooks. This great variety of viewpoints must not be allowed to obscure the fact that not only rights are universal, but so too is the human person, the subject of those rights", http://www.zenit.org/article-22334?l=english.

tau vor gewachsenen Formen der Ungleichheit geben. Ebenso wenig wie die Genitalverstümmelung sind etwa die Witwenverbrennung oder die Sklaverei hinnehmbar. Die Normativität der Menschenrechte ist ganz bewusst gegen bestimmte Verirrungen im Entwicklungsprozess der menschlichen Gesellschaften gerichtet. Man darf also, ja man muss sogar gelegentlich, von Verstocktheit und von schwarzer Vergangenheit sprechen, die es zu bekämpfen gelte. Solche Äußerungen sind weder undemokratisch noch spiegelt sich in ihnen ein postkolonialer Geist westlichen Bevormundungsstrebens wider.

Insgesamt lässt sich feststellen, dass in allen Gesellschaften dieser Welt jedenfalls in den Kreisen derer, die Verantwortung für das soziale Ganze tragen, zumindest ein Konsens über bestimmte ethische Grundnormen herrscht. Fast nie schließt dieser Konsens im buchstäblichen Sinne jedermann ein. Überall gibt es Randgruppen, die abweichende extreme Ansichten vertreten und diese auch in die Tat umsetzen wollen. Es brauchen hier keine langwierigen Beweisführungen angestellt zu werden. Die Fanatiker, für die selbst menschliches Leben nicht zählt, sind allzu bekannt. Teilweise geht der Fanatismus so weit, dass selbst das eigene Leben als Waffe zur Zerstörung des Lebens anderer eingesetzt wird. Auffällig ist freilich, dass in den meisten Fällen der Selbstmordattentate junge Menschen durch manipulative Indoktrination von Seiten älterer Personen, meist älterer Männer, zu ihren Untaten angestiftet werden. Diese Drahtzieher im Hintergrund sind meist sehr wohl darauf bedacht, ihr eigenes Leben zu schonen. Wie dem aber auch sei: Ein Bild absoluter Harmonie gibt es in keiner Gesellschaft. Wer einem solchen Ideal nachjagen würde, wäre auch schlecht geeignet zur Analyse gesellschaftlicher Vorgänge, bei der stets mit Durchschnitts- und Annäherungswerten gearbeitet werden muss.

III. Der Westen als arbiter iurium humanorum

Eine Zwischenbemerkung sei an dieser Stelle eingeschaltet zur Doppelmoral der westlichen Gesellschaften, die sich durchweg als Befürworter der Menschenrechte verstehen, jedenfalls der bürgerlichen und politischen Menschenrechte. Heftig, ja teilweise leidenschaftlich werden die Vorgänge in anderen Ländern kommentiert. Darfur ist in aller Munde, und durchaus zu recht. Aber es wird doch nicht so genau hingeschaut. Die Perzeption kann durchaus farbenblind sein. Das Hauptbeispiel für eine solche partielle Wahrnehmung bietet die Behandlung der Palästinenser durch die israelische Besatzungsmacht. Seit über 40 Jahren leben die Palästinenser im Westjordanland und im Gaza-Streifen unter einem Regime, das mit ihrem Recht auf Selbstbestimmung unvereinbar ist. Mit klaren Worten hat der Internationale Gerichtshof in seinem Gutachten vom 9. Juli 2004 festgestellt, dass insbesondere der Bau einer Mauer auf palästinensischem Gebiet wie auch die israelische Siedlungspolitik gegen die territoriale Komponente des Selbstbestimmungsrechts verstoßen.[22] Alle Staaten sind aufgefordert worden, dafür Sorge zu tragen, dass Israel wieder auf die Bahnen des Rechts zurückkehrt. Geschehen ist freilich wenig. Israel hat auf Grund eines Urteils seines Obersten Gerichtshofs[23] den Verlauf der Mauer an einigen wenigen Stellen korrigiert, aber im Übrigen dem Gutachten des IGH eine wenig respektvolle Absage erteilt. Von den übrigen Ländern der Welt haben sich einige in einem sog. „Friedensprozess" engagiert, der sich seit Jahren ohne greifbare Fortschritte hinzieht und der von Israel vor allem durch die Fortsetzung der Siedlungspolitik unverhüllt sabotiert wird. Das Ziel, bis Ende des Jahres 2008 ein Friedensabkommen abzuschließen, ist in schier unerreichbare Ferne gerückt. Fast sieht es so aus, als werde das Wort „Friedensprozess" lediglich als Deckmantel für eine Politik der Erhaltung des *status quo* benutzt, die darauf ausgeht, die offiziell als Vorgabe proklamierte Zweistaatlichkeit konterkarierend zu verhindern. Mittlerweile haben sich die Lebensbedingungen der Menschen im Gaza-Streifen bis hin zur Unerträglichkeit verschlechtert. Eine echte Lebensperspektive haben die dort zusammengepferchten Menschen nicht. Für sie geht es nur noch darum, von einem Tag zum nächsten zu überleben. Von einer konsolidierten bürgerlichen Existenz können sie allenfalls träumen.

Natürlich trifft es zu, dass Israel ein Recht auf Sicherheit hat. Es ist unerträglich, dass aus dem Gaza-Streifen Tag für Tag Raketen auf israelische Städte abgefeuert werden. Diese Gewalttätigkeiten, die sich weithin gegen Zivilisten richten, sollten so schnell wie möglich ein Ende finden. Aber selbst ein *modus vivendi*, soll er auch nur für eine Übergangszeit bis zu einem Friedensschluss gelten, setzt eine Gegenseitigkeit von Leistung und Gegenleistung voraus. Hilflos müssen die Palästinenser zusehen, wie immer weitere Teile ihres Gebietes von Israel in Anspruch genommen werden. Diese Arroganz der Macht muss Gegenreaktionen hervorrufen. In der westlichen Öffentlichkeit werden

---

22 ICJ Reports 2004, 136.

23 Beit Sourik Village Council v. the Government of Israel and the Commander of the IDF Forces in the West Bank, 30.6.2004, http://www.jewishvirtuallibrary.org/jsource/Peace/fencesct.html.

aber meist nur die von Palästinensern begangenen Unrechtstaten zur Kenntnis genommen, der Raketenbeschuss wie auch die Selbstmordattentate, die in der jüngsten Vergangenheit seltener geworden sind. Die Opfer, welche die Operationen des israelischen Militärs zur Folge haben, mögen zwar berichtet werden. Sie werden aber durchweg als Kollateralschäden hingestellt, bedauerlich zwar, aber letzten Endes doch unvermeidlich als Vergeltung für vorangegangene palästinensische Terrorakte.

Gerade insoweit muss vom Westen ein höheres Maß an Objektivität und Aufrichtigkeit erwartet werden. Verluste an Rechtsgütern, vor allem von Menschenleben, sind ein Übel, das kritischer Würdigung bedarf. Jedes Menschenleben zählt in gleicher Weise. Es kann keinen Unterschied machen, ob der Verlust auf der einen oder auf der anderen Seite aufgetreten ist. Wer zunächst zu einer Vorsortierung schreitet je nach der politischen Zugehörigkeit des Opfers zu diesem oder jenem „Lager“, verliert seine Glaubwürdigkeit. An diesem Befund ändert auch nichts die Tatsache, dass Israel bisher seine Lebensphilosophie hauptsächlich aus einer bewussten Gegenposition zur Vernichtungsbarbarei des Nationalsozialismus schöpft. Die Selbsterhaltung des jüdischen Volkes ist ein Ziel, dessen Legitimität außer Frage steht. Dennoch ist Israel gegenüber seinen Nachbarn, auch dem palästinensischem Volk, an die Schranken gebunden, die das Völkerrecht zieht. Es muss sich wie alle anderen Nationen an denselben Maßstäben messen lassen. Es kann keine privilegierte Stellung für sich beanspruchen und es stärkt seine Stellung in der Welt, wenn es auch seinerseits als Anwalt der Grundprinzipien der heutigen internationalen Ordnung auftritt. Auf Seiten der Palästinenser muss man auf gleiche Vernunft hoffen.

Es wäre auch verkehrt, mit der These zu hantieren, die Verfehlungen der israelischen Regierungspolitik seien dem einfachen israelischen Staatsbürger schlechthin unbekannt. Die Angriffe der israelischen Streitkräfte auf Ziele vor allem im Gaza-Streifen sind kein Geheimnis. Es gibt auch in Israel selbst Tageszeitungen, die sich zu einer offenen, ungeschminkten Berichterstattung verpflichtet fühlen. Die Zeitung „Haaretz“ steht an der Spitze der Publikationsorgane, die überdies die Information mit kritischen Kommentaren verbinden. Dennoch überwiegt in den westlichen Medien außerhalb Israels wie auch in den Stellungnahmen westlicher Regierungskreise zu dem Konflikt ganz eindeutig das Bild vom palästinensischen Terrorismus, der Israel keine andere Wahl lasse, als sich massiv zur Wehr zu setzen. Nochmals sei zur Klarstellung gesagt, dass Terrorismus in jeder Form verabscheuungswürdig ist. Aber politische Analyse darf sich nicht auf die an der Oberfläche sichtbaren Phänomene beschränken, sondern muss auch die tieferen, strukturellen Gründe für die beobachtbaren Prozesse mit einbeziehen.

Gleichzeitig muss man dem Westen insgesamt vorwerfen, dass er zu einem inflationären Gebrauch des Begriffes „Terrorismus" neigt. Die Bezeichnung einer Person als „Terrorist" bringt den politischen Vorteil mit sich, dass damit automatisch jede denkbare Rechtfertigung ausgeschlossen wird. So begannen die USA damit, die Angehörigen der Taliban-Truppen, die im Jahre 2001/2002 die Streitkräfte der damaligen afghanischen Regierung bildeten, als „unlawful combatants" und Terroristen abzuqualifizieren, die keinerlei Anspruch auf eine Behandlung nach der III. Genfer Konvention erheben könnten. In der Folgezeit führte diese Missachtung des humanitären Rechts fast zwangsläufig zu den Verirrungen, die sich mit dem Namen des Konzentrationslagers Guantánamo verbinden. In den gegenwärtigen Kämpfen in Afghanistan ist es zu einer feststehenden und kaum hinterfragten Denkschablone geworden, einen jeden, der die Regierung in Kabul, ihre Truppen und auch die internationalen Verbündeten von Präsident Karsai bekämpft, wiederum mit dem Epithet „Terrorist" zu belegen. Grundsätzlich handelt es sich aber in Afghanistan um einen Bürgerkrieg, in dem sich mehrere Parteien gegenüberstehen, denen nach der Logik des auf den nicht internationalen Konflikts anwendbaren humanitären Rechts in Bezug auf die eigentlichen Kampfhandlungen ein gleicher Rechtsstatus zukommt, auch wenn die von der internationalen Gemeinschaft anerkannte Regierung eine Legitimität für sich in Anspruch nehmen kann, die den aufständischen Bewegungen abgeht. Die degradierende Qualifikation als „terroristisch" verdienen nur solche Handlungen, die sich bewusst und gezielt außerhalb des kriegsrechtlichen Rahmens bewegen wie insbesondere Bombenanschläge auf Zivilisten, die Ermordung von lernwilligen Schülern oder Verfolgung von Frauen, die ihr Recht auf Gleichheit auch in der Praxis durchsetzen wollen.

In den geschilderten Konfliktlagen lässt sich wenig von unvoreingenommener, objektiver Bewertung der Sach- und Rechtslage erkennen. Nicht ganz zu Unrecht ist daher in der Dritten Welt vielfach der Eindruck entstanden, dass das Argument der Menschenrechte jedenfalls in der politischen Debatte überwiegend als Propagandawaffe eingesetzt werde. Während der Westen mit dem Vorwurf einer Verletzung der Menschenrechte gegenüber seinen politischen Gegnern leicht zur Hand sei, versäume er es bei heiklen Problemlagen, wo er selbst als Täter in Betracht komme, sich selbst einer kritischen Befragung des eigenen Tuns zu unterziehen. Dass hier die Glaubwürdigkeit der westlichen Menschenrechtspolitik insgesamt auf dem Spiel steht, liegt auf der Hand.

IV. Menschenrechte in Krisenlagen

Abschließend sei noch auf zwei Problemfelder hingewiesen, die zunehmend ins Blickfeld der aller Überlegungen über die Effektivität der Menschenrechte treten. Es geht insoweit um die Zusammenhänge zwischen der Statuierung von Individualrechten und dem rechtlichen wie faktischen Gesamtrahmen, innerhalb dessen Menschenrechte ihre Wirkung entfalten können. In der Tat schweben die Menschenrechte nicht in einem luftleeren Raum. Wo immer ihre Einhaltung eingefordert wird, geht es um Vorgänge an einem bestimmten Ort zu einer bestimmten Zeit, nicht um abstrakte akademische Beweisführungen.

Lediglich der Erwähnung bedarf die schlichte, aber eminent wichtige Tatsache, dass jede kriegerische Auseinandersetzung die Menschenrechte in Gefahr bringt. Die Wahrung des Gewaltverbots der Charta der Vereinten Nationen (Art. 2 Nr. 4) lässt sich daher durchaus zutreffend als Menschenrechtsschutz würdigen.

Eine Erkenntnis der jüngeren Vergangenheit ist es hingegen, dass es einen Zusammenhang zwischen dem Niveau wirtschaftlicher Prosperität und der faktischen Geltung der Menschenrechte gibt. Natürlich ist die Aussage wenig originell, dass Armut den Lebensgenuss beeinträchtigt. Um dies zu verstehen, brauchte niemand auf die Ankunft des 21. Jahrhunderts zu warten. Neu ist freilich die Formulierung dieses Zusammenhangs als menschenrechtliches Problem. Dies geschah zunächst mit großem Nachdruck in der sog. Millenniums-Erklärung aus dem Jahre 2000[24] und erneut wurde die Armut als Herausforderung an die internationale Gemeinschaft in der Gipfel-Erklärung aus dem Jahre 2005 formuliert. In der Millenniums-Erklärung wurde zugleich der feierliche Beschluss gefasst, bis zum Jahre 2015 die Armut in der Welt zu halbieren.[25] Nachdem bisher die Hälfte der Strecke bis zu dem Zieldatum bereits zurückgelegt worden ist, sieht es nicht danach aus, als ob das Versprechen wahr gemacht werden könnte.

Wie sollte dies auch möglich sein? Der Weg von der (zutreffenden) Analyse zur Therapie ist weit. Aus der Feststellung, dass Armut den Lebensgenuss be-

24 GV-Resolution 55/2, 8.9.2000, § 11.
25 Ibid., § 19.

einträchtigt, ergibt sich noch kein Rezept für die Heilung des Übelstandes. Man wird genau wieder an die Weggabelung zurückgeführt, von der bereits die Rede war: Soll man in erster Linie die Kräfte des Individuums in der Absicht stärken, jedermann die Chance zu geben, sich durch eigene Anstrengungen aus der Armutsfalle zu befreien, oder soll die Aufgabe im Wesentlichen auf den Staat überbürdet werden? Ganz offensichtlich ist, dass es nur bei einem Zusammenwirken von Staat und Gesellschaft, unter gleichzeitiger Mithilfe der internationalen Gemeinschaft, gelingen kann, die Ressourcen zu erzeugen, die ein ganzes Volk aus der Armut herausführen können.

Auch der Blick auf den „failing/failed State" macht deutlich, dass Menschenrechte zu ihrer vollen Entfaltung eines stabilen Gesamtrahmens bedürfen. In der ursprünglichen Debatte über die Menschenrechte bestand kein Zweifel daran, dass Menschenrechte primär dazu dienen, dem Eingriff des Staates unübersteigbare Schranken zu setzen. Noch das Bundesverfassungsgericht hat in seinem Lüth-Urteil aus dem Jahre 1958[26] apodiktisch festgestellt, dass Grundrechte „in erster Linie" nichts anderes als Abwehrrechte seien. Darüber wurde die schlichte Wahrheit aus dem Blick verloren, dass es ja der Sinn jeder Staatsgründung ist, dem Einzelnen innerhalb der Gesellschaft Schutz gegenüber seinen Mitmenschen zu gewähren. Es wurde als selbstverständlich unterstellt, dass ein Staatsapparat mächtig genug ist, seine Schutzfunktion effektiv wahrzunehmen. Der Zusammenbruch einer ganzen Reihe von Staaten in Afrika hat gezeigt, dass es solche Selbstverständlichkeiten nicht gibt. Das krasseste Beispiel für die Auflösung von Staatlichkeit liefert im Augenblick Somalia, wo nur noch rivalisierende Banden um die Macht kämpfen. Unter solchen Umständen kann es keine Rechtsstaatlichkeit, keine Menschenrechte geben. Schmerzlich wird jedem Beobachter bewusst, dass der Staat als Garant der Menschenrechte unabdingbar ist. Gegenwärtig sind die Vereinten Nationen noch nicht in der Lage, diese Bresche auszufüllen. Ohne die Unterstützung der betroffenen Bevölkerung selbst, noch gar gegen ihren Willen, lässt sich ein funktionsfähiges System der Menschenrechtssicherung nicht aufbauen.

---

26 BVerfGE 7, 198, Leitsatz 1.

V. Schlussbemerkungen

Die vorstehenden Überlegungen haben gezeigt, dass das System der Vereinten Nationen zum Schutze der Menschenrechte sich nicht als eine in sich ruhende, abgeschlossene Teilrechtsordnung darstellen lässt. Allenfalls kann dies in einem technischen Sinne gelten. Sobald aber die eigentliche Sinnfrage gestellt wird, ob die auf der internationalen Ebene unternommenen Bemühungen überhaupt einen Beitrag zur Stärkung individueller Handlungsfreiheit und Menschenwürde leisten können, ergibt sich die Notwendigkeit, der Verwurzelung der Menschenrechte in den tieferen Schichten sozialer Existenz nachzuspüren. Aber auch die in diese Richtung unternommenen Nachforschungen führen nicht ohne Weiteres zu klaren Ergebnissen, sondern werfen in der Regel neue Probleme auf. So kann man im Rückblick das Vorgehen der Verfasser der Allgemeinen Erklärung der Menschenrechte, sich zunächst einmal auf gewisse Wortformeln zu einigen und auf die Kraft dieser Worte und ihre langfristige Prägekraft zu vertrauen, als eine Entscheidung von großer Weisheit bezeichnen. Denn trotz aller Zweifel und Rückschläge steht unbezweifelbar fest, dass die Allgemeine Erklärung die Weltpolitik im Laufe von sechs Jahrzehnten nachhaltig geprägt hat.

DISKUSSION

In der Diskussion über den Vortrag von Tomuschat wurde insbesondere die Frage des Spannungsverhältnisses zwischen regionalen und auch politischen Besonderheiten und Wertvorstellungen auf der einen Seite und dem Universalitätsanspruch der Menschenrechte auf der anderen Seite sowie dessen Folgen für den Menschenrechtsschutz beleuchtet.

Von Hoffmann eröffnet die Diskussion, indem er Tomuschat als Befürworter der Universalität der Menschenrechte bezeichnet, da dieser behaupte, die Menschenrechte seien unabhängig vom historischen Kontext für alle Staaten gleich geeignet.

Jedoch relativiere Tomuschat seine Ansicht, wie *von Hoffmann* feststellt, insofern, als er am Ende des Vortrages die Situation in Afrika und China anspreche. Dort fehle der „eigene Fokus", sodass diese Weltregionen zur Erreichung eines eigenen Wertgefüges auf die im Rahmen der Vereinten Nationen entwickelten Menschenrechte angewiesen seien.

Kotzur greift den von Tomuschat eingebrachten „Mythos der afrikanischen Solidarität" auf und merkt an, dass dieser unabhängig von seinem Wahrheitsgehalt durchaus auch positiv sein könne, wenn er als Ausgangspunkt für Gespräche und so als „Legitimationsreservoir" für eine afrikanische oder asiatische „Meistererzählung" der Menschenrechte dienen könne. *Tomuschat* stimmt Kotzur zu, dass ein solcher Mythos die Entwicklung der Menschenrechte durchaus beflügeln könne und auf eine größere Effektivität hinwirken könne. Die völkerrechtliche Verankerung bewirke eine Säkularisierung der Wertvorstellungen. Die Rechte verlagerten sich von der individuellen Ebene auf eine gemeinschaftliche Ebene. Es entstehe ein gemeinsamer Maßstab, jedoch nur mittelbar abhängig von den einzelnen Vorstellungen.

Kotzur stellt die Frage, ob nicht durch die Schutzpflicht des Staates, die z. B. beim Recht auf Gesundheit zum Tragen komme, der status negativus der Grundrechte konterkariert werde, da diese nur dann in hohem Maße umgesetzt werden könnten, wenn ein starker Staat weite Steuerungsmöglichkeiten besitze.

Die Lehre von den Schutzpflichten (*„responsibilityt to protect"*), so *Tomuschat,* sei mittlerweile allgemein anerkannt. Im Jahre 2005 wurde beschlossen, dass der Sicherheitsrat bei einem Unterlassen der Pflicht Sanktionen nach Kapitel VII der UN- Charta beschließen könne. Zu klären sei vor allem, wie weit diese Schutzpflichten reichen, die sich z. B. aus dem Pakt für wirtschaftliche und soziale Rechte ergeben könnten.

Mankowski knüpft an zwei aktuelle Ereignisse und Umstände an, nämlich die Besetzung einer kleinen Komoren-Insel, die sich für unabhängig erklärt hatte, durch die Afrikanische Union und die Situation der serbischen Minderheit im Norden des Kosovo, und stellt die Frage nach der Beachtung der Menschenrechte und ihrer Anerkennung durch die westlichen Staaten in diesem Zusammenhang.

In Anlehnung an die Resolution 2625/1970 der Generalversammlung legt *Tomuschat* dar, dass bei einer dauernden Marginalisierung einer Gruppe die Einheit des Staates keine Rolle mehr spiele. Im Falle des Kosovo habe sich über Jahre hinweg eine für die jüngere Geschichte einmalige Apartheid gebildet. Demnach gebe es eine Rechtfertigung für die Unabhängigkeit. Das Problem liege nun in der Situation der serbischen Minderheit im Norden des Kosovo. Im Unterschied dazu seien die Bewohner der Komoren-Insel keine Volksgruppe.

Auf die Frage von *Mankowski*, ob es ein Recht auf kulturelle Identität gebe und – wenn ja – was es beinhalte, legt *Tomuschat* dar, dass die Meinungsfreiheit notwendig die Sprachenfreiheit mit umfasse, die auch im Schulbereich zu gewährleisten sei. Die eigene kulturelle Identität lebe mit der Sprache, was am Beispiel der Kurden in der Türkei deutlich werde.

Schröder greift die These von Tomuschat auf, nach der bei den Verhandlungen über den Text der Allgemeinen Erklärung der Menschenrechte (AEMR) auf ethische und moralische Begründungen verzichtet worden sei. Mit Hinblick auf die Universalität der Menschenrechte zweifelt er an, dass die Menschenrechte ohne einen philosophischen Hintergrund begründbar seien. Andernfalls entstehe zwangsläufig die Gefahr unterschiedlicher Ergebnisse bei der Interpretation und Anwendung der Menschenrechte.

Auch *Dörflinger* betont die Notwendigkeit einer philosophischen Begründung der Menschenrechte, da die bloße faktische Anerkennung für die hohen Ansprüche an die Universalität nicht ausreiche. Die Geltung der Menschenrechte für alle sei eine philosophische Aufgabe und das Ergebnis einer philosophischen Diskussion.

Der philosophische Hintergrund erscheine aber nicht in den Dokumenten, so *Tomuschat*. Zur Frage des Hintergrundes der Menschenrechte erläutert er weiter, dass es in allen Gesellschaften Hintergründe und Wertvorstellungen gebe, auf denen die Menschenrechte beruhten. Die Erforderlichkeit einer solchen

Grundlage sei auch den Diplomaten im Rahmen der Arbeiten zur AEMR 1948 bewusst gewesen. Diese Denkgebäude seien nur nicht einbezogen worden, um lange Verhandlungen zu vermeiden. Eine gewisse unterschiedliche Begründung der Rechte sei sogar erforderlich, um die Effektivität und Lebendigkeit der Rechte zu gewährleisten.

Als problematisch sieht *Schröder* im Zusammenhang mit seiner ersten Frage die Gegenüberstellung von nationalen und regionalen Besonderheiten auf der einen und dem politischen, ökonomischen und kulturellen System der Staaten auf der anderen Seite an. Während erstere nach *Tomuschat* zu berücksichtigen seien, müsse das System außer Betracht bleiben, sodass dies eine universelle Frage sei. Vielmehr müsse auch bei der Frage nach dem politischen, ökonomischen und kulturellen System der Universalitätsanspruch in den Hintergrund gedrängt werden.

Tomuschat meint hingegen, die politischen und historischen Umstände dürften bei der Beurteilung der Menschenrechte keinen entscheidenden Einfluss ausüben, da die Staaten sonst der Versuchung erliegen könnten, diese im Sinne ihres politischen Systems zu interpretieren, wie die Sowjetunion es getan habe. Sie sei jedoch mit ihrem Versuch gescheitert, durch einen frühen Beitritt zu dem Pakt über bürgerliche und politische Rechte und eine Beteiligung an dessen Ausschuss die sachliche Tragweite des Paktes einzuschränken.

Stumpf wirft die Frage auf, ob auch auf internationaler Ebene von einer mittelbaren Drittwirkung der Grundrechte ausgegangen werden könne.

Tomuschat erläutert, dass sich bei den Schutzpflichten vor allem die Frage stelle, wie weit diese gingen. Eine umfassende Änderung des Verständnisses sei kaum zu erreichen. Allenfalls sei eine solche allmählich möglich, wie die Entwicklung der mittelbaren Drittwirkung der Grundrechte in Deutschland zeige. Bei einer solchen Entwicklung seien Wertungsdifferenzen nicht zu vermeiden. Dabei müsse das Bundesverfassungsgericht auch akzeptieren, dass der EGMR das letzte Wort habe.

Robbers hebt das Problem der Zuordnung der Menschenrechte zueinander hervor, also die Frage danach, wo die Grenzen der Rechte seien und wie sie gegeneinander abzuwägen seien. Die Abwägung zwischen zwei Menschenrechten könne auf Grund von Tradition, regionalen und politischen Erfahrungen je nach Region sehr unterschiedlich ausfallen, sodass sich die Frage stelle, wie dies mit der Universalität vereinbar sei.

Tomuschat ergänzt, dass die Frage der Konkordanz sich insbesondere stellt, wenn sich aus Abwehrrechten Schutzpflichten ableiten ließen. Dabei müsse jedoch der Einzelfall beachtet werden. Die Staaten zögen sich insbesondere bei diesen Schutzpflichten auf die *margin of appreciation* zurück.

Birk erinnert daran, das Problem der Effektivität einzubeziehen, gerade im Hinblick auf *failed states* oder *failing states*, bei denen diskutiert werden müsse, ob eine humanitäre Intervention zur Durchsetzung der Menschenrechte angebracht sei. Auch spricht er die Unteilbarkeit der Menschenrechte an.

Er mahnt an, dass Afrika nicht als Einheit gesehen werden könne und es eine „afrikanische Lyrik“ nicht gebe. Ersteres bejaht *Tomuschat*, jedoch mit dem Hinweis, dass dies im Falle Asiens erst recht der Fall sei. Welche Lebensphilosophie China entwickele, sei noch offen.

An den Beispielen Kosovo und Palästina wirft *Pohl* die Fragen der Glaubwürdigkeit und der Doppelmoral, also nach den Menschenrechten im politischen Machtkontext auf. Eine internationale Sanktionsmöglichkeit gebe es nicht, sodass sich ein Spannungsverhältnis zwischen Ideal und Wirklichkeit ergebe. Unter Hinweis auf die US-Gefängnisse in Guantánamo beschreibt er die Solidarität des Westens als selektiv.

Deutlich werde das Glaubwürdigkeitsproblem des Westens gerade bei Palästina, so *Tomuschat*. Gerade bei der einseitigen öffentlichen Berichterstattung, die die Situation im Gaza-Streifen kaum berücksichtige, da es sich nach dieser Sichtweise um eine „vernachlässigbare Gruppe“ handele. Hier zeigten sich die Vorbehalte der westlichen Welt gegenüber der islamischen Welt. Notwendig sei es auch, dort eine Stabilisierung der individuellen Lebensverhältnisse zu erreichen, um Frieden zu sichern. Druck, eine Einigung in dem Konflikt zu erzielen, sei notwendig, wobei man die Seiten nicht in „schwarz oder weiß“ unterteilen könne. Ein solcher Prozess sei zwar schwierig, aber möglich, wie das gewandelte Verhältnis zwischen Frankreich bzw. Polen und Deutschland zeige.

Von Hoffmann fasst zusammen, dass es einen kulturellen Relativismus nicht gebe, sondern nur einen Standpunkt. Im Sinne einer Flexibilität müsse jedoch der kulturelle Hintergrund beachtet werden. Die staatlichen Schutz- und Gewährleistungspflichten seien abhängig von den staatlichen Ressourcen und der Wertebildung.

Markus Kotzur

DER EUROPÄISCHE GERICHTSHOF FÜR MENSCHENRECHTE:

EIN REGIONALER AKTEUR IM DIENSTE UNIVERSELLER MENSCHENRECHTE

I. Einleitung: Universalität, kulturelle Relativität, kulturgeprägte Partikularität der Menschenrechte

Als das älteste normativ verbindliche Vertragswerk regionalen Menschenrechtsschutzes löst die Europäische Menschenrechtskonvention ein Versprechen ein, das die Allgemeine Erklärung der Menschenrechte vom 10. Dezember 1948 schon in ihrem ersten Präambelpassus gegeben hatte: „die Anerkennung der angeborenen Würde und der gleichen und unveräußerlichen Rechte der Mitglieder der Gemeinschaft der Menschen" als „Grundlage von Freiheit, Gerechtigkeit und Frieden in der Welt."[1] Hinter dieser Formulierung verbirgt sich ein menschheitsbezogener Universalitätsanspruch[2], der zweierlei sein kann: präexistentes platonisches *Ideal* oder *Wirklichkeitsphänomen*, das an die existenziellen Bedürfnisse und Gefährdungen des Menschen angesichts konkreter historischer Entwicklungen und ebenso konkreter politischer,

1 *Ch. Tomuschat*, The Universal Declaration of Human Rights and the Place of the Charter in Europe, in: *S. v. Schorlemer* (Hrsg.), Praxishandbuch UNO, 2003, S. 219 ff.; *ders.*, Menschenrechte als universelle Norm, in: Jahrbuch für internationale Politik 24 (1999), S. 24 ff.; *Ch. Gusy*, Das Grundgesetz im völkerrechtlichen Wirkungszusammenhang, in: *U. Battis/D. Th. Tsatsos*, Das Grundgesetz im internationalen Wirkungszusammenhang, 1990, S. 207 ff.

2 Eine explizite Menschheitsorientierung findet sich bei *P. Häberle*, Das „Weltbild" des Verfassungsstaates – eine Textstufe zur Menschheit als verfassungsstaatlichem Grundwert und „letztem" Geltungsgrund des Völkerrechts, in: FS M. Kriele, 1997, S. 1277 ff.; *ders.*, Nationales Verfassungsrecht, regionale „Staatenverbünde" und das Völkerrecht als universales Menschheitsrecht: Konvergenzen und Divergenzen, in: FS M. Zuleeg, 2005, S. 80 ff.; siehe auch *R. C. Meier-Walser/A. Rausch* (Hrsg.), Die Universalität der Menschenrechte. Argumente und Materialien zur Zeitgeschichte 44, 2005; *Deutsches Institut für Menschenrechte* (Hrsg.), Jahrbuch Menschenrechte 2006, 2005.

wirtschaftlicher und sozialer Rahmenbedingungen anknüpft.[3] Vielen erscheint Universalität als ein „specificum Europeaum". Sie ist im christlichen Naturrecht verwurzelt[4] und wurde im Geist der Aufklärung als Rationalitätspostulat weitergedacht.[5] Universalitätsdenken hat die Französische Revolution geistesgeschichtlich beeinflusst und wurde von ihr zugleich politisch vereinnahmt. Art. 16 der „Erklärung der Menschen- und Bürgerrechte" formuliert sendungsbewussten Verfassungsuniversalismus[6], falsch verstandener Kulturuniversalismus wurde im Zeitalter des Kolonialismus als zivilisatorisches Oktroy missbraucht. Art. 38 Abs. 1 lit. c IGH-Statut, der von allgemeinen Rechtsgrundsätzen spricht, welche die „Kulturvölker" („civilized nations") anerkannt haben, gibt davon noch heute textliches Zeugnis.[7] Zugespitzt heißt es bei *L. Henkin*: "Every effort has been made to almost existentially enclose the non-Western world into a European schema, and then to blame unwilling elements for being backward, ignorant or without vision".[8]

---

3 *Ch. Tomuschat*, Human Rights. Between Idealism and Realism, 2003; *H. Bielefeld*, Ein „von allen Völkern und Nationen zu erreichendes gemeinsames Ideal". Der Streit um die Universalität der Menschenrechte, in: *Amnesty International* (Hrsg.), Menschenrechte im Umbruch, 1998; den Aspekt existentieller Gefährdung schon pointiert im Titel andeutend: *G. Agamben*, Homo Sacer. Die souveräne Macht und das nackte Leben, 2002. Zur Scheidung von idealer Universalität und universellen Wirklichkeitsbedingungen menschenrechtspezifischer Gefährdungslagen *M. Kotzur*, Universality – a Principle of European and Global Constitutionalism, in: Historia Constitucional (revista electrónica), n. 6 2005, S. 201 ff. (abrufbar unter http://hc.rediris.es/06/index.html).

4 *H. Maier*, Wie universal sind die Menschenrechte?, 2007, S. 53 ff.

5 Wenn von europäischer Aufklärung die Rede ist, meint das mehr als einen bloßen Epochenbegriff und steht für politische Identität in Europa. Da die Aufklärung in Europa ganz unterschiedliche Entwicklungen, etwa in England, Frankreich oder Deutschland aufweist, sollte auch besser der Plural „Aufklärungen" Verwendung finden, so *C.-D. Ostenhövener*, in: *W. Heun/M. Honecker/M. Morlok/J. Wieland* (Hrsg.), Evangelisches Staatslexikon, Neuausgabe 2006, S. 136 f. Universelles Vernunftdenken ist ihnen ein zwar variierter, aber doch gemeinsamer Nenner.

6 « Toute Société dans laquelle la garantie des Droits n'est pas assurée, ni la séparation des Pouvoirs déterminée, n'à point de Constitution. »

7 *A. Pellet*, in: *A. Zimmermann/Ch. Tomuschat/K. Oellers-Frahm* (Hrsg.), The Statute of the International Court of Justice. A Commentary, 2006, Art. 38, Rn. 245 ff.

8 *L. Henkin*, International Law: Politics and Values, 1995, S. 109.

Ist die kulturelle Relativität der Menschenrechte[9] dann die Antwort auf fehlgeleitetes Sendungsbewusstsein? Trotz aller Fragmentierungen menschenrechtlicher Universalität[10] wohl kaum, wird sie häufig doch nur als fadenscheinige Entschuldigung von solchen Regimen ins Feld geführt, deren Menschenrechtsbilanz in eklatanter Weise zu wünschen übrig lässt. Zwar ist die historische Genese der Menschenrechte in hohem Maße mit westlichem Gedankengut verbunden, vor allem mit den demokratischen Revolutionen des ausgehenden 18. Jahrhunderts in Amerika und Frankreich. Aber dennoch besteht keine ausschließliche Verknüpfung mit westlichen Traditionen.[11] Die Universalität der Menschenrechte besteht vielmehr in elementaren Unrechtserfahrungen und Gefährdungen des Individuums – sei es *als* Individuum oder in kollektiver Gebundenheit – die der gesamten Menschheit ohne Rücksicht auf kulturelle, wirtschaftliche und politische Besonderheiten gemeinsam sind. In Abwandlung der bekannten Wendung des BVerfG von den „grundrechtstypischen Gefährdungslagen"[12] lassen sich universelle „menschenrechtstypische" oder „menschenrechtsspezifische" Gefährdungslagen ausmachen.[13] Diese Universalität gemeinmenschlicher Unrechtserfahrungen hat ebenso wie die Universalität der Menschenwürde ein „vorstaatliches" und damit zugleich ein „überstaatliches" Element. Sie relativiert die Staatlichkeit und damit kommen gerade die regionalvölkerrechtlichen Akteure ins Spiel. Sie werden zu zentralen „Universalitätsmittlern", die das Ideal universeller Menschenrechte in kultureller Partikularität zu realisieren helfen. Universalität ist nämlich nicht so zu verstehen, dass sie ein idealiter gedachtes, per definitionem jeder Kodifikation

---

9 Zur Diskussion *E. Brems*, Human Rights: Universality and Diversity, 2001; *dies.*, Enemies or Allies? Feminism and Cultural Relativism as Dissident Voices in Human Rights Discourse, in: Human Rights Quarterly 19 (1997), S. 136 ff.; *B. De Sousa Santos*, Toward a Multicultural Conception of Human Rights, in: Zeitschrift für Rechtssoziologie 18 (1997), S. 1 ff.; *A. An-Nacim*, Human Rights in Cross-Cultural Perspectives, 1992. *J. Donnelly*, Cultural Relativism and Universal Human Rights, in: Human Rights Quarterly, Vol. 6, 1984, S. 400 ff.

10 *U. Baxi*, Voices of Suffering, Fragmented Universality and the Future of Human Rights, in: *B. H. Weston/St. P. Marks* (Hrsg.), The Future of International Human Rights, 1999, S. 101-156.

11 Vgl. *Th. M. Franck*, Are Human Rights Universal?, in: Foreign Affairs 80 (2001), S. 191 ff.

12 BVerfGE 45, 63 (79).

13 Vgl. dazu bereits oben Fn. 3.

vorgegebenes und damit universelles Natur- beziehungsweise Vernunftrecht aufdeckt. Erst in wechselseitigen Rezeptionsprozessen und als kulturelle Leistungen[14] werden aus einer vorkulturellen[15] Menschenrechtsidee diejenigen Standards geschaffen, die von der großen Mehrheit aller Mitglieder der internationalen Gemeinschaft je kulturspezifisch angeeignet und daher in ihrem Dualismus von Universalität und kultureller Partikularität akzeptiert werden können. Universalität impliziert freiwillige Kooperation, gemeinsame Verantwortung, gemeinsame Aufgabenwahrnehmung, Kommunikation und Dialog. Die Universalität der Menschenrechte ist kein Zustand sondern *kontinuierlicher Prozess* und *beständiges Werden.*

An diesem „Werden" ist der europäische Gerichtshof für Menschenrechte als maßgeblicher regionaler Akteur mitbeteiligt. Hinter der Universalität der Menschenrechte steht eine *„gestufte Partikularität"*. Die universellen Menschenrechtspakte auf völkerrechtlicher Ebene und vor allem das völkerrechtliche *ius cogens* in Sachen Menschenrechte bedürfen *effektivitätssichernder Implementierung* auf regionaler Ebene und im nationalen Verfassungsstaat. Im Hinblick darauf sei zunächst der Universalitätsanspruch im Text und Kontext der EMRK beleuchtet.

II. Der Universalitätsanspruch der Europäischen Menschenrechtskonvention

1. Eine strukturelle Vorfrage: Europarat und Europäische Menschenrechtskonvention

Die im Jahre 1950 vom Europarat verabschiedete EMRK steht für das klassische Modell des völkervertraglichen Menschenrechtsschutzes.[16] Dank ver-

---

14 *P. Häberle*, Verfassungslehre als Kulturwissenschaft, 2. Aufl. 1998, S. 715 ff.

15 *G. Dietze*, Bedeutungswandel der Menschenrechte, 1972, S. 10 spricht gar von einem „Mysterium".

16 *Ch. Grabenwarter*, Europäische Menschenrechtskonvention, 3. Aufl. 2008; *A. Peters*, Einführung in die Europäische Menschenrechtskonvention, 2003; *J. G. Merrills/ A. H. Robertson*, Human Rights in Europe: A Study of the European Convention on Human Rights, 4. Aufl. 2004; siehe auch *D. Ehlers* (Hrsg.), Europäische Grundrechte und Grundfreiheiten, 2. Aufl. 2005; eingehend zur Entstehungsgeschichte der EMRK *K. J. Partsch*, Die Entstehung der europäischen Menschenrechtskonvention, ZaöRV 15 (1954), S. 631 ff.

traglich verbürgter Rechtspositionen gewinnt das Individuum partielle Völkerrechtssubjektivität. Seine Würde und Freiheit werden nicht nur Legitimitätsvoraussetzung des Völkerrechts und der europäischen Rechtsordnung, die würderadizierten Menschenrechte[17] setzen vielmehr staatlicher Souveränität eindeutige – universelle – Grenzen und verschieben damit die Grenzen der staatlichen „domaine réservé"[18]. Das bestätigt nicht zuletzt die jüngste Praxis der humanitären Intervention.[19] Im Sinne eines solch instrumentalen, vom Menschen ausgehenden und auf den Menschen hin orientierten Souveränitätsverständnisses[20] bindet die EMRK alle Mitgliedstaaten an grundlegende Menschenrechtsstandards.

Heute aber ist die Konvention längst über ihre völkervertragliche Dimension hinausgewachsen und konnte für das sich verfassende Europa konstitutionelles Gewicht erlangen. Das gilt insbesondere, seit das 11. Zusatzprotokoll (1998) den EGMR zu einem echten Verfassungsgericht hat reifen lassen, an das sich der Einzelne unmittelbar wenden kann.[21] Die ursprünglich „minimalistische

---

17 Zum Menschenwürdekonzept als Grund und Grenze legitimer Herrschaft *P. Häberle*, Die Menschenwürde als Grundlage der staatlichen Gemeinschaft, in: *J. Isensee/P. Kirchhof* (Hrsg.), HStR, Bd. II, 3. Aufl. 2004, § 22; *Ch. Enders*, Die Menschenwürde in der Verfassungsordnung, 1997; *ders.*, in: *K. H. Friauf/W. Höfling* (Hrsg.), Berliner Kommentar zum Grundgesetz, Bd. 1, 12. Ergänzungslieferung 2005, Art. 1 mit einer umfassenden Übersicht zum aktuellen Stand der Literatur; über den europäischen Kulturkreis hinaus *K. Aoyagi*, Die Achtung des Individuums und die Würde des Menschen, 1996.

18 *Ch. Tomuschat*, Menschenrechtsschutz und innere Angelegenheiten, in: *L. Calfisch/ Th. Stein/Ch. Tomuschat* (Hrsg.), Eingriff in die inneren Angelegenheiten fremder Staaten zum Zwecke des Menschenrechtsschutzes (Rechtsstaat in der Bewährung, 36), 2002, S. 5 ff. Berühmt wurde die sog. „erga omnes"-Formel des IGH im Fall *„Barcelona Traction"* (ICJ-Reports, S. 3 ff.), vgl. auch *T. Stein/Ch. v. Buttlar*, Völkerrecht, 11. Aufl. 2005, Rn. 637 ff.

19 Nachweise aus der weit ausgreifenden Lit. etwa bei *S. v. Schorlemer*, Menschenrechte und „humanitäre Intervention", in: Internationale Politik 55/2, 2000.

20 *J. P. Müller*, Wandel des Souveränitätsbegriffs im Lichte der Grundrechte, in: Symposion L. Wildhaber, 1997, S. 45 ff., 61 ff.; *M. Kotzur*, Theorieelemente des internationalen Menschenrechtsschutzes, 2001, S. 322 ff.; *ders.*, Souveränitätsperspektiven – verfassungsstaatlich, europäisch, völkerrechtlich betrachtet, JöR 52 (2004), S. 197 ff.; insgesamt zum Thema jüngst *U. Haltern*, Was bedeutet Souveränität?, 2006.

21 *I. Siess-Scherz*, Das neue Rechtsschutzsystem nach dem Protokoll Nr. 11 zur EMRK über die Umgestaltung des durch die Konvention eingeführten Kontrollmechanismus, in: *Grabenwarter/Thienel* (Hrsg.), Kontinuität und Wandel der EMRK, 1998, S. 1 ff.; *J. Meyer-Ladewig/H. Petzhold*, Der neue ständige Europäische Gerichtshof für Men-

Konventionskonzeption“[22], wonach die europäischen Menschenrechtsgarantien nur eine überwölbende Auffangordnung mit geringem Einfluss auf die nationalen Grundrechtsgarantien und Grundrechtstraditionen seien, hat sich im Laufe des fortschreitenden europäischen Integrationsprozesses Stück für Stück in ein anspruchsvolleres konstitutionelles Modell mit selbstbewusstem Universalitätsanspruch gewandelt.[23] Gewiss hat auch die Europäische Verfassungsdebatte[24] einen maßgeblichen Beitrag dazu geleistet, die EMRK als Teilverfassung auf dem Grund- und Menschenrechtssektor und damit ihrerseits als „Konstitutionalisierungsprozess“ zu begreifen.[25] Unbefriedigend bleibt daher ihre bis dato unterschiedliche Rangwirkung in den einzelnen Mitgliedstaaten.[26] Teils kommt ihr Verfassungsrang, teils Übergesetzesrang, teils

---

schenrechte, NJW 1999, S. 1165 ff.; *L. Wildhaber*, Eine verfassungsrechtliche Zukunft für den europäischen Gerichtshof für Menschenrechte, EuGRZ 2002, S. 569 ff.

22 *Ch. Gusy*, Wirkungen in der Europäischen Menschenrechtskonvention und in der europäischen Rechtsprechung der einzelnen Vertragsstaaten, Zeitschrift für Rechtsvergleichung, 1988, S. 1 ff.; siehe auch *Ch. Grabenwarter*, Europäische Menschenrechtskonvention, 3. Aufl. 2008, § 3, Rn. 14.

23 *F. Hoffmeister*, Die Europäische Menschenrechtskonvention als Grundrechtsverfassung und ihre Bedeutung in Deutschland, in: Der Staat 40 (2001), S. 349 ff., 353 ff. Der EGMR, Urteil vom 23. März 1995, *Loizidou (Preliminary Objections)*, Serie A 310, Z. 75 bezeichnet die EMRK als „constitutional instrument of European public order“; siehe auch *J. A. Frowein*, Der europäische Menschenrechtsschutz als Beginn einer europäischen Verfassungsrechtsprechung, JuS 1986, S. 845 ff.; *P. Häberle*, Gemeineuropäisches Verfassungsrecht, EuGRZ 1991, S. 261 ff., 265: „ordre public européen“; weitere Nachweise bei *I. Pernice*, Deutschland in der Europäischen Union, in: *J. Isensee/ P. Kirchof* (Hrsg.), HStR, Bd. VIII, 1995, § 191, Rn. 25 ff. sowie bei *Ch. Grabenwarter*, Europäische Menschenrechtskonvention, 3. Aufl. 2008, § 2, Rn. 1 ff.

24 *I. Pernice/P. M. Huber/G. Lübbe-Wolff/Ch. Grabenwarter*, Europäisches und nationales Verfassungsrecht, VVDStRL 60 (2001), S. 148 ff., 194 ff., 246 ff. und 290 ff.; *A. Peters*, Elemente einer Theorie der Verfassung Europas, 2001; *Th. Oppermann*, Eine Verfassung für die Europäische Union, DVBl. 2003, S. 1234 ff.; *P. Häberle*, Europäische Verfassungslehre, 5. Aufl. 2008.

25 *Ch. Walter*, Die Europäische Menschenrechtskonvention als Konstitutionalisierungsprozess, ZaöRV 59 (1999), S. 961 ff.

26 *Ch. Gusy*, Die Rezeption der EMRK in Deutschland, in: *C. Grewe/Ch. Gusy* (Hrsg.), Menschenrechte in der Bewährung, 2005, S. 129 ff.; *K. Chryssogonos*, Zur Inkorporation der Europäischen Menschenrechtskonvention in den nationalen Rechtsordnungen der Mitgliedstaaten, EuR 2001, S. 49 ff.; für Frankreich *C. Grewe*, Die Grundrechte und ihre richterliche Kontrolle in Frankreich, EuGRZ 2002, S. 209 ff.

– wie in der Bundesrepublik Deutschland nach herrschender Lehre – noch immer nur einfachgesetzlicher Rang zu.[27] Rechtsprechung und Wissenschaft bleiben aufgefordert, dogmatische Strukturen zu entwickeln, die der Verfassungsqualität der EMRK ebenso wie ihrem *Universalitätsanspruch* und *Universalisierungspotential* Rechnung tragen: angefangen bei der Grundrechtsinterpretation über Vorrangfragen bis hin zur Durchsetzung von EGMR-Entscheidungen.[28]

2. Universalitätstexte und -kontexte der EMRK

Der Blick auf die strukturelle Vorfrage zur Konzeption der EMRK hat einmal mehr bestätigt: „Herrschaft des Rechts" bedeutet für Europa wohl stärker noch als für andere Weltregionen und Rechtskulturen „Herrschaft der Grundrechte"[29]. Sie sind die entscheidenden Legitimationsbedingungen hoheitlicher

---

27 *G. Ress*, Die EMRK und die Vertragsstaaten: Die Wirkungen der Urteile des EGMR im innerstaatlichen Recht und vor innerstaatlichen Gerichten, in: *I. Maier* (Hrsg.), Europäischer Menschenrechtsschutz – Schranken und Wirkungen, 1982, S. 227 ff., 256 ff.; *ders.*, Wirkung und Beachtung der Urteile und Entscheidungen der Straßburger Konventionsorgane im innerstaatlichen Recht, EuGRZ 1996, S. 350 ff.

28 Reiches Anschauungsmaterial bietet etwa der Fall *„Görgülü"*, BVerfGE 111, 307; aus der Lit.: *G. Britz*, Bedeutung der EMRK für nationale Verwaltungsgerichte und Behörden, NVwZ 2004, S. 173 ff.; *E. Klein*, Urteilsanmerkung, JZ 2004, S. 1176 ff.; *E. Benda*, Die Bindungswirkung von Entscheidungen des Europäischen Gerichtshofs für Menschenrechte, AnwBl. 10/2005, S. 602 ff.; *H. J. Cremer*, Zur Bindungswirkung von EGMR-Urteilen, EuGRZ 2004, S. 683 ff.; *J. Abr. Frowein*, Die traurigen Missverständnisse. Bundesverfassungsgericht und Europäischer Gerichtshof für Menschenrechte, in: Liber Amicorum J. Delbrück, 2005, S. 279 ff.; *K. Grupp/U. Stelkens*, Zur Berücksichtigung der Gewährleistungen der Europäischen Menschenrechtskonvention bei der Auslegung deutschen Rechts, DVBl. 2005, S. 133 ff.; *J. Meyer-Ladewig/H. Petzold*, Die Bindung deutscher Gerichte an Urteile des EGMR, NJW 2005, S. 35 ff.; S. *Mückl*, Kooperation oder Konfrontation? – Das Verhältnis zwischen Bundesverfassungsgericht und Europäischem Gerichtshof für Menschenrechte, in: Der Staat 44 (2005), S. 403 ff.; jüngst *E. Hofmann*, Grundrechtskombinationen in der Fallbearbeitung – Kollisionen, Konkurrenzen, Verstärkungswirkungen, Jura 2008, i. E.

29 *J. Limbach,* Die Kooperation der Gerichte in der künftigen europäischen Grundrechtsarchitektur – Ein Beitrag zur Neubestimmung des Verhältnisses von BVerfG, EuGH und EGMR, EuGRZ 2000, S. 417; siehe auch *D. Kugelmann*, Grundrechte in Europa, 1997.

Macht.[30] Im europäischen System vernetzter Grundrechtsordnungen“[31], bestehend aus den Grundrechtskatalogen nationaler Verfassungen, den vom EuGH im Wege wertenden Rechtsvergleichs gewonnen Gemeinschaftsgrundrechten als allgemeinen Rechtsgrundsätzen[32], der EU-Grundrechtecharta[33] und der EMRK, steht letztere in besonderes hohem Maße für frühes Universalitätsdenken. So verweist die Präambel der Europäischen Menschenrechtskon-

30 *J. Habermas*, Zur Legitimation durch Menschenrechte, in: *ders.*, Die postnationale Konstellation – Politische Essays, 1998, S. 170 ff.

31 Um Europas rechtliche (und auch politische) Integration zu skizzieren, spricht *M. Herdegen*, Europarecht, 10. Aufl. 2008, Rn. 1, von einem „System vernetzter Ordnungen“; zur Vielfalt der europäischen Grundrechtsordnungen *E. Pache*, Die Europäische Menschenrechtskonvention und die deutsche Rechtsordnung, Europarecht 39 (2004), S. 393 ff., 393; *A. Weber*, Einheit und Vielfalt der europäischen Grundrechtsordnungen, DVBl. 2003, S. 220 ff., 227 m. w. N.

32 *G. Tesauro*, The Role of the Court of Justice in the Protection of Fundamental Rights, in: FS G. C. Rodríguez Iglesias, 2003, S. 103 ff.; *A. Vitorino*, La Cour de justice et les droits fondamentaux depuis la proclamation de la Charte, in: ebd., S. 111 ff.; *G. Nicolaysen,* Die gemeinschaftsrechtliche Begründung von Grundrechten, EuR 38 (2003), S. 719 ff.; *R. Bieber/A. Epiney/M. Haag*, Die Europäische Union. Europarecht und Politik, 7. Aufl. 2006, § 2, Rn. 9 ff.

33 Aus der kaum mehr überschaubaren Literatur zur Grundrechtscharta etwa: *M. Mahlmann*, Die Grundrechtscharta der EU, ZeuS 2000, S. 419 ff.; *T. Schilling*, Bestand und allgemeine Lehren der bürgerschützenden allgemeinen Rechtsgrundsätze des Gemeinschaftsrechts, EuGRZ 2000, S. 3 ff.; *C. Busse*, Das Projekt der Europäischen Grundrechtscharta vor dem Hintergrund der EMRK, ThürVBl. 2001, S. 73 ff.; *Ch. Calliess*, Die Charta der Grundrechte der europäischen Union, EuZW 2001, S. 261 ff.; *Ch. Grabenwarter*, Die Charta der Grundrechte für die Europäische Union, DVBl. 2001, S. 1 ff.; *Th. Schmitz*, Die EU-Grundrechtecharta aus grundrechtsdogmatischer und grundrechtstheoretischer Sicht, JZ 2001, S. 883 ff.; *P. J. Tettinger*, Die Charta der Grundrechte der Europäischen Union, NJW 2001, S. 157; *N. Philippi*, Die Charta der Grundrechte der Europäischen Union, 2002; *M. Schröder*, Wirkungen der Grundrechtscharta in der europäischen Rechtsordnung, JZ 2002, S. 849 ff.; *N. Bernsdorff/M. Borowsky*, Die Charta der Grundrechte der EU, 2002; *J. Meyer* (Hrsg.), Kommentar zur Charta der Grundrechte der Europäischen Union, 2003; *A. Weber*, Einheit und Vielfalt der europäischen Grundrechtsordnung(en), DVBl. 2003, S. 220 ff.; *A. Wentrup*, Die Europäische Grundrechte-Charta im Spannungsfeld der Kompetenzverteilung zwischen Europäischer Union und Mitgliedstaaten, 2003; *M. Ruffert*, Schlüsselfragen der Europäischen Verfassung der Zukunft: Grundrechte – Institutionen – Kompetenzen – Ratifizierung, EuR 39 (2004), S. 165 ff.; *D. Ehlers* (Hrsg.), Europäische Grundrechte und Grundfreiheiten, 2. Aufl. 2005.

vention bereits in ihrem ersten Passus auf die Allgemeine Erklärung der Menschenrechte, die von der Generalversammlung der Vereinten Nationen verkündet worden ist, und damit implizit auf den Universalitätsanspruch dieser „Magna Charta" globalen Menschenrechtsschutzes. War die Erklärung von 1948 noch Vorbild der EMRK, so wirkte letztere ihrerseits als Rezeptionsanstoß für die beiden Weltpakte des Jahres 1966 und spätere regionale Schutzinstrumente.

Explizit formulierte der zweite EMRK-Präambelpassus den Zweck, die *universelle* und wirksame Anerkennung und Einhaltung der Konventionsrechte zu gewährleisten. Universalität und Wirksamkeit sind bewusst miteinander verknüpft, die Universalität wird als *Bedingung* und *Voraussetzung* wirksamen Menschenrechtsschutzes verstanden. Wenn die Präambel weiterhin von einem *gemeinsamen* Verständnis und einer *gemeinsamen* Achtung der den Grundfreiheiten zu Grunde liegenden Menschenrechte spricht, erscheint das universelle Moment indes in spezifisch bzw. partikulär europäischer Lesart. Die betonte Gemeinsamkeit ist Ausdruck *gemeineuropäischer* Menschenrechtskultur. Ein solches Verständnis findet im abschließenden Verweis auf ein gemeinsames Erbe an politischen Überlieferungen und Idealen seine Bestätigung.

Die folgenden einzelnen Rechte und Freiheiten erheben ihren je eigenen Universalitätsanspruch, insbesondere, wenn sie mit völkerrechtlichem ius cogens, universellem Völkergewohnheitsrecht, völkerrechtlichen Verträgen aber auch völkerrechtlichem „soft law" kontextualisiert werden: das Recht auf Leben aus Art. 2, stärker noch das Folterverbot aus Art. 3 – nach dem 11. September indes rechtskulturübergreifend relativierender Erosion ausgesetzt. Die Relativierung eines Schutzstandards kann ihrerseits *„universell"* sein. Für universelles „ius cogens" steht das Sklavereiverbot aus Art. 4. Ein Recht auf Freiheit und Sicherheit (Art. 5), auf Gedanken-, Gewissens- und Religionsfreiheit (Art. 9), auf freie Meinungsäußerung (Art. 10) ist gewiss universellen Idealen verpflichtet, in seiner konkreten Ausgestaltung aber nur eine kulturabhängig partikuläre Annäherung an solche Ideale. Das gilt noch vielmehr für Diskriminierungsverbote (Art. 14) oder den Schutz der Privatsphäre (Art. 8). Wo Derogation im Notstandsfall erlaubt ist, erscheint der Universalitätsanspruch von vorneherein eingeschränkt (Art. 15 Abs. 1), wo Notstandsfestigkeit betont wird, (Art. 15 Abs. 2) demgegenüber nachdrücklich hervorgehoben.

Nicht nur hinter den materiellen, auch hinter den prozeduralen Schutzstandards steckt eine Universalitätsperspektive. Der Menschenrechtsschutz durch

Verfahren mag sich darüber hinaus leichter „*universalisieren*" lassen, weil er weniger *wertgebunden*, sondern vielmehr von seiner *funktionellen* Seite her verstanden und deshalb umso leichter in den verschiedenen Rechtskulturen implementiert werden kann. Der „fair trial"-Grundsatz aus Art. 6 oder der „nulla poena sine lege"-Grundsatz aus Art. 7 sind Ausdruck einer universellen „rule of law", die heute im Völkerrecht intensiv diskutiert wird. Nicht zuletzt die Yusuf und Kadi-Entscheidung des Europäischen Gerichts erster Instanz hat der kontroversen Debatte um eine „rechtsstaatliche" Bindung des UN-Sicherheitsrates reiches Material geliefert.

III. Universalitätsmomente, Universalitätsargumente in der Rechtsprechung des EGMR

1. Implizite und explizite Verweise auf das universelle Völkerrecht

In zahlreichen Judikaten des EGMR ist das Universalitätsdenken – sei es ausgesprochen, sei es nur mitgedacht – präsent. Der Gerichtshof bedient sich unterschiedlicher Methoden, um auf den Universalitätsanspruch der EMRK-Garantien zu verweisen oder diese ihrerseits als Konkretisierung universeller Schutzideale zu kennzeichnen. So findet sich immer wieder ein ausdrücklicher Verweis auf die universelle Menschenrechtserklärung, etwa in der berühmten Entscheidung *Golder v. United Kingdom* vom 21. Februar 1975[34] oder in den Fällen *Glasenapp* (1986)[35], *Sigurdur* (1993)[36], *Al-Adsani* (2001)[37] und *Pretty*[38]. Mit Blick auf die Problematik der Todesstrafe sei auf die

---

34 Appl. No. 4451/70: "In the present Case, the most significant passage in the Preamble to the European Convention is the signatory Governments declaring that they are 'resolved, as the Governments of European countries which are like-minded and have a common heritage of certain of the Rights stated in the Universal Declaration' of 10 December 1948."

35 Case of *Glasenapp v. Germany*, Appl. No. 9228/80, Urteil vom 28. August 1986.

36 Case of *Sigurdur A. Sigurjónsson v. Iceland*, Appl. No. 16130/90, Urteil vom 30. Juni 1993.

37 Case of *Al-Adsani v. The United Kingdom*, Appl. No. 35763/97, Urteil vom 21. November 2001.

38 Case of *Pretty v. United Kingdom*, Appl. No. 2346/02, Urteil vom 29. April 2002 (final 29. 07. 2007).

Entscheidungen *„Soering“*[39] und *„Öczalan“*[40] verwiesen. Besonders häufig wird das Universalitätsargument in *„dissenting“* respektive *„concurring opinions“* gebraucht. Wo der abweichende, jedenfalls abweichend argumentierende Richter unter besonders hohem Legitimationsdruck und Begründungszwang für seine Position steht, liegt die Universalitätsbehauptung nahe. So betonen die Richter *Spielmann* und *Jebens* in ihrer „Joint Dissenting Opinion“[41] den untrennbaren Zusammenhang von menschlicher Würde und Universalität. Ähnlich geht Richter *van Dijk* in *Sheffield and Horsham v. The United Kingdom* (Dissent)[42] vor: “Moreover, it is a vital element of the ‚inherent dignity‘ which, according to the Preamble to the Universal Declaration of Human Rights, constitutes the foundation of freedom, justice and peace in the world.”[43] In einer „Concurring Opinion“ von Richter *Levits* heißt es: “In my view, that is a compelling conclusion, which derives from the inherent universality of human rights and democratic values, by which all democratic institutions are bound.”[44] Besonders aussagekräftig zum Verhältnis von Universalität und kultureller Partikularität (hier religiöser Vielfalt) ist schließlich eine Formulierung von Richter *Tulkens* in seinem Dissent zu *Leyla Sattín v. Turkey*[45]: “I therefore entirely agree with the view that the Court must seek reconcile universality and diversity and that it is not its role to express an opinion on any religious model whatsoever.”

2. *Rechtspluralismus versus Menschenrechtsuniversalismus*

Prekär werden Universalitätsargumente, wenn etwa religiös begründete Normativität und rechtsstaatlich gebundene Legalität, besser noch rechtsstaatlich vermittelte Legitimität in Widerstreit geraten. Wie weit reicht der Universali-

---

39 Case of *Soering v. United Kingdom*, Appl. No. 14038/88, Urteil vom 7. Juli 1989.

40 Case of *Öczalan v. Turkey*, Appl. No. 46221/99, Urteil vom 12. Mai 2005.

41 Case of *Vereinigung Bildender Künstler v. Austria*, Appl. No. 68354/01, Urteil vom 25. Januar 2007 (final 25. 04. 2007), Nr. 8.

42 Appl. No. 31-32/1997/815-816/1018-1019, Urteil vom 30. Juli 1998.

43 Vgl. auch *J. Abr. Frowein*, Human Dignity in International Law, in: *ders.*, Völkerrecht – Menschenrechte – Verfassungsfragen Deutschlands und Europas, 2004, S. 305 ff., 310 ff. („Human Dignity as an Element in Interpreting the European Convention on Human Rights“).

44 Case of *Streletz, Kessler and Krenz v. Germany*, Appl. No. 34044/96, 35532/97, 44801/98, Urteil vom 22. März 2001, Nr. 11.

45 Appl. No. 44774/98, Urteil vom 10. November 2005.

tätsanspruch säkularer Staatlichkeit, inwieweit setzt er der nicht minder universellen Religionsfreiheit Grenzen? Die Entscheidungen zum Proselytismus[46], zur islamischen Kopftuchpflicht[47] oder zum Schächten bieten reiches Anschauungsmaterial für dergestalte *Universalitätskonflikte*. Man denke in diesem Zusammenhang auch an eine jüngst erhobene Forderung des Erzbischofs von Canterbury, in beschränktem Umfang neben staatlichem Recht auch die Rechtsordnung der Sharia zur Anwendung kommen zu lassen. *Rechtspluralismus* und *Menschenrechtsuniversalismus* sind zwei nicht selten widerstreitende Forderungen, denen sich das moderne Völkerrecht in gleicher Weise verpflichtet weiß.[48] Neben den Fällen zur Religionsfreiheit müssen hier auch die Entscheidungen zu Minderheiten oder traditionellen Lebensformen, z. B. der Sinti und Roma, Erwähnung finden.[49]

3. *Universalität und Vorverständnis bei der richterlichen Rechtsfindung*

Universalitätsargumente spielen für den Gerichtshof dabei sowohl auf der Tatbestands- als auch der Eingriffs- und Rechtfertigungsebene eine wichtige Rolle. Als ein Beispiel diene die bereits erwähnte Entscheidung *Pretty v. United Kingdom* vom 29. April 2002.[50] Die Antragstellerin litt im fortgeschrittenen Stadium an einer unheilbaren Schädigung ihres Zentralnervensystems und begehrte angesichts ihres schmerzhaften und würdelosen Siechtums die Frei-

---

46 Case of *Kokkinakis v. Greece*, Appl. No. 14307/88, Urteil vom 25. Mai 1993.

47 *B. Schöbener*, Die „Lehrerin mit dem Kopftuch“ – europäisch gewendet!, Jura 2003, S. 186 ff.

48 *J. Vanderlinden*, Le pluralisme juridique: essai de synthèse, in: *J. Gillissen* (ed.), Le Pluralisme Juridique, 1971, pp. 19; id., Return to legal pluralism: twenty years later, in: Journal of Legal Pluralism 28 (1989), pp. 149; *K. v. Benda-Beckmann*, Transnational dimension of legal pluralsim, in: *W. Fikentscher* (ed.), Begegnung und Konflikt – eine kulturanthropologische Bestandsaufnahme, 2001, pp. 33; *F. v. Benda-Beckmann*, Who´s afraid of legal pluralism, Journal of Legal Pluralism 47 (2002), pp. 37; *A. Griffiths*, Legal Pluralism, in: *R. Banakar/M. Travers* (eds.), An Introduction to Law and Social Theory, 2002, pp. 289.

49 Case of *Chapman v. The United Kingdom*, Appl. No. 27238/95, Urteil vom 18. Januar 2001; für zahlreiche weitere Nachweise zum Fallrecht siehe http://www.coe.int/t/dg3/romatravellers/jurisprudence/echr_en.asp; ferner *Hoekema*, European Legal Encounters between Minority and Majority Culture: Cases of Interlegality, in: *Woodman* (ed.), The Journal Legal Pluralism and Unofficial Law, Nr. 51, 2005, p. 6.

50 Case of *Pretty v. United Kingdom*, Appl. No. 2346/02, Urteil vom 29. 04. 2002 (final 29. 07. 2007).

heit, ihrem Leben selbstbestimmt ein Ende zu setzen. Ein „Recht auf Freitod“ könnte sowohl vom Recht auf Leben als auch vom Selbstbestimmungsrecht umfasst sein. Hier zeigt sich, dass die vorderhand eindeutige Universalität des Lebensschutzes im Detail durchaus kulturabhängig sein kann. Die großen ethischen Diskussionen um aktive Sterbehilfe, gar um einen Anspruch auf Selbstmord, sind auch im Kontext säkularer europäischer Staatlichkeit zutiefst von christlichen Wert- und Moralvorstellungen geprägt. Diese wiederum wirken mitbestimmend auf das Vorverständnis des entscheidenden Richters. Gleich, ob er seine Wertungen auf Tatbestands- oder Rechtfertigungsebene einfließen lässt, verleiht er dem universellen Lebensschutz kulturgeprägte Konturen. So heißt es unter Rn. 29 im Urteilstext in Beschreibung der von britischer Seite her vorgebrachten Argumente:

> “They emphasised that it was a fundamental tenet of the Catholic faith that human life was a gift from God received in trust. Actions with the purpose of killing oneself or another, even with consent, reflected a damaging misunderstanding of the human worth. Suicide and euthanasia were therefore outside the range of morally acceptable options in dealing with human suffering and dying. These fundamental truths were also recognised by other faiths and by modern pluralist and secular societies, as shown by Article 1 of the Universal declaration of Human Rights (December 1948) (…).“

Interessant wäre eine vergleichende Studie, wie sich die Weltreligionen und die unterschiedlichen Rechtskulturen weltweit zum Phänomen des Selbstmords verhalten.

4. *Die extraterritoriale Geltung der Konventionsrechte*

Von einem besonderen Universalitätsanspruch zeugt, wenn die gewährleisteten Menschenrechte extraterritorialen Geltungsanspruch erheben.[51] Grundsätzlich besteht die Grundrechtsverpflichtung aus der EMRK für staatliches Handeln auf dem jeweiligen Territorium des Mitgliedstaates. Hiervon hat der Gerichtshof jedoch wichtige Ausnahmen zugelassen. In ständiger Rechtsprechung bejaht er eine Verpflichtung aus Art. 3 EMRK in solchen Auslieferungs- oder Ausweisungsfällen, bei denen die Rechtsverletzung im aufneh-

---

51 *Ch. Grabenwarter*, Europäische Menschenrechtskonvention, 3. Aufl. 2008, § 17, Rn. 11; *Th. Giegerich*, Grund- und Menschenrechte im globalen Zeitalter: Neubewertung ihrer territorialen, personalen und internationalen Dimension in Deutschland, Europa und den USA, EuGRZ 2004, S. 758 ff.

menden Staat droht. Des Weiteren können Militäraktionen eine extraterritoriale Grundrechtsverantwortung begründen. Spätestens seit dem Kosovo-Krieg kommt dieser Frage höchste Aktualität zu. Formal werden die Voraussetzungen, unter denen eine extraterritoriale Bindungswirkung der EMRK zu fordern ist, vor der Interpretation der „Hoheitsgewalt", der „jurisdiction" bestimmt. Bei Militäreinsätzen ist sie dann gegeben, wenn der betroffene Staat *effektive* Kontrolle über fremdes Hoheitsgebiet ausübt. Materiell steht dahinter aber auch der unausgesprochene Universalitätsanspruch jener Menschenrechte, die Grundlage *jeder* menschlichen Gemeinschaft sind – um die berühmte Formel aus Art. 1 Abs. 2 GG aufzugreifen.

5. *Universalität, bedingt und begrenzt durch einen mitgliedstaatlichen „margin of appreciation"*

In höchstem Maße virulent wird die Universalitätsproblematik im Kontext der „margin of appreciation"-Rechtsprechung des EGMR.[52] Seit jeher verweist der Gerichtshof bei der Verhältnismäßigkeitsprüfung auf einen Beurteilungsspielraum der Mitgliedstaaten. Damit ist allerdings weit mehr gemeint als eine bloße inhaltliche Ausgestaltung des Verhältnismäßigkeitsprinzips. Der Gerichtshof variiert vielmehr seine Kontrolldichte je nach betroffenem Grundrecht und relevantem Lebensbereich. Dass die dafür relevanten Faktoren bisher dogmatisch noch eher ungebändigt erscheinen und eine gewisse fallspezifische Willkür nicht immer auszuschließen ist, wurde von Seiten der Literatur vielfach beklagt. In der Tat steht hinter dem „margin of appreciation"-Gedanken nichts anderes als die Konkretisierung von *Universalität in kultureller Partikularität*. Für den Konkretisierungsmaßstab ist die Subsidiarität der

---

52 *J. Rubel*, Entscheidungsfreiräume in der Rechtsprechung des Europäischen Gerichtshofes für Menschenrechte und des Europäischen Gerichtshofes. Ein Beitrag zur Beantwortung der Kontrolldichtefrage, 2005; *Y. Arai-Takahashi*, The Margin of Appreciation Doctrine and the principle of Proportionality in the Jurisprudence of the ECHR, 2002; *H. Ch. Yourow*, The Margin of Appreciation Doctrine in the Dynamics of the Strasbourg Jurisprudence and the Construction of Europe, ZeuS 1998, S. 233 ff.; *Ch. Calliess*, Zwischen staatlicher Souveränität und europäischer Effektivität – Zum Beurteilungsspielraum der Vertragsstaaten im Rahmen des Art. 10 EMRK. Zugleich eine Urteilsanmerkung zu den Entscheidungen des EGMR in den Fällen *Markt intern* und *Jacubowski*, EuGRZ 1996, S. 293 ff. Mit dem Problemkreis befasste sich auch die Tagung deutschsprachiger Verfassungsgerichte und europäischer Gerichte 2006 in Karlsruhe, dokumentiert in EuGRZ 2006, S. 483 ff.

europäischen Menschenrechtskontrolle gewiss ein gewichtiges, aber gewiss nicht das alleinige Argument. Häufig argumentiert der EGMR auch funktionell-rechtlich, wenn er etwa den Beurteilungsspielraum bei der Meinungsäußerungsfreiheit restriktiver fast, weil diese Funktionsbedingung von Demokratie und Pluralismus ist. Ethisch hochsensible Fallkonstellation (z. B. aktive Sterbehilfe, Schwangerschaftsabbruch, gleichgeschlechtliche Lebensgemeinschaft) werden anders behandelt als weniger „wertbehaftete" Szenarien.[53] Dass bei Fragen des nationalen Notstandes seit langem ein besonders weiter Beurteilungsspielraum gewährt wird, mag heute dem Zeitgeist des umfassenden Risikovorsorgestaates durchaus korrespondieren: "A wide margin of appreciation should be left to the national authorities", since by "reason of their direct and continuous contact with the pressing needs of the moment, the national authorities are in principle in a better position than the international judge to decide both on the presence of such an emergency and the nature and scope of derogations necessary to avert it"[54]. Das hier formulierte Subsidiaritätselement wiegt zu Gunsten partikulärer Menschenrechtsrealisierung und -begrenzung. Im Dreiklang von internationaler Gemeinschaft, regionaler Verantwortungsgemeinschaft und nationalem Verfassungsstaat bleibt letzterer weiterhin der, wenn nicht wichtigste, so doch effektivste Garant universeller Menschenrechte. Mit der Wendung vom „pressing social need" ist ihm nicht allein ein weiter Beurteilungsspielraum eingeräumt, sondern auch eine weit reichende Universalitätsverantwortung aufgebürdet.

IV. Der EGMR als regionaler Akteur zur Universalisierung menschenrechtlicher Schutzstandards

Vor dem Hintergrund dieser Rechtsprechungsanalyse seien die Chancen des EGMR ausgelotet, einen aktiven Beitrag zur Universalisierung der Menschenrechte zu leisten.

1. *Implementierung:* Universelle Schutzstandards können am effektivsten durch die Implementierung in nationales Recht und die gerichtliche Durchsetzung in verfassungsstaatlichem Kontext gesichert werden. Wo der

53 Vgl. *J. Abr. Frowein*, European Integration Through Fundamental Rights, in: *ders.*, Völkerrecht – Menschenrechte – Verfassungsfragen Deutschlands und Europas, 2004, S. 265 ff., 278 ff. mit zahlreichen Rechtsprechungsnachweisen.

54 ECHR, *Ireland v. United Kingdom*, Judgement, Application no. 5310/71, 1978, para. 207.

EGMR, häufig angeregt durch Individualbeschwerden, auf Implementierung drängt, nutzt er das Universalisierungspotential dieses Individualbeschwerdeverfahrens und wirkt selbst als „Motor der Universalisierung". Die Implementierung ist ihrerseits ein Prozess, der sich anhand eines Tableaus von unterschiedlicher Wirkungsintensität veranschaulichen lässt. Am intensivsten wirkt unter Zugrundelegung der Normenhierarchie die Konstitutionalisierung von Menschenrechten internationalen Ursprungs, die damit Verfassungsrang erhalten.[55] So hat die EMRK selbst in manchen ihrer Mitgliedstaaten Verfassungs- oder Übergesetzesrang. Weiterhin dient die *menschenrechtskonforme* oder *menschenrechtsfreundliche Auslegung* als Prinzip der Verfassungsinterpretation der Übertragung internationaler Standards ins nationale Verfassungsrecht, unabhängig von der Frage, ob internationale Menschenrechtsgarantien innerstaatlich als self-executing oder non-self-executing gelten.[56] Gerade hier kann der EGMR viele Auslegungsanstöße geben.[57] Die Inkorporierung internationaler Menschenrechte ist auch durch einfaches Gesetz möglich. Einen Spezialfall bildet die Eingliederung eines geschriebenen Menschenrechtskatalogs in das common law System, die in Sachen Grund- und Menschenrechtsschutz die Verfassungsstaaten mit und ohne geschriebene Verfassung (Großbritannien) einander annähert.[58] Aber nicht nur die Übernahme internationaler Menschenrechte, auch die einfachgesetzliche Konkretisierung und Absicherung der Rechte durch entsprechende Ausgestaltung der Verfahren sind von maßgeblicher Bedeutung.[59]

---

55 Dazu *K.-P. Sommermann*, Völkerrechtlich garantierte Menschenrechte als Maßstab der Verfassungskonkretisierung, in: AöR 114 (1989), S. 391 ff., 399 ff.

56 *K.-P. Sommermann*, Völkerrechtlich garantierte Menschenrechte als Maßstab der Verfassungskonkretisierung, in: AöR 114 (1989), S. 391 ff., 402 ff.; für die Schweiz *J. P. Müller*, Wandel des Souveränitätsbegriffs im Lichte der Grundrechte, in: Symposion L. Wildhaber, 1997, S. 45 ff., 51; in der älteren Lit. finden sich Ansätze bei *E. Schwelb*, Die Menschenrechtsbestimmungen der Charta der Vereinten Nationen und die Allgemeine Erklärung der Menschenrechte, in: VN 1973, S. 180 ff., 182.

57 Dazu *R. Bernhardt*, Einwirkungen der Entscheidungen internationaler Menschenrechtsinstitutionen auf das nationale Recht, in: FS für K. Doehring, 1989, S. 23 ff.

58 Ein Beispiel bildet „Die Inkorporierung der Europäischen Menschenrechtskonvention in das britische Recht durch den Human Rights Act 1988", dazu der gleichnamige Beitrag von *R. Grote* in: ZaöRV 1998, S. 309 ff.

59 Zum Grundrechtsschutz durch Verfahren schon *P. Häberle*, Grundrechte im Leistungsstaat, VVDStRL 30 (1972), S. 43 ff., 86 ff.

2. Der geplante EMRK-Beitritt der Europäischen Union nach dem Reformvertragswerk von Lissabon kann die Rolle des EGMR als Dialogpartner für den EuGH und damit indirekt auch für nationale Verfassungsgerichte stärken. Schon heute erfüllt der Straßburger Gerichtshof durch seine Grundrechte-Rechtsprechung eine „europäische Verfassungsaufgabe"[60]. Er überprüft mitgliedstaatliche Hoheitsakte am Maßstab der EMRK und er prüft überdies die EMRK-Konformität von Maßnahmen der Gemeinschaft.[61] Er erinnert dabei – direkt oder indirekt – auch an die Universalitätsidee und das Universalitätsideal der Menschenrechte. Ein Primat des EGMR für die EMRK ist unverkennbar. Hinzu kommt die neue Rolle der Individualbeschwerde nach dem 11. Zusatzprotokoll, die in ihrer Tragweite mit der deutschen Verfassungsbeschwerde und dem spanischen Amparo-Verfahren durchaus vergleichbar ist. Wenn der EGMR nun auch Hoheitsakte der Union am Maßstab der EMRK überprüft, so wird die Forderung nach einer spezifischen Repräsentation der EU auf EMRK-Ebene, z. B. durch einen speziellen Richter; allzu verständlich[62]. Mit diesem neuen konstitutionellen Gewicht wird gewiss die Frage nach notwendiger Selbstbeschränkung durch adäquate Prüfungsstandards und eine konsequente Beachtung des Subsidiaritätsprinzips drängender. Ebenso gewiss stärkt eine solche Prüfungskompetenz aber auch Funktion und Stellung des EGMR als „Motor" menschenrechtlicher Universalisierungsprozesse. Das Konfliktpotential im triangulären Spannungsfeld zwischen nationalen Verfassungsgerichten, EuGH und EGMR widerspiegelt auf seine Weise die *Dialektik* von Universalität und kultureller Partikularität der Menschenrechte.

---

60 *L. Wildhaber*, Eine verfassungsrechtliche Zukunft für den EGMR?, EuGRZ 2002, S. 569 ff., 570.

61 *Matthews/United Kingdom*, Urteil vom 18. Februar 1999, EuGRZ 1999, S. 200 ff.; *R. Breuer,* Der Europäische Gerichtshof für Menschenrechte als Wächter des europäischen Gemeinschaftsrechts, JZ 2003, S. 433 ff. Die Begründung ist so naheliegend wie überzeugend. Wo die einzelnen Mitgliedstaaten an die EMRK gebunden sind, können sie sich dieser Bindung durch die Übertragung von Hoheitsrechten auf die Gemeinschaft dieser Bindung nicht entziehen. Das gilt umso mehr, wenn und soweit den EMRK-Verbürgungen ein universeller Geltungsanspruch zugrunde liegt.

62 Dazu etwa *H. C. Krüger/J. Polakiewicz*, Vorschläge für ein kohärentes System des Menschenrechtsschutzes in Europa. Europäische Menschenrechtskonvention und EU-Grundrechte-Charta, EuGRZ 2001, S. 92 ff., 102.

3. *Vorbildwirkung auf andere (regionale) Menschenrechtsgerichtshöfe oder Schutzsysteme*: Kooperation zur Universalisierung von Menschenrechtsstandards setzt immer geeignete Kooperationspartner voraus. EuGH und mitgliedstaatliche Verfassungsgerichte sind das wegen des eben angedeuteten Spannungsverhältnisses nur bedingt. Einmal existiert die Gefahr selbstreferentieller europäischer *In-Sich-Dialoge*. Darüber hinaus bestehen strukturelle Divergenzen zwischen den Gerichten, die Kooperation schnell zur Auseinandersetzung um Letztentscheidungskompetenzen werden lässt. Besonders interessant ist, wer Kooperationsangebote macht und mitunter auch Kooperationsdirektiven impliziert. So hat das Bundesverfassungsgericht im Maastricht-Urteil (E 89, 155) sein berühmtes Kooperationsparadigma formuliert, ohne zu konkretisieren, welche kooperativen Mitwirkungspflichten ein nationales Verfassungsgericht unter solcher Prämisse dann treffen könnten.[63] Strukturparallele Kooperationspartner fehlen dem EGMR somit gewiss ein Stück weit. Er könnte sie in anderen *regionalen Menschenrechtsgerichtshöfen* finden, etwa im Interamerikanischen Gerichtshof[64], der über eine sehr ausgefeilte Judikatur verfügt und viel aus Europa rezipiert. Gerade das Richtergespräch über den europäischen Tellerrand hinaus birgt vielfältige Universalisierungschancen. Der EGMR sollte sie, z. B. durch (informale) Richtertreffen oder neugierige Rezeptionsgemeinschaft, beherzter suchen als bisher.
4. *Methodenbewusstsein*: Für die Universalisierungsdynamik ist ein geschärftes Methodenbewusstsein des EGMR gerade bei der „margin of appreciation"-Rechtsprechung immer wieder anzumahnen. Hier sei an das Postulat *F. Ermacoras* erinnert, „die Frage nach der Positivität und Effektivität von Grundfreiheiten und Menschenrechten integral zu erfassen."[65] Die Untersuchung der normativen Geltung sowie der sozialen Wirksamkeit dieser Rechte darf nicht ausschließlich auf deren rein juristisch zu beurteilende Letztbegründung und Gültigkeit abstellen. Sie muss vielmehr „integral"

---

63 *F. C. Mayer*, Europäische Verfassungsgerichtsbarkeit. Gerichtliche Letztentscheidung im europäischen Mehrebenensystem, in: *A. v. Bogdandy* (Hrsg.), Europäisches Verfassungsrecht, 2003, S. 229 ff., 234 f.; *ders.*, Das Bundesverfassungsgericht und die Verpflichtung zur Vorlage an den Europäischen Gerichtshof, EuR 2002, S. 239 ff.

64 Der neue afrikanische Gerichtshof kann gewiss in eine vergleichbare Rolle hineinwachsen. Mit Blick auf die asiatische oder islamische Welt gestaltet sich die Suche nach Kooperationspartnern schwieriger.

65 *F. Ermacora*, Menschenrechte in der sich wandelnden Welt, Bd. 1, 1974, S. 35.

ergründen, ob die Grund- und Menschenrechte das gesamte gesellschaftliche Leben in ihrem Geltungsbereich, sei es die staatliche, regionale oder internationale Gemeinschaft, durchdringen und so ihre „mitverstandene Schutzfunktion in einer mit immer totaleren Ansprüchen auftretenden Gesellschaft (...) tatsächlich erfüllen können."[66] Die rechtstheoretische bzw. -philosophische Begründungsproblematik ist verknüpft mit der Analyse des wirtschaftlichen, politischen, kulturellen etc. „Gesamtzustandes"[67] der jeweils betroffenen unterschiedlichen Staats- und Gesellschaftsordnungen und der Rolle, die dem Einzelnen oder der Gruppe nach deren oft grundlegend divergierenden Selbstverständnissen zugewiesen ist.[68] Eine solche Analyse ist methodisch nur schwer zu bändigen, zumal der „Gesamtzustand", das heißt die komplexe staatlich-gesellschaftliche Wirklichkeit, seinerseits ständigem kontinuierlichem Wandel unterworfen ist. Jede Zustandsbeschreibung greift daher notwendig immer nur eine bestimmte „historische Sekunde" heraus. Nur ein methodisches Vorgehen, das sich dessen bewusst ist, sein je eigenes Vorverständnis (*J. Esser*) offen legt, um die Wechselwirkungen mit den „Vorverständnissen" anderer weiß und die Pluralität normativer Steuerungssysteme (Rechtspluralismus) mitbedenkt, kann dem integralen Ansatz annäherungsweise gerecht werden.

5. *Offener Rechtsvergleich*: Gewinnen Menschenrechte Gestalt aus den (Unrechts-)Erfahrungen, aus der gesellschaftlich-politischen Wirklichkeit vieler Rechtskreise und Kulturen, vieler Staaten und Völker, setzt ihre Interpretation eine offen rechts- und kulturvergleichende Methode voraus. Dass dem internationalen Recht eine komparatistische Analyse nicht fremd ist, beweist der Blick auf den bereits zitierten Art. 38 Abs. 1 lit. c des IGH-Statuts. Sind die „von den Kulturvölkern anerkannten allgemeinen Rechtsgrundsätze" – die Begriffskritik am Topos „Kulturvölker" mitgedacht – als Völkerrechtsquelle zu erschließen, so kann das nur durch einen wertenden Vergleich der unterschiedlichen nationalen Rechtsordnungen geschehen, der Rechtsprechung, wissenschaftliche Literatur, aber auch die soziokulturellen Rahmenbedingungen und in der Zeitdimension die historischen

66 Ebd.

67 Ebd.; ferner *A. B. Fields/W.-D. Narr*, Human Rights as a Holistic Concept, in: Human Rights Quarterly, 14 (1992), S. 1 ff., 9.

68 *M. Kriele*, Die Menschenrechte zwischen Ost und West, 1977, S. 23.

Entwicklungsprozesse miteinbezieht.[69] Dem EuGH ist diese Methode ohnehin vertraut. Er entwickelte im wertenden Rechtsvergleich unter Heranziehung der mitgliedstaatenlichen Grundrechtsstandards schrittweise die unverzichtbaren Gemeinschaftsgrundrechte als allgemeine Rechtsgrundsätze.[70] Wegweisende Leitentscheidungen bilden etwa die Fälle *Stauder*[71], *Internationale Handelsgesellschaft*[72] und *Nold*[73]. Der EGMR sollte über dieses Vorbild noch hinausgehen und – jedenfalls punktuell, alles andere wäre eine unrealistische Überforderung seiner Möglichkeiten – vergleichend in den außereuropäischen Raum ausgreifen. Einen diesbezüglichen Klassikertext verdanken Völker- und Europarechtswissenschaft *Roscoe Pound*: "If we are to proceed wisely in creative juristic activity in the complex society of today we must study scientifically the legal materials of the whole world.“[74] Dabei sind alle Dimensionen des Vergleichens zu beachten: der Vergleich von Technik und Methode, von Doktrin und Judikatur, von konkreten materiellen Normen und Verfahrensregelungen, schließlich

---

69 Zur Rechtsvergleichung im Völkerrecht grundlegend *C. W. Jenks*, The Common Law of Mankind, 1958, S. 84 f., 416 f. („cultural value (...) of comparative law“); siehe auch: *A. Bleckmann*, Grundprobleme und Methoden des Völkerrechts, 1982, S. 140; *L.-J. Constantinesco*, Rechtsvergleichung, 1983; *K.-P. Sommermann*, Die Bedeutung der Rechtsvergleichung für die Fortentwicklung des Staats- und Verwaltungsrechts in Europa, in: DÖV 1999, S. 1017 ff., 1026 ff. Aus der Sicht einer vergl. Verfassungslehre *P. Häberle*, Verfassungslehre als Kulturwissenschaft, 2. Aufl. 1998, S. 165 ff., 463 f.; *M. A. Glendon*, Rights Talk, S. 152 ff. Allg. aus methodischer Sicht: *E. Kramer*, Juristische Methodenlehre, 1998, S. 190 ff. Vgl. *K. Zweigert/H. Kötz*, Einführung in die Rechtsvergleichung, 3. Aufl. 1996, S. 7 f.

70 *R. Streinz*, Europarecht, 8. Aufl. 2008, Rn. 759 ff.; *R. Schwartmann*, Europäischer Grundrechtsschutz nach dem Verfassungsvertrag, AVR 43 (2005), S. 129 ff., 132 f. m. w. N.; *J. Kühling*, Grundrechte, in: *A. v. Bogdandy* (Hrsg.), Europäisches Verfassungsrecht, 2003, S. 583 ff., 586 ff.; *G. Nicolaysen*, Die gemeinschaftsrechtliche Begründung von Grundrechten, EuR 2003, S. 719 ff.

71 EuGH Rs. 29/69, Slg. 419.

72 EuGH Rs. 11/70, Slg. 1125.

73 EuGH Rs. 4/73, Slg. 491. *C. W. Jenks*, The Common Law of Mankind, 1958, S. 88 („multicultural and multi-legal system approach“).

74 The Revival of Comparative Law, Tulane Law Review V (1930), S. 1 ff.; *C. W. Jenks*, The Common Law of Mankind, 1958, S. 88 („multicultural and multi-legal system approach“); weiterhin *H. Coing*, Europäisierung der Rechtswissenschaft, NJW 1990, S. 937 ff., 940.

von generellen Prinzipien und den einer jeden Rechtsordnung zugrunde liegenden Idealen bzw. Wertvorstellungen[75].

6. *Bewusstsein um die Grenzen der Universalität*: Der letzte Aspekt sei knapp gefasst: Universalität ist stets auch von ihren Grenzen her zu denken, Universalität und Partikularität sind komplementär aufeinander zu beziehen. Universalität *gilt*, aber Universalitätsansprüche müssen sich erst *Geltung verschaffen*. Dieser Dualismus ist Grenze und Chance zugleich. Er findet in der Formel von der „Universalität als Prozess kontinuierlicher Universalisierung" Ausdruck. Dieser Prozess wiederum kann Erkenntnis- wie Überzeugungsprozess sein, er darf nie zum Oktroy werden, aber auch sein *Universalitäts*paradigma nie vergessen: Die Würde des Menschen ist unantastbar. Sie zu achten und zu schützen ist Verpflichtung aller, nicht nur aller staatlichen Hoheitsgewalt.

V. Schlussbemerkung

Im Menschenrechtschutzsystem der EMRK finden völkervertragliches und konstitutionelles Schutzmodell zusammen. Was anfangs, wie gezeigt, als „minimalistische Konventionskonzeption" auf Menschenrechtsverbürgungen durch völkerrechtlichen Vertrag beschränkt blieb, hat sich im Laufe des fortschreitenden europäischen Integrationsprozesses Stück für Stück zum konstitutionellen Schutzgefüge weiterentwickelt. „Konstitutionalisierungs"[76]- und Universalisierungsprozess laufen dabei partiell Hand in Hand, Menschenrechts- und Verfassungsuniversalismus finden zusammen.[77] Heute kann die EMRK als europäische Teilverfassung auf dem Grund- und Menschenrechtsektor mit universeller Ausstrahlungswirkung nach innen – gegenüber den Mitgliedstaaten – und außen – gegenüber anderen regionalen Verantwor-

---

75 Dazu schon *R. Pound*, The Revival of Comparative Law, Tulane Law Review V (1930), S. 1 ff., 15; *K. Zweigert/H. Kötz*, Einführung in die Rechtsvergleichung, 3. Aufl. 1996, S. 4 f.; zu den Methoden der Rechtsvergleichung im öffentlichen Recht vgl. *K.-P. Sommermann*, Die Bedeutung der Rechtsvergleichung für die Fortentwicklung des Staats- und Verwaltungsrechts in Europa, in: DÖV 1999, S. 1017 ff., 1021 ff.

76 *Ch. Walter*, Die Europäische Menschenrechtskonvention als Konstitutionalisierungsprozess, ZaöRV 59 (1999), S. 961 ff.

77 *J. Abr. Frowein*, European Integration Through Fundamental Rights, in: *ders.* (Hrsg.), Völkerrecht – Menschenrechte – Verfassungsfragen Deutschlands und Europas, 2004, S. 265 ff., 282 ff.

tungsgemeinschaften und der internationalen Gemeinschaft gelten. Der EMRK-Beitritt der EU nach dem Vertrag von Lissabon (Art. 6 Abs. 2 S. 1 EUV n. F.), begleitet von der normativen Verbindlichkeit der Grundrechtecharta (Art. 6 Abs. 1 EUV n. F.), wird sein Übriges dazutun.[78] Er kann zu manch neuem Universalisierungsschub führen, zumal er den EuGH noch stärker zum Kooperationspartner des EGMR macht. Die daraus gewiss resultierenden Spannungen können, negativ gewendet, in konkurrierenden Streitgesprächen, positiv gewendet, in komplementären Universalisierungsdialogen münden.

Konstitutionalisierung und Universalisierung beruhen im konstitutionellen Europa auf wechselseitigen Rezeptionsprozessen, einerseits zwischen allen mitgliedstaatlichen Verfassungsordnungen untereinander, anderseits zwischen europäischer und mitgliedstaatlicher Ebene.[79] Konstitutionalisierung wie Universalisierung führen zur geltungssichernden Fortschreibung der Grundrechtsgarantien in den komplementären Verfassungsordnungen Europas. Der „multilevel constitutionalism“ ist dafür das gängige Paradigma.[80] Aber nicht nur innerhalb Europas, sondern auch darüber hinaus meint die Universalität der Menschenrechte einen *beständigen Prozess der Universalisierung* – seinerseits eingebettet in eine Konstitutionalisierungsdynamik des Völker-

78 *K. H. Fischer*, Der Vertrag von Lissabon. Text und Kommentar zum europäischen Reformvertrag, 2008, S. 115 ff.; *Th. Oppermann*, Die Europäische Union von Lissabon, DVBL. 2008, S. 473 ff., 478; allgemein *H. M. Heinig*, Europäisches Verfassungsrecht ohne Verfassung(svertrag)?, JZ 2007, S. 905 ff.; *F. C. Mayer*, Wege aus der Verfassungskrise – Zur Zukunft des Vertrages über eine Verfassung für Europa, JZ 2007, S. 593 ff.; *H.-J. Rabe*, Zur Metamorphose des Europäischen Verfassungsvertrags, NJW 2007, S. 3153-3157 ff.; jüngst *I. Pernice* (Hrsg.), Der Vertrag von Lissabon: Reform der EU ohne Verfassung. Kolloquium zum 10. Geburtstag des WHI, 2008.

79 *P. Häberle*, Theorieelemente eines allgemeinen juristischen Rezeptionsmodells, in: JZ 1992, S. 1033 ff.; *G. Frankenberg*, Stichworte zur „Drittwirkung“ der Rechtsphilosophie im Verfassungsrecht, in: *R. Gröschner/M. Morlok* (Hrsg.), Rechtsphilosophie und Rechtsdogmatik in Zeiten des Umbruchs, 1997, S. 105 ff., insbes. 110. Die Mitgestaltung mitgliedstaatlichen Rechts durch das Gemeinschaftsrecht ist früh analysiert bei *K. Zweigert*, Der Einfluss des Europäischen Gemeinschaftsrechts auf die Rechtsordnungen der Mitgliedstaaten, RabelsZ 28 (1964), S. 601 ff.

80 Für die Europarechtswissenschaft begriffsprägend *I. Pernice*, Multilevel Constitutionalism and the Treaty of Amsterdam: European Constitution-Making Revisited?, Common Market Law Review 36 (1999), S. 703 mit zahlreichen w. N. auch auf die politikwissenschaftliche Literatur.

rechts.[81] Der EGMR sollte hier für andere regionale und internationale Instanzen inspirierender Dialogpartner werden. Das setzt freilich ein gewisses Maß an Selbstbescheidung und Lernbereitschaft von den anderen voraus. Eurozentrisches Sendungsbewusstsein erweist der Universalität der Menschenrechte keinen guten Dienst, die europäische Stimme aber darf und soll in der rechten Balance aus Bescheidenheit und Selbstbewusstsein gehört werden.

81 Einen Überblick zum weit gefächerten Stand der Literatur gibt *A. v. Bogdandy*, Constitutionalism in International Law: Comment on a Proposal from Germany, Harvard International Law Review 47 (2006), S. 223. Verwiesen sei auf die Aufsatzreihe „Zur Zukunft der Völkerrechtswissenschaft in Deutschland: Zwischen Konstitutionalisierung und Fragmentierung des Völkerrechts", in: ZaöRV 67 (2007).

DISKUSSION

Von Hoffmann leitet die Diskussion mit der Anmerkung ein, er habe den Eindruck, dass Kotzur die Universalität der Menschenrechte noch restriktiver sehe als er es im Vortrag explizit darstelle.

Daneben sei ihm aufgefallen, dass Kotzur die Universalität zwar als Ziel, aber auch als Ergebnis eines Prozesses der Konkretisierung darstelle. Er gehe nicht deduktiv von der Universalität der Menschenrechte aus, sondern versuche vielmehr anhand der Traditionen der Staaten universelle Maßstäbe abzuleiten.

Dörflinger stellt die von ihm aus dem Vortrag herausgehörte Gegensätzlichkeit hinsichtlich der Universalität der Menschenrechte in Frage:

Einerseits stelle Kotzur diese als „ewige Vernunftwahrheiten“ dar, die aufzudecken seien. Andererseits behaupte er, dass die Universalität erst in einem Prozess entstehe. Hierin könne nicht zwingend ein Gegensatz zu sehen sein. Er führt das Beispiel des Satzes des Widerspruchs an. Dieser sei eine universelle Wahrheit, die schon gegolten habe, als sie noch nicht explizit vom Bewusstsein der Menschen erfasst war.

Dieses Beispiel greift *Kotzur* auf, um darzulegen, dass er im Begriffspaar Universalität und Partikularität gerade kein gegensätzliches sehe, sondern ein komplementäres. Der Satz des Widerspruchs eigne sich gut als Vergleich mit dem von ihm dargelegten Universalisierungsprozess. Auch wenn es sich an verschiedenen Orten im Grundsatz um dieselben Werte handele, sei schlichtweg die uns gewohnte, vom individuellen Menschenrechtsschutz ausgehende, Herangehensweise eine andere als beispielsweise jene in Asien. Dort werde man sich vermutlich immer an einer individualistischen Argumentation stören. Gerade der hierauf stattfindende Dialog sei es, was mit Erkenntnisprozess gemeint sei.

Hinsichtlich des Europäischen Gerichtshofs für Menschenrechte merkt *Mankowski* an, dessen Besonderheit liege darin, dass er als eigener Akteur eine Art "regionales Verfassungsgericht" sei. Damit gehe eine Begrenzung der Geltungskraft und der Bindungswirkung von Entscheidungen, was wiederum zu einer Regionalisierung führe.

Die Menschenrechte würden zudem in das Gemeinschaftsrecht hineingelesen, was die institutionalisierte Europäisierung weiter verstärke.

Schließlich drohe angesichts der Pluralität der aufeinander treffenden Normen (UN-Recht, EMRK, Grundrechtecharta) ein Bedeutungsverlust der EMRK und damit des Straßburger Gerichtshofs zugunsten des Luxemburger Gerichtshofs. Hier stelle sich die Frage, welche Normen künftig im Vordergrund stehen.

Hierzu ergänzt *Schröder*, dass trotz der selbstverständlichen Wahrung gewisser Menschenrechtsstandards sicherlich auch ein Grad an Regionalisierung nötig sei. Jedoch stelle sich die Frage, in welchem Ausmaß diese überhaupt möglich sei; inwieweit sich also Universalität und Regionalisierung vertragen würden.

Um diese Frage zu beantworten stellt *Kotzur* erneut klar, dass es sich bei seinem Verständnis vom Verhältnis von Universalität und Europäisierung bzw. Regionalisierung nicht um Gegensätze handele. Vielmehr sei die Rede von einem komplementären Begriffspaar.

Denn nur durch Partikularität, die über den universellen Maßstab hinausgehe, könnten regional konkrete, dann ohnehin unübertragbare, Standards geschaffen werden.

Insofern gebe er Tomuschat recht, der den regionalen Akteuren eine wichtige Rolle einräumt. Gerade hier sei der Dialog wichtig. Birks Bedenken zu der praktischen Umsetzbarkeit entgegnete er, dass immerhin eine Universalisierungschance und Potentiale zu sehen seien.

Eine absolute Universalität im Sinne der Übertragbarkeit von Detailfragen sei aber tatsächlich unmöglich.

Pohl machte eine Anmerkung, die sowohl hinsichtlich des ersten als auch des zweiten Vortrages des Tages zu bedenken sei: Es müsse stärker spezifiziert werden, was mit „Recht“ überhaupt gemeint sei. So könne man den Begriff einerseits dahingehend verstehen, ob jemand etwas Richtiges oder Falsches tut, andererseits könne damit auch gemeint sein, ein bestimmtes Recht zu haben. Lege man erstes Verständnis zugrunde, wäre ein Konsens im Sinne der Universalität eher möglich als unter dem zweiten. Beim Unrechtsbewusstsein sei ein Konsens daher eher möglich.

Hierzu bemerkte *Kotzur*, dass bei der Definition von Recht häufig gerade an das Unrecht angeknüpft werde. Das zeige sich auch darin, dass die Erarbeitung eines Menschenrechtskanons in erster Linie eine Reaktion auf die Erfahrungen des zweiten Weltkrieges war.

Zu dem Prozess der Universalisierung kritisiert *Tomuschat*, dass der Europäische Gerichtshof für Menschenrechte, obwohl seine Entscheidungen vom Interamerikanischen Menschengerichtshof aufgegriffen wurden, mit diesem nicht in einen Dialog getreten sei. Dadurch habe Straßburg eine wertvolle Möglichkeit nicht wahrgenommen und schwimme jetzt „in der eigenen Rechtssuppe“, sodass sich die Frage nach möglichen Dialogpartnern stelle. Die Verfassungsgerichte der einzelnen Staaten seien jedenfalls ungeeignet. Möglich wären noch der US Supreme Court oder der Supreme Court of Canada.

Zu der Notwendigkeit bzw. der Effizienz eines solchen Dialogs bezieht *Birk* Stellung. Unzweifelhaft fänden intern Rechtsvergleichungen statt. Jedoch bezweifelt er die praktische Effizienz eines solchen Vorgehens, da schließlich jeder sein „nationales Päckchen“ bei sich habe. Auch sei angesichts der 46 Mitglieder des Europarates die Möglichkeit der Umsetzung nur schwerlich zu gewährleisten.

Bernd Dörflinger

KANT ZUM VERHÄLTNIS VON STAAT UND RELIGION

Philosophie beansprucht – und damit folge ich dem Philosophiebegriff Kants – immer dann ein originäres Mitspracherecht, wenn es über die zu verhandelnden Gegenstände, die auch Gegenstände anderer Wissenschaften sein mögen, etwas aus Prinzipien, am besten aus Prinzipien a priori bzw. aus reiner Vernunft, zu erkennen gibt. Anders ließe sich auch formulieren: wenn es dazu etwas strikt Universelles, das nicht bloß auf empirischer Induktion beruhen kann, zu sagen gibt. Insofern das nach Kant mit Bezug auf Staat und Religion der Fall ist, gibt es ihm zufolge also eine reine Vernunftidee vom Staat und eine reine Vernunftidee der Religion, die sich keiner zufälligen geschichtlichen Faktizität verdanken, nicht also dem quasi naturwüchsigen Auftreten von Staaten aus dem Ungefähr des historischen Geschehens, ebenso nicht dem wirklichen Vorkommen von in der Geschichte gestifteten Religionen.

Die Entwicklung der Idee des Staats – um mit dieser zu beginnen – erfordert allerdings den Rückgang auf einen noch vorgängigen Begriff, von dem her sie erst zu deduzieren ist. Es ist der Begriff des Rechts, der seinerseits als ein rein vernunftursprünglicher zu denken ist, nicht also als abstrahiert aus den diversen Gestalten positiven Rechts. Durch den reinen Vernunftbegriff des Rechts ist nach Kant noch vor jedem Gedanken an den Staat eine Norm gedacht, die die Beziehungen unter den Menschen regeln soll, insofern diese als freie Wesen durch ihnen zuschreibbare Handlungen äußerlich aufeinander einwirken. Diese Norm kommt durch das von ihm formulierte ursprüngliche Rechtsprinzip a priori zum Ausdruck: „Eine jede Handlung ist recht, die oder nach deren Maxime die Freiheit der Willkür eines jeden mit jedermanns Freiheit nach einem allgemeinen Gesetz zusammen bestehen kann.“ (MS, AA VI 230)[1] Dem Rechtsprinzip entsprechend lautet Kants Definition des Rechts: „Das Recht ist [...] der Inbegriff der Bedingungen, unter denen die Willkür des einen mit der Willkür des anderen nach einem allgemeinen Gesetze der

1 *Immanuel Kant*, Gesammelte Schriften. Bd. 1-22, hg. von der *Königlich Preußischen Akademie der Wissenschaften*, Berlin 1907 ff. Bd. 5: Kritik der praktischen Vernunft. Kritik der Urteilskraft. Berlin 1913 [im Folgenden KpV]. Bd. 6: Die Religion innerhalb der Grenzen der bloßen Vernunft. Die Metaphysik der Sitten. Berlin 1907 (Nachdruck 1969) [im Folgenden RGV bzw. MS]. Bd. 7: Der Streit der Fakultäten. Anthropologie in pragmatischer Hinsicht. Berlin 1917 [im Folgenden SF].

Freiheit zusammen vereinigt werden kann." (MS, AA VI 230) Handlungen außerhalb dieses Inbegriffs sind unrecht. Ersichtlich ist nach dem Rechtsprinzip jeder Person Freiheitsausübung zugesichert, andererseits aber durch die Bedingung, daß diese „nach einem allgemeinen Gesetz" mit der Freiheitsausübung jeder anderen Person zusammenstimmen soll, auch eingeschränkt. Dem Rechtsprinzip gemäß hätte jede von ihnen eine gleiche Sphäre der Ausübung der Freiheit, die an der Freiheitssphäre der anderen ihre Grenze hat. Grenzverletzung bedeutete Rechtsverletzung.

Wo nun Rechtsverletzung stattfindet, da ist nach Kant, und zwar gedeckt durch den Rechtsbegriff der Vernunft, die tätliche Abwehr dieser Verletzung erlaubt, d. h., der Rechtsbegriff beinhaltet eine Zwangsbefugnis (vgl. MS, AA VI 232 f.).

Der illegitimen, die Rechtsordnung verletzenden Gewalt darf eine legitime, diese Ordnung wiederherstellende Gewalt entgegengesetzt werden. Den Rechtszustand, in dem das ersichtlich beiderseitig gewalttätige Wechselspiel zwischen der Rechtsverletzung und der Wiederherstellung des Rechts sich ohne den Staat entfaltet, d. h. nur unter den beteiligten Einzelnen, nennt Kant den „juridische[n] Naturzustand" (RGV, AA VI 95). Der juridische Naturzustand ist also charakterisiert durch die Partikularisierung der Rechtsbeziehungen; hier ist, wie Kant es ausdrückt, „ein jeder sein eigener Richter" (RGV, AA VI 95). Diese Bindung des Rechts inklusive der Zwangsbefugnis an das Individuum birgt nun offensichtlich die Gefahr der unangemessenen Auslegung zum eigenen Vorteil und die Gefahr fortgesetzter wechselseitiger Gewaltausübung. Es ist daraus die Notwendigkeit des Staats ersichtlich. Gegen die genannten Gefahren ist nämlich eine Macht verlangt, die als überindividuelle jedem Einzelnen äußerlich ist. In Kants Worten: Verlangt ist eine „öffentliche machthabende Autorität" (RGV, AA VI 95). Diese soll den vereinigten Willen aller repräsentieren. Sie soll durch öffentliche Gesetze die mannigfaltigen Rechtsbeziehungen in einen Gesamtzusammenhang integrieren und die durch den Vernunftbegriff des Rechts geforderte Ausgewogenheit in den wechselseitigen Beziehungen unter den individuellen Freiheitssphären garantieren.

Von dieser Skizze von Grundzügen der Kantischen Staatstheorie her ist nun im Blick auf die angezielte Thematik des Verhältnisses zwischen Staat und Religion ein signifikantes Zwischenergebnis festzuhalten, das etwas darin Fehlendes betrifft. Was fehlt, ist jede Bezugnahme auf Gott und Religion. Das heißt: Kants Rechts- und Staatstheorie ist nicht theonom; sie kommt ohne religiöse bzw. theologische Voraussetzungen aus. Sie ist, positiv gesprochen, Ausdruck des Autonomiegedankens, d. i. der Gedanke der Selbstgesetzgebung durch Vernunft, was in unserem Kontext bedeutet, daß die Menschen kraft ihrer eigenen Vernunft von sich selbst fordern, in rechtlichen und schließlich in staatlichen Verhältnissen zu leben. Noch anders gesagt, ist der Staat im Sinne Kants entschieden säkularer Staat. Dabei bleibt es auch, wenn man hinzukommend zum Staat in der Idee, durch den das Formale vernünftiger Rechtsverhältnisse gedacht ist, den empirischen Staat in Betracht zieht. Der materiale Zweck des empirischen Staats ist die Wohlfahrt seiner Bürger unter den Aspekten, die nur kollektiv zu bewältigen sind, wozu etwa der Friedenszweck gehört. Auch der materiale Zweck des empirischen Staats hält sich in der Immanenz der säkularen, irdischen Wohlfahrt. Kant vertritt dezidiert die Ansicht, daß es „der Regierung Sache gar nicht sei, für die künftige Seligkeit der Untertanen Sorge zu tragen, und ihnen den Weg dazu anzuweisen" (SF, AA VII 59).

Den Staat „säkular" zu nennen, geht nach dem Gesagten allerdings nicht so weit, ihn als empirisch begründet anzusehen. Wenn man ihn – wie das etwa bei Thomas Hobbes der Fall ist – als empirisch begründet betrachtete, dann führte man ihn letztlich auf die vorfindliche physische Beschaffenheit der Menschen zurück. Da diese Beschaffenheit wesentlich die eines sinnlichen Bedürfniswesens ist, wäre sein Hauptzweck also, der vitalen Selbsterhaltung des Einzelnen und der Gattung zu dienen, ihre Bedürfnisbefriedigung möglichst zweckmäßig zu organisieren. Der Staat wäre so nicht Ausdruck reiner praktischer Vernunft, sondern bloß einer instrumentellen Vernunft, die sich dem physischen Bedürfnis unterordnete, selbst wenn sie es um der Bedürfnisbefriedigung willen für klug hielte, daß rechtliche Verhältnisse herrschten. – Bei Kant dagegen sollen Recht und Staat als Garant des Rechts nicht deshalb sein, weil sich mit ihnen die Befriedigung sinnlicher Bedürfnisse am effizientesten organisieren läßt, sondern weil die reine praktische Menschenvernunft die Norm setzt, daß freien Wesen eine Freiheitssphäre eröffnet werden muß, daß diese an der Freiheit der anderen ihre Grenzen finden muß und daß eine äußere machthabende Gewalt das garantiert. Daß hinzukommend zu diesem ideellen Zug der Staat als empirischer Staat auch noch materiale Zwecke im Blick auf das physische Wohl seiner Bürger verfolgt, ist von Kant durchaus anerkannt. Der empirische Staat tut dies übrigens mittels seiner wandelbaren positiven juridischen Gesetzgebung und durch die Handlungen seiner Exekutive. Doch daß in der Ordnung der Gesetzgebungen und der Zwecksetzungen die unwandelbaren rein vernunftrechtlichen Prinzipien die Priorität haben und daß der Staat in der Idee die Bedingungen und den Rahmen für den empirischen Staat setzt, ist nach Kant unverrückbar.

Ungeachtet seines eigenen säkularen Status sieht der Staat sich in seinem Geltungsbereich doch mit den verschiedensten Erscheinungen von Religiosität konfrontiert, denen gegenüber er sich verhalten muß. Er muß sich für diese Erscheinungen interessieren, weil sie relevant hinsichtlich seiner eigenen Zwecke sein können. Sie können diese Zwecke unterstützen, ihnen zuwiderlaufen, sich aber auch gleichgültig dazu verhalten. Besonders interessiert den Staat nach Kant, was „die eingesetzte[n] Volkslehrer (in Schulen und auf Kanzeln)" (SF, AA VII 8) an religiösen Lehren verbreiten. Auf die Frage nun, von welcher Beschaffenheit aus dem Gesichtspunkt des Staats die religiösen Lehren sein sollten, um seinem ideellen Zweck zu nutzen, die Herrschaft des Rechts zu etablieren, lautet Kants einfache, allerdings erläuterungsbedürftige Antwort so: Dem Staatszweck der Rechtlichkeit der Verhältnisse unter den Menschen wäre am besten gedient, „wenn jene Lehre der Kirche geradezu auf die Moralität gerichtet sein würde" (SF, AA VII 60), wenn Kirche also nichts anderes als Moral lehrte.

Abgesehen von der noch aufzugreifenden Frage, was Religionsgemeinschaften dafür qualifiziert, Moral zu lehren, stellt sich angesichts dieser These zunächst die noch allgemeinere Frage nach dem Verhältnis von Morallehren überhaupt zum Rechtsbegriff. Moralität und Legalität bzw. moralische Gesetze und Rechtsgesetze sind nämlich nicht in eins zu setzen. Was also unterscheidet moralische Gesetze von juridischen Gesetzen und warum muß der Staat als Inbegriff der Rechtsgesetze trotz des Unterschieds ein Interesse an der Wirksamkeit moralischer Gesetze nehmen?

In der *Kritik der praktischen Vernunft* führt Kant als Beispiel eines moralischen Gesetzes an (vgl. KpV, AA V 27), daß ein Depositum, ein anvertrautes Gut, unter allen Umständen wieder herauszugeben ist. Als moralische gilt diese Vorschrift unbedingt, also nicht etwa bloß unter der Bedingung einer Zwangsandrohung. Wenn ich die Vorschrift als eine moralische befolge, befolge ich sie aus dem Grund, weil ich sie mir selbst innerlich zur Pflicht mache, weil ich also, sie betreffend, mein eigener autonomer moralischer Gesetzgeber bin.

Im Fall von juridischen Gesetzen sind sowohl Ursprung als auch Bedingungen ihrer Befolgung anders zu denken. Als Beispiel kann – bloß scheinbar paradox – das Gesetz zur Herausgabe von Deposita dienen. Auch wenn es dem Inhalt nach vom moralischen Gesetz nicht zu unterscheiden ist, tritt es im

Verständnis eines juridischen Gesetzes doch auf ganz andere Weise auf. Als Gesetz staatlichen Rechts begegnet es von außen; zudem begegnet es in Verbindung mit der Befugnis, seine Befolgung zu erzwingen (vgl. MS, AA VI 231). Damit aber wird die Furcht davor, Zwang zu erleiden, zu einem möglichen Motiv für rechtliches Verhalten. Dieses Motiv ist ersichtlich ein Motiv der Selbstliebe und kein moralisches, das auf der autonomen inneren Selbstverpflichtung kraft universeller praktischer Vernunft beruhen müßte, welche Selbstverpflichtung schon dem Begriff nach unmöglich durch äußeren Zwang herbeigeführt werden kann. Der Staat kann, eben weil er äußerer Gesetzgeber mit Zwangsbefugnis ist, die Moralität innerer Gesinnungen nicht bewirken und darf sie dementsprechend auch nicht bewirken wollen. Unter rein rechtlichem Gesichtspunkt muß es nach dem Gesagten genügen, wenn ein Depositum aus dem außermoralischen Motiv der Selbstliebe, den Zwang des Staats nicht erleiden zu wollen, herausgegeben wird. Anders gesagt, genügt unter rein rechtlichem Gesichtspunkt die bloße Legalität von Handlungen; ihre Moralität kann von Staats wegen nicht bewirkt und nicht eingefordert werden.

Doch obwohl das so ist, kann und muß der Staat doch ein Interesse an der Moralität nehmen. Als Staat kann er zwar, um vom allgemeinen Rechtsprinzip zu sprechen, nur als äußerer Gesetzgeber mit Zwangsbefugnis garantieren, daß die Freiheitssphäre der Individuen nach einem allgemeinen Gesetz zugleich eröffnet, vor Läsion geschützt und eingeschränkt wird. Er muß dabei auf die Omnipräsenz seiner Zwangsandrohung setzen und zugleich damit rechnen, daß dort, wo sie nicht wahrgenommen wird, die Rechtsverletzung Raum greift. Wenn aber die Individuen das Rechtsprinzip nicht aus dem äußeren Grund der Zwangsandrohung akzeptieren, sondern wenn sie es sich selbst durch einen autonomen Akt der Selbstverpflichtung auferlegen, wenn sie es also zum moralischpraktischen Gesetz erheben, ist die Geltung des Prinzips aus einem verläßlicheren und stärkeren Grund garantiert, als es die Zwangsandrohung ist.

An dieser Stelle kann als begründet gelten, warum der Staat, obwohl er durch sein eigenes Handeln bloß Legalität und nicht Moralität befördern kann, doch daran interessiert ist, daß in seinem Geltungsbereich Moral gelehrt werde. Wenn sie durch Kirchen gelehrt wird, gilt dabei selbstredend, daß diese sie ihrerseits ohne Zwangsandrohung werden lehren müssen. Ihre Lehren werden nur Appell und Angebot zu jener autonomen Selbstverpflichtung sein dürfen, die für Moralität konstitutiv ist.

Als Ergebnis bleibt festzuhalten: Kirchenlehren, wenn sie rein moralische Lehren sind, sind der Intention des Staates, die die Intention rechtskonformer Handlungen ist, förderlich. Moralkonforme Handlungen sind immer auch vernunftrechtskonforme Handlungen, was allerdings nicht auch umgekehrt gilt.

Es ist nun nach Kants Moralphilosophie nicht unmittelbar einsichtig und scheint dieser auf den ersten Blick sogar zu widersprechen, wenn Kirchen als Quellen von Morallehren angenommen werden. Denn den Kern dieser Philosophie bildet die These von der Autonomie der Moral, wonach der Mensch kraft reiner praktischer Vernunft, also ohne jede heteronome Bestimmung, sich selbst zur Moralität verpflichtet. Diese reine praktische Menschenvernunft ist und bleibt nach Kant die originäre Quelle von Moral. Dementsprechend setzt er zu Beginn seiner *Religionsschrift* sogleich ein Vorzeichen, das in seiner ganzen Religionsphilosophie nirgends relativiert oder gar außer Geltung gesetzt wird: Moral „bedarf [...] zum Behuf ihrer selbst [...] keineswegs der Religion“ (RGV, AA VI 3). Und dennoch ist es nach Kant möglich, zusätzlich auch Religion als Quelle der Moral anzuerkennen, welche dann allerdings nur den Rang einer sekundären Quelle wird haben können und welche den Moralitätsbedingungen wird genügen müssen, die durch die vorgeordnete reine praktische Menschenvernunft gesetzt sind. Auch noch Religion als Quelle von Moral zu betrachten, beruht darauf, exakt dieselben moralischen Gesetze, die reine praktische Vernunft schon sich selbst gibt, hinzukommend noch als göttliche Gebote zu betrachten. In seiner *Metaphysik der Sitten* erläutert Kant diesen Akt der Übertragung der dem Menschen immanenten moralischen Gesetzgebung auf einen göttlichen Gesetzgeber so, daß Vernunft sich „die Idee von Gott [...] selber macht“ (MS, AA VI 487), um sich durch diese Veräußerlichung ein Veranschaulichungsbedürfnis zu erfüllen: „Wir können uns nämlich Verpflichtung (moralische Nötigung) nicht wohl anschaulich machen, ohne einen anderen und dessen Willen (von dem die allgemein gesetzgebende Vernunft nur der Sprecher ist), nämlich Gott, dabei zu denken“ (MS, AA VI 487).

Eine auf die skizzierte Art verstandene Religion, Kant nennt sie die reine moralische Vernunftreligion, ist offensichtlich von allen historischen Erscheinungsformen von Religion unterschieden. Sie ist derart reduziert und minimalistisch, daß sie nichts anderes lehrt als praktische Vernunft, nämlich reine universelle Moral. Das einzige Zusätzliche in ihr ist, daß sie die moralischen Gesetze auch noch als göttliche Gesetze versteht, woraus sich aber keine zusätzlichen Pflichten ergeben. Anknüpfend an das schon erzielte Ergebnis, daß der Staat daran interessiert ist, daß in Kirchen nur Moral gelehrt werde, kann jetzt festgehalten werden, daß damit sein Ideal einer Kirche die Kirche der reinen moralischen Vernunftreligion ist. Das aber impliziert zugleich ein distanziertes Verhältnis des Staats zu den historischen Religionen, die jetzt näher zu betrachten sein werden.

Die Kirchen der historischen Religionen lehren weit mehr als Moral. Was sie an außermoralischen Vorschriften lehren, ist von Kant durch den Ausdruck „statutarisches Gesetz" zusammengefaßt. Darunter sind religiöse Gesetze zu verstehen, die etwas vorschreiben, was für reine praktische Vernunft unverständlich bleibt, was ihr willkürlich und zufällig vorkommt, dem also kein moralischer Gehalt zugesprochen werden kann. Es soll gelten, nur weil es auf göttlicher Setzung, auf Offenbarung, auf einer faktischen geschichtlichen Selbstmitteilung Gottes, beruht; etwa daß an jedem 7. Tag Gott verehrt werden soll, daß nur koscheres Fleisch gegessen werden darf, daß der Gläubige einmal im Leben nach Mekka pilgern soll und sehr vieles mehr. Aus dem Gesichtspunkt der reinen moralischen Vernunftreligion sind alle religiösen statutarischen Gesetze und überhaupt alle religiösen Erscheinungen, die keine Beziehung zu moralischpraktischer Vernunft haben, überflüssiges Beiwerk. Es ist schon daraus ersichtlich, daß diese Religion innerhalb der Grenzen der Vernunft keine jüdische, christliche oder islamische wird sein können, welche alle durch spezifische statutarische Gesetzgebungen geprägt sind, sondern daß sie als strikt universelle zu denken ist. Doch wie verhalten sich jene außerrationalen religiösen Erscheinungen zu den Zwecken des Staats? Wie sollte der Staat ihnen begegnen?

Die Antwort fällt zweiseitig aus und läßt sich vorweg etwa so in Thesen ausdrücken:

1. Der Staat muß, obwohl er, wie gesehen, um seiner selbst und seines Rechtsprinzips willen eine rein moralische und nichtstatutarische Vernunftreligion favorisieren muß, die außerrationalen Gestalten von Religion, also etwa das Judentum, das Christentum und den Islam ihren vielfältigen statutarischen Anteilen nach, doch dulden und schützen.
2. Der Staat sollte eben diesen statutarischen Anteilen gegenüber, die das Spezifische, sozusagen das Antiuniversalistische der Religionsgemeinschaften ausmachen, zugleich höchst wachsam sein, weil in ihnen nicht bloß zufällig, sondern notwendigerweise ein Potential für Streit und Gewalt enthalten ist und sie demgemäß eine mögliche Gefahr für das Staats-

ziel der Wahrung der Rechtsordnung und für das der Friedenserhaltung darstellen.

Um mit der Erläuterung der positiven These zu beginnen, die das Toleranz- und Schutzgebot bzw. das Gebot der Religionsfreiheit ausdrückt, so leiten sich diese Gebote daraus ab, daß der Staat säkularer Staat ist und, wie gehört, die Bemühung um das ewige Seelenheil nicht in seine Zuständigkeit fällt. Sie ergeben sich aber auch aus dem Rechtsprinzip, auf das der Staat verpflichtet ist. Denn wenn nach diesem Prinzip „jede Handlung [...] recht [ist], die oder nach deren Maxime die Freiheit der Willkür eines jeden mit jedermanns Freiheit nach einem allgemeinen Gesetz zusammen bestehen kann" (MS, AA VI 230), dann ist die dadurch eröffnete Freiheitssphäre nicht nur für solche Handlungen eröffnet, die das Prädikat der Rationalität verdienen, sondern auch für jede Art außerrationalen Handelns, durch die keine fremde Sphäre der Freiheitsausübung lädiert wird.

Im selben Zusammenhang, in dem Kant im *Streit der Fakultäten* den pietistischen Gefühlsglauben seiner Zeit, den Antipoden des Vernunftglaubens, kritisiert, weil dieser seinem kritischen Erfahrungsbegriff entgegen ein Mystizismus und Illuminatismus sei, der privatsubjektive innere Gotteserfahrungen präsumiere, der seinem Wesen nach gesellschaftlich atomisierend wirke und sich gegen eine öffentliche intersubjektive Verständigung immunisiere (vgl. SF, AA VII 60 u. SF, AA VII 46), verlangt er, diese Sekte des Gefühlsglaubens staatlicherseits zu dulden und zu schützen.

Über ein solches Zulassen des außerrational Religiösen und über die Gewährung von Schutz hinaus, wenn es sich im Rahmen der vernunftrechtlichen Ordnung hält, kann der Staat sich den historischen Religionen allerdings nicht annähern. Im Gegenteil ist ihm durch die philosophische Fakultät, seiner Ratgeberin, die Wahrung einer skeptischen Distanz nahe gelegt. Denn die historischen Kirchen in ihrer Orientierung an der Faktizität einer vermeinten Selbstmitteilung Gottes und an der Faktizität einer diese Mitteilung fixierenden Heiligen Schrift haben nach Kant die Tendenz, diese vermeinten Fakten, die in ihrer Sicht an Autorität nicht zu überbieten sind, da sie ja einen göttlichen Ursprung haben sollen, gegen eine Überprüfung durch Vernunft zu immunisieren. Kant schreibt dem „theologischen Fache" den Hang zur Annahme zu, „daß buchstäblich »Glauben«, ohne zu untersuchen (selbst ohne einmal recht zu verstehen), was geglaubt werden soll, für sich heilbringend sei" (SF, AA VII 31). Dem setzt er den Primat der reinen praktischen Vernunft entgegen, die er auch als das Göttliche *in uns* bezeichnet (vgl. SF, AA VII 48). Ihr, eben weil sie das Göttliche in uns ist, kommt die Beurteilungskompetenz zu, alles, was uns mit dem Anspruch entgegentritt, göttlichen Ursprungs zu sein, also etwa Heilige Schriften, daraufhin zu qualifizieren, ob es einsichtig zu machen ist oder nicht. Im Fall rein moralischer Lehren spricht nichts gegen ihre Göttlichkeit; vor den statutarischen Vorschriften ohne moralischen Gehalt steht reine praktische Vernunft dagegen verständnislos, kann sich also nicht erklären, warum Gott das Jeweilige, etwa nur ihm gewidmete Gottesdiensthandlungen, von uns fordern sollte; im Fall von amoralischen Gehalten beansprucht Vernunft sogar, der Göttlichkeit der Anweisungen explizit zu widersprechen. So kann für sie z. B. die Anweisung an Abraham, seinen Sohn zu töten, keine göttliche sein. Insgesamt verweigert die philosophische Fakultät, der nach Kant die Rolle der Sachwalterin reiner praktischer Vernunft und eben der Ratgeberin des Staats zukommt, einer ungeprüften bloßen Faktizität von erhobenen Ansprüchen, wie sie sich in den statutarischen Vorschriften von Kirchen ausdrücken, ihre Anerkennung. Sie legt dem Staat nahe, davon Abstand zu nehmen, diese Vorschriften zu sanktionieren, d. h., sie mit dem Gütesiegel anerkannter Lehren zu versehen. Aus der Gleichsetzung der Religionslehren, die der Prüfung durch Vernunft standhalten, mit der Lehre moralischer Gesetze folgt ein weiterer philosophischer Rat hinsichtlich dessen, wie sich der Staat zu einer bestimmten Art von Lehre verhalten möge, die für historische Religionen aufgrund ihrer Akzentuierung eines durch und durch abhängigen Menschen charakteristisch ist. Es ist die Art von Lehre, die sich „mit der Lehre von der Freiheit, der Zurechnung der Handlungen und so mit der ganzen Moral unvereinbar findet" (SF, AA VII 41), der gegenüber Skepsis anzuraten ist und die also nicht in den Kanon der staatlich zertifizierten Religionslehren aufgenommen werden sollte. Kants Beispiel für eine solche ist die Lehre von der „Gnadenwahl" und der „Prädestination" (SF, AA VII 41), wie sie von Paulus vertreten worden ist. Sie stellt den Menschen als ganz passives Objekt göttlicher Einwirkung dar und hebt eben gerade jene Zuschreibbarkeit von Handlungen auf, die sowohl Moral als auch der Staat voraussetzen müssen, der letztere im Blick auf seine Bürger als freie Rechtssubjekte, die er im Prinzip als Täter ihrer Taten voraussetzt.

Wenn Kant einerseits die Forderung nicht aufgibt, zum reinen Vernunftglauben überzugehen, der kein christlicher, kein muslimischer und kein jüdischer wird sein können, sondern, wenn vorhanden, nur das universelle Kondensat des rein Moralischen aus ihnen übrig lassen wird, und wenn er andererseits fordert, das faktische geschichtliche Vorkommen dieser partikularen Religionserscheinungen zu tolerieren und vor Zwang zu schützen, dann folgt daraus, daß die Auseinandersetzung mit ihren rationalen Defiziten eine rein gedankliche sein muß, d. h., es folgt daraus, auf gut aufklärerische Art auf die Kraft der Überzeugung zu setzen. Schutz vor Zwang bedeutet also nicht Schutz vor geistiger Auseinandersetzung; ebenso bedeutet Toleranz nicht, daß Immunisierungsstrategien und Legitimationsverweigerungen anerkannt werden könnten, daß also irrationale Ansprüche unangetastet bleiben und mit allgemeiner Nachsicht rechnen könnten. Das zu tun hieße, Religion in toto als Phänomen des Irrationalismus anzuerkennen und Rationalitätsansprüche von vornherein nicht an sie heranzutragen. Schutz und Toleranz im hier entwickelten Sinn dagegen bedeuten nur, daß die in der Sache unvermeidliche intellektuelle Auseinandersetzung auf rationale, und deshalb übrigens auch auf öffentliche Art, nicht aber gewaltsam ausgetragen wird. Kant denkt also den Prozeß hin zu der einen einzigen Universalreligion aus reiner praktischer Vernunft, der letzten Endes mangels streitender Parteien zu einem umfassenden Religionsfrieden führte, als einen Reformprozeß fortschreitender Aufklärung. Daß der Staat dabei auch den Freiheitsraum für die kritische Stimme solcher Aufklärung zu schützen hat, die alle Gestalten von Religiosität am Maßstab der moralischpraktischen Vernunft mißt, ist selbstverständlich und liegt, wie gesehen, sogar im ureigenen Interesse des Staats.

Obwohl nach dem Gesagten, wenn es um die Zielvorstellung des Staates geht, welche Art von Religiosität ihm am günstigsten wäre, dieses Ziel in einer rein moralischen Religion bestünde, die gar keine spezifisch religiösen Erscheinungen mehr hervorbrächte, weil die Befolgung der moralischen Gesetze als göttlicher Gebote vollkommen identisch wäre mit der Befolgung dieser Gesetze als Ausdruck bloß der reinen praktischen Menschenvernunft, projektiert Kant dieses Ziel doch nicht so, daß Religion, jetzt reine Vernunftreligion, gar nicht mehr zum Erscheinen käme. Er nennt die noch verbleibende Kirche in diesem anvisierten Endzustand zwar unsichtbare Kirche, weil in der Tat die von den statutarischen Gesetzen ausgehenden Erscheinungen, z. B. Gottesdienste, entfallen und auch die Moralität von Gesinnungen nichts Sichtbares ist, doch denkt er sie eben immer noch als Kirche. Das bedeutet, daß er sie als real institutionalisierte menschliche Gemeinschaft denkt. Diese Gemeinschaft bedarf „einer *öffentlichen* Verpflichtung, einer gewissen auf Erfahrungsbedingungen beruhenden kirchlichen Form“ (RGV, AA VI 105). In dieser öffentlichen Kirche gäbe es zwar keine Priester innerhalb einer hierarchischen Verfassung mit einem vermeintlich privilegierten Zugang zum sich geoffenbart habenden Gott, aber es gäbe noch „Lehrer“ und „Seelenhirten“ (RGV, AA VI 101), welche an nichts als an den allgemeinen moralischen Gesetzen orientiert wären. Zur Art ihrer Lehre ist zu ergänzen, daß durch diese nichts Fremdes und Unverständliches mitgeteilt würde, sondern daß sie bloß Anlaß gäbe, die moralischen Begriffe und Grundsätze aus der eigenen Vernunft zu entwickeln.

Aus dem Gesichtspunkt des Staates ist der Punkt der Institutionalisierung und der Öffentlichkeit der verbleibenden Kirche der Vernunftreligion von erheblichem Interesse, weil eine völlig im Verborgenen wirkende Religiosität sich „dem Einfluß der Regierung gänzlich entzieht“ (SF, AA VII 60). Es ist an dieser Stelle daran zu erinnern, daß dieser Einfluß der Regierung nach der Idee des Staats keiner zu partikularen und willkürlichen Zwecken sein sollte, sondern als Ziel die Rechtskonformität der Bürger hat.

Obwohl nun bis hierhin für begründet gelten kann, warum der Staat im eigenen Interesse Vernunftreligion favorisieren muß und warum er aus diesem Interesse an der Herrschaft des Vernunftrechts mit distanziertem Unverständnis vor den statutarischen Gesetzgebungen der historischen Religionen stehen muß, ist die Brisanz seines Verhältnisses zu diesen Religionen noch nicht ausreichend entwickelt. Warum er sich ihnen gegenüber nicht bloß als neutraler Beobachter und gegebenenfalls als Beschützer verhalten kann, sondern er sich auch selbst vor ihnen schützen muß, liegt an der Natur ihrer statutarischen Gesetze, die über ihren außerrational unverständlichen Charakter hinaus, welcher als harmlos betrachtet und mit Gleichgültigkeit hingenommen werden könnte, ein erhebliches friedensstörendes Potential besitzen. Der Friedenszweck aber ist ein Hauptzweck des vernunftrechtlich verfaßten Staates. Über historische Glaubenslehren kann nach Kant „der Streit nicht vermieden werden“ (RGV, AA VI 115). Eine jede der historischen Religionen hält nämlich „für kein Gesetz, was nicht das ihrige ist“ (SF, AA VII 50), und besteht damit auf der Exklusivität ihrer eigenen als gottursprünglich vermeinten statutarischen Gesetze. Die einem statutarischen Glauben anhängenden Völker „benennen andere Völker, die nicht eben dieselbe[n] kirchlichen Observanzen haben, mit dem Titel der Verwerfung“ (SF, AA VII 50 Anm.). Aus dem Gesichtspunkt ihrer vermeinten Exklusivität liegt das auch nahe, denn dem anderen Glauben muß unter dieser Voraussetzung nicht weniger als eine unberechtigte

Berufung auf Gott bzw. die fälschliche Annahme seines Ursprungs in einer wirklichen geschichtlichen Offenbarung unterstellt werden.

Die Mehrzahl der vermeinten Quellen statutarischer Gesetze, d. h. die Mehrzahl der beanspruchten Offenbarungen, und die Vielzahl der auf jede von ihnen zurückgeführten Gesetze bergen zudem die Gefahr, daß gewisse Regelungsbereiche jeweils anders geregelt sind, und sei es auch nur, daß etwa andere Tage als Tage zur Gottesverehrung oder andere Regeln zum Fleischverzehr festgesetzt sind. Die Inkonsistenz der Regeln also wird zum Problem, und zwar zu einem bei aller scheinbaren Geringfügigkeit zuhöchst bedeutungs- und affektgeladenen, denn der Ursprung der jeweiligen widersprüchlichen Anweisungen soll, wie peripher ihr Gehalt auch scheinen mag, doch jedes Mal kein geringerer als Gott sein. Der Streit mag also ein Streit um objektive Belanglosigkeiten sein, sein aggressives Potential unter dem Aspekt der subjektiven emotionalen Intensität ist dagegen nicht zu überbieten, weil diese sich nicht aus dem Inhalt des jeweiligen Statuts speist, sondern daraus, daß es ein durch Gott gesetztes sein soll.

Da Gott keine widersprüchliche Gesetzgebung unterstellt werden kann, da zugleich aufgrund des außervernünftigen Ursprungs der Gesetze ein auftretender Widerspruch prinzipiell durch Vernunft nicht zu lösen ist, liegt nahe, ihn durch Machtspruch zugunsten der eigenen historischen Glaubensart zu lösen, dem die andere sich unterwerfen soll. Tut sie es nicht, dann liegt eben aufgrund der Unmöglichkeit rationaler Entscheidung die Anwendung von Gewalt in der Konsequenz der Durchsetzung des eigenen Exklusivitätsanspruchs. Der Weg jedenfalls, die Inkonsistenzen unter den statutarischen Gesetzen verschiedener Religionen durch menschliche Bemühung zu beseitigen, durch Konsensbildung etwa oder durch Verzicht auf ein inkriminiertes Statut, bleibt versperrt, denn wie sollte außervernünftig göttlich Geoffenbartes durch Menschen modifiziert werden können. Im Rahmen des Offenbarungsparadigmas wäre neue Offenbarung erforderlich, die aber durch Menschen schon dem Begriff nach nicht verfügt werden kann.

Der folgende kantische Befund ist in den skizzierten prinzipiellen Zusammenhängen begründet, beruht also nicht bloß auf Beobachtungen in Hinsicht auf einen zwar bedauerlichen Geschichtsverlauf, der aber innerhalb des konzeptionellen Rahmens der historischen Religionen verbesserungsfähig wäre. Der Befund bezeichnet eine in der Eigenart der historischen Religionen liegende unlösbare Problematik. Er lautet:

> Wenn nun eine Kirche sich selbst, wie gewöhnlich geschieht, für die einige allgemeine ausgiebt (ob sie zwar auf einen besonderen Offenbarungsglauben gegründet ist, der als historisch nimmermehr von jedermann gefordert werden kann): so wird der, welcher ihren (besondern) Kirchenglauben gar nicht anerkennt, von ihr ein Ungläubiger genannt und von ganzem Herzen gehaßt; der nur zum Teil (im Nichtwesentlichen) davon abweicht, ein Irrgläubiger und wenigstens als ansteckend vermieden. Bekennt er sich endlich zwar zu derselben Kirche, weicht aber doch im Wesentlichen des Glaubens derselben (was man nämlich dazu macht) von ihr ab, so heißt er, vornehmlich wenn er seinen Irrglauben ausbreitet, ein Ketzer und wird so wie ein Aufrührer noch für strafbarer gehalten als ein äußerer Feind und von der Kirche durch einen Bannfluch [...] ausgestoßen, und allen Höllengöttern übergeben (RGV, AA VI 108 f.).

Es ist nach all dem nicht verwunderlich, wenn Kant befindet, es sei „wenig Hoffnung vorhanden", eine „Glaubenseinheit [...] in einer sichtbaren Kirche zu Stande zu bringen, wenn wir hierüber die menschliche Natur befragen" (RGV, AA VI 123 Anm.). Für den dem Rechtsprinzip verpflichteten Staat in seiner friedenswahrenden Absicht sind nach dem Gesagten die statutarischen Anteile der historischen Religionen anders als ihre etwaigen vernunftreligiösen Anteile, die nur aus moralischen Gesetzen bestehen können, alles andere als günstig, so daß er im Interesse seines Friedensziels und der Wahrung seiner Rechtsordnung darauf zu achten hat, das Konfliktpotential der statutarischen Glaubensarten nicht zum Ausbruch kommen zu lassen.

Kants Gesamturteil zur religiös motivierten Gewalt und zu den religiös motivierten Kriegen in der Geschichte lautet: Es „sind die sogenannten Religionsstreitigkeiten, welche die Welt so oft erschüttert und mit Blut besprützt haben, nie etwas anderes als Zänkereien um den Kirchenglauben gewesen" (RGV, AA VI 108). Der Kirchenglaube bzw. die Kirchenglaubensarten aber erhalten ihre konfliktträchtige Spezifik eben durch jene statutarischen Gesetze, die aus Vernunft nicht zu entwickeln sind, die also keine im Menschen gründenden vernunftrechtlichen juridischen Gesetze oder aus der Autonomie der Menschenvernunft entspringenden moralischen Gesetze sind, die dieser also als willkürlich, fremd und zufällig erscheinen müssen. Zwar sind auch die Gesetze des positiven staatlichen Rechts nicht a priori aus Vernunft zu deduzieren, doch sind diese zumindest pragmatischen Zweckmäßigkeitserwägungen zugänglich, erlauben Konsens und Kompromiß und sind insgesamt, weil von Menschen gemacht, auch durch Menschen zu verändern möglich. Vor diesem Hintergrund ist es folgerichtig, wenn Vernunft – in Gestalt der Philosophie – dem auf das Rechtsprinzip und auf das

Friedensziel festgelegten Staat nicht raten kann, sich mit einer der historischen Glaubensarten zu identifizieren und sich deren partikulare Satzungen zu Eigen zu machen, sondern wenn sie als wünschenswertes Ziel die, so Kant, „Verlassung aller alter Satzungslehren" (SF, AA VII 53) nahelegt, und zwar nicht in Absicht auf die Vernichtung aller Religion, sondern um der Etablierung der einen universellen Vernunftreligion willen, die keine statutarischen religiösen Gesetze mehr kennt, sondern nur noch moralische. In diesem Sinne formuliert Kant das Ziel, daß „unter Begünstigung der Regierung" die Zeit uns „der Religion selbst [...] näher bringen werde", wobei er für den Glauben dieser Vernunftreligion die Bedingung aufstellt, daß es „nicht ein Glaube sein muß [lies: darf], Gott sich durch etwas anderes, als durch reine moralische Gesinnung günstig zu machen" (SF, AA VII 52).

DISKUSSION

Einleitend unternimmt *von Hoffmann* den Versuch, den Bezug des Vortrags zum Tagungsgegenstand herzustellen. Er fragt, ob statutarische Religionen den Anspruch erheben, universale Menschenrechte zu vertreten.

Robbers greift zusätzlich den Rechtsbegriff Kants auf. Im Vortrag sei dargelegt worden, Kant vertrete „äußere Menschenrechte". Diese aber stünden im Gegensatz zur aktuellen Diskussion hinsichtlich der Frage, ob Menschenrechte und Verfassungen gewisser kultureller Voraussetzungen bedürften. Insbesondere werde zurzeit diskutiert, ob der Islam diese Voraussetzungen mit sich bringe. Wären kulturelle Anforderungen tatsächlich notwendig für Menschenrechte, würde das bedeuten, dass man nach dem Rechtsbegriff Kants keinen Zugriff nehmen dürfte. In der Staatspraxis jedoch ist dieser Zugriff alltäglich.

Dem erwidert *Dörflinger*, dass er bewusst von „bewirken" gesprochen habe, da nach Kant ein Kausalitätsmodell im Sinne eines Erzwingens innerer Überzeugungen unmöglich sei.

Im Zusammenhang mit Kant spricht *Kotzur* an, dass dieser eine normative Gebundenheit auch ohne territoriale Zuweisung kenne, was gerade für das Völkerrecht äußerst interessant sei. Er wirft die Frage auf, ob es sich bei den Zehn Geboten um statutarische oder moralische Gesetze handele, da diese eine moralische Reaktion auf universales Unrecht seien.

Eine generelle Aussage, so *Dörflinger*, zu allen Zehn Geboten sei nicht möglich. Jedenfalls sei die Art ihrer Stiftung keine autonome und somit auch keine moralische.

Tomuschat fühlt sich an den Stellen, in denen in Dörflingers Vortrag von statutarischen Religionen die Rede sei, an den Islam erinnert, was er für bedenklich hält.

Dem entgegnet *Dörflinger*, dass die Aufklärung des Christentums längst nicht „abgehakt sei". Vielmehr würde auch die Katholische Kirche dem Kantianismus in weiten Teilen widersprechen. Auf Tomuschats Frage, ob Kant bei der Pflichtlehre für Staat und Individuum nicht mit Exzessen gerechnet habe, antwortet *Dörflinger*, dass Kants Verhältnis zum Preußischen Staat alles andere als affirmativ war. Das grundlegende Verständnis lasse sich aber aus der Theorie der Menschenwürde als Selbstzweck herleiten.

Stumpf bringt das Zitat: „Die Juristen und nicht die Philosophen sind der Klerus des modernen Liberalismus“, (im Original: “The lawyers, and not the philosophers, are the clergy of modern liberalism.“) von Alasdair MacIntyre und stellt in diesem Zusammenhang die Frage, ob diese Aussage nicht der Wahrheit entspreche und daher die Juristen die Philosophen ablösten.

Dörflinger entgegnet dem, dass eine strikte Trennung zwischen juridischen und moralischen Gesetzen vorzunehmen sei.

Von Hoffmann versucht die Aussage Stumpfs zu relativieren, indem er formuliert, die Schnittmenge werde eben immer größer, weshalb die Philosophen an Einfluss verlören.

Dörflinger besteht jedoch darauf, dass die „Experten“ für die im Kantschen Sinne originär-moralischen Gesetze die Philosophen blieben.

II. KULTURELLE PLURALITÄT

Gerhard Robbers

MENSCHENRECHTE UND CHRISTENTUM

I.

Eine der größten Herausforderungen, über das Christentum und die Menschenrechte zu berichten, liegt in der Vielfalt des Christentums. Zwar ist der Begriff „des" Christentums als solcher durchaus geläufig, genauso wie der „des" Islams etwa, aber das Christentum zeichnet sich eben auch durch seine außerordentliche Vielfältigkeit aus. Hinzu kommt die geschichtliche Dimension des Christentums. Daher wäre es falsch, das Christentum en bloc oder monolithisch zu betrachten. Vielmehr bedarf es Differenzierungen, die aber schon wegen der Kürze der Zeit nicht in all ihren Facetten ausgeführt werden können. Ich beschränke mich auf die Formulierung von Thesen.

Die erste These lautet, und das überrascht wohl kaum, dass sich die Menschenrechte im Feld des Christentums entwickelt haben. Bestimmte Theoreme, die heute die Menschenrechte tragen, speisen sich aus christlichen Überlieferungen. Dabei wird nicht ausgeschlossen, dass Menschenrechte ihre Wurzeln nicht etwa auch im Römischen, Griechischen oder Ägyptischen und allgemein im Menschlichen haben. Aber dennoch wurden die Menschenrechte, wie wir sie heute kennen, durch das Christentum entscheidend geprägt und beeinflusst. Dieser Einfluss war nicht immer positiver Natur. Auch Negativbeispiele haben zur Entwicklung der heutigen Menschenrechte beigetragen. Nur allzu oft haben sich Menschenrechte gegen den Widerstand von Theologie und Kirchen durchsetzen müssen.[1]

Vor allem aber möchte ich an die Kernpunkte der christlichen Lehre erinnern: Das Christentum lehrt die Gleichheit aller Menschen vor Gott und die Freiheit vor Gott. Dabei sind die Theoreme von Gleichheit und Freiheit zentrale Theoreme des Menschenrechtsdenkens.[2]

---

1 Vgl. *Martin Honecker*, Aporien in der Menschenrechtsdiskussion, in: *ders.*, Sozialethik zwischen Tradition und Vernunft, 1977, S. 140.

2 Wobei sowohl Luther als auch Calvin eine Übertragung dieser geistlichen Freiheit und Gleichheit auf den weltlichen Bereich ablehnen. Vgl. dazu *Martin Honecker*, Aporien in der Menschenrechtsdiskussion, in: *ders.*, Sozialethik zwischen Tradition und Vernunft, 1977, S. 140.

Daran schließt sich an, dass die Scholastik in vielfältiger Weise zur Entwicklung der Menschenrechte beigetragen hat. Erinnert sei an Francisco Suárez, der den geschundenen Indios in Südamerika beigesprungen ist und entgegen der damals in Europa herrschenden Lehre, dass die Indios Wilde und keine Menschen seien, darauf beharrt hat, dass auch sie Menschen seien und die gleichen Rechte hätten wie andere, etwa auf dem europäischen Kontinent lebende Menschen auch.

Es ist nun eine zweite, eventuell diskussionswürdige These, dass die konkrete Entwicklung der Menschenrechte von Philosophen getragen wurde, die in ihrer Mehrheit aus dem calvinistischen, also aus dem christlichen, dem protestantischen Bereich kommen.

Einer der ersten oder gar der erste dieser Philosophen, der die Religionsfreiheit als ein individuelles Menschenrecht propagierte, war der Schotte George Buchanan während des 17. Jahrhunderts in den Religionskriegen. Er begründete den möglichen Königsmord aus einem individualistisch gedachten Widerstandsrecht, wenn der Herrscher die wahre Religion unterdrückte.[3]

Schaut man nochmals weiter zurück, so stellt sich die Frage, wie es im Luthertum bzw. bei Luther selbst um die Menschenrechte stand. Natürlich kannten die Reformatoren den Begriff der Menschenrechte noch nicht. Die Suche nach dem Topos unter dem Wort „Menschenrechte“ verliefe also vergeblich. Dennoch hat Luther, wie andere Reformatoren auch, Kataloge mit Rechten aufgestellt, die zwar verglichen mit anderen Rechtekatalogen nicht besonders ausführlich waren, aber die es immerhin gab.[4]

So spricht Luther etwa vom „groben menschlichen Recht“, dem Geld, Gut, Leib, Ehre, Weib, Kind und Freund[5] und als höchstes Gut das des Glaubens und des Evangeliums[6] unterfallen. Verglichen mit der heutigen Dogmatik sind darin bereits das Eigentumsrecht, das Recht auf Ehre und das Recht auf Ehe angelegt. Dabei ist ein Zentrum seiner Lehre die „Freiheit eines Christenmenschen“: noch einmal der Topos der Freiheit.

---

3 Vgl. *George Buchanan*, De iure regni apud scotos, Edinburgh 1579, Neudruck Amsterdam 1969, S. 62 f., 97.

4 Vgl. *Wolfgang Huber*, Art. Menschenrechte/Menschenwürde, Theologische Realenzyklopädie XXII, 1992, S. 580.

5 Vgl. *Martin Luther*, Das Magnificat verdeutscht und ausgelegt (1521), in: *ders.*, D. Martin Luthers Werke, Weimarer Ausgabe, 1966, Bd. 7, S. 538, 580.

6 Vgl. *Martin Luther*, Das Magnificat verdeutscht und ausgelegt (1521), in: *ders.*, D. Martin Luthers Werke, Weimarer Ausgabe, 1966, Bd. 7, S. 578, 585.

Hier sieht man im Begriff des „groben menschlichen Rechts“ bereits etwas angelegt, das dann später in der Gegnerschaft der christlichen Kirchen gegenüber den ausformulierten Menschenrechten sehr deutlich wird. Ich beziehe mich dabei insbesondere auf den sehr scharf formulierten *Syllabus Errorum* von Papst Pius IX. im 19. Jahrhundert. Dieser *Syllabus Errorum* enthält eine Verwerfung der ausformulierten liberalen Menschenrechte: Hier wird, was nicht zu verheimlichen ist, die Gegnerschaft der Institution Kirche gegenüber Menschenrechten in einer spezifischen Zeit und in einer spezifischen historischen Umgebung deutlich. Doch kann man auch bei heutiger Lektüre des *Syllabus Errorum* trotz dieser Verwerfung etwas sehen, was zu unserer aktuellen Auseinandersetzung beiträgt. Denn die Frage, die dieser Verwerfung zu Grunde liegt, ist eigentlich nicht die Verwerfung als solche, sondern die Grundfrage ist, was eigentlich das Höchste und Eigentliche ist. Also vielleicht die Frage: Woher kommen eigentlich die Menschenrechte? Sind die Menschrechte das Letzte oder gibt es noch etwas darüber hinaus? Wie rechtfertigen sich Menschrechte? Wo kommt dieses Recht her?

II.

Vielen von Ihnen ist die These Max Webers geläufig, dass Religionen eigentlich nur ewige Wahrheiten verkünden können, sich daher nicht entwickeln und folglich den Entwicklungen der Zeit nicht folgen können. Ich halte diese These für falsch, weil sich auch Religion entwickelt. Alle Religionen entwickeln sich und haben sich entwickelt. Wenn es heißt, es gibt ewige Wahrheiten, lautet die Antwort „Ja“. Aber auch diesen ewigen Wahrheiten ist immanent, dass sie sich entwickeln. Die Entwicklung ist Teil der ewigen Wahrheit. Wenn man etwa die Bibel zur Hand nimmt, findet man allemal, gerade im Alten Testament, Entwicklungsgeschichten selbst Gottes; Gott entwickelt sich. Wie bei Hiob: Zum Beispiel bei der Sintflut: Erst schickt Gott die Sintflut, um alle zu vernichten – und dann überlegt er es sich noch einmal: Weil dieser eine Mensch Noah sich so gut verhalten hat, deswegen überdenkt er noch einmal und deswegen rettet er die Menschheit doch. Also entwickelt sich auch Gott. Das heißt aber auch, dass sich die Menschenrechte in der Entwicklung einer Kirche entwickeln können.

III.

Damit komme ich zu meinem letzten Punkt: wie es heute um die Menschenrechte im Christentum bestellt ist. Ich muss mich wegen der schon bemühten Vielfalt der Kirchen im Christentum auf zwei beschränken, den Katholizismus und den Protestantismus, jedenfalls in der in Deutschland existenten Form. Der Protestantismus in Frankreich oder in Amerika oder anderen Ländern ist wieder ein eigenes Feld und ist überhaupt in sich sehr heterogen.

Zunächst zum (deutschen) Protestantismus[7]: Die Menschenrechte bilden heute ein Zentrum der protestantischen Ethik[8]. Die Evangelische Kirche in Deutschland ist heute, fast möchte man sagen selbstverständlich, zutiefst eine Menschenrechtskirche. Die Entwicklungsarbeit und die Entwicklungshilfe der Evangelischen Kirche speisen sich aus den Menschenrechten und hier wird immer wieder mit den Menschenrechten argumentiert. Bei aller Vielfalt der Diskussion[9], auch in Deutschland stechen zwei Hauptbegründungen für das Warum der Menschenrechte hervor. Die eine ist schöpfungstheologisch. Sie besagt, dass die Menschenrechte von Gott in der Schöpfung dem Menschen und der Natur eingestiftet sind. Dies ist ein wenig naturrechtlich gedacht. Aber im evangelischen, im protestantischen Bereich – in Deutschland jedenfalls – hat man immer noch eine gewisse Angst vor dem Naturrecht und schiebt es weg.

---

7 Zum Begriff *Konrad Raiser*, Protestantismus, in: Evangelisches Kirchenlexikon, 1992, Sp. 1351 ff.

8 Vgl. statt vieler *Wolfgang Vögele*, Menschenwürde zwischen Recht und Theologie, 2000; *Trutz Rendtorff*, Kirche in der Demokratie - Die Politische Kraft des Protestantismus, Evangelische Kommentare 1999, S. 39 (40); *Ulrich H. J. Körtner*, Evangelische Sozialethik, 1999, S. 141 ff.; *Dietz Lange*, Ethik in evangelischer Perspektive, 1993; *Ulrich Luck*, Neutestamentliche Perspektiven, in: *Jörg Baur* (Hrsg.), Zum Thema Menschenrechte, 1977, S. 19 f.; *Wolfgang Huber/Heinz Eduard Tödt*, Menschenrechte, 1977, S. 54 f.; *Martin Honecker*, Grundriss der Sozialethik, 1995, S. 342 ff.; *ders.*, Einführung in die theologische Ethik, Berlin/New York 1990, S. 192 ff.; *Christopher Frey*, Theologische Ethik, 1990, S. 138 f., 209 f.; *Heinz Eduard Tödt*, Perspektiven theologischer Ethik, 1988, S. 131 ff.; vgl. auch aus kirchlicher Sicht in der DDR: Menschenrechte in christlicher Verantwortung, hrsg. im Auftrag des Sekretariats des Bundes der Evangelischen Kirchen in der DDR, 1981, S. 3 ff.

9 Vgl. *Wolfgang Huber/Heinz Eduard Tödt*, Menschenrechte, 1977, S. 64 ff., 158 ff.; *Martin Honecker,* Aporien in der Menschenrechtsdiskussion, in: *ders.*, Sozialethik zwischen Tradition und Vernunft, 1977, S. 23 ff., 128 ff.

Eine andere, auch theologisch anders geartete Argumentation geht eher aus einer christologischen, also neutestamentlichen Argumentation hervor und argumentiert aus der Menschenwürde heraus. Als Grundlage der Menschenrechte gilt in diesen Interpretationen regelmäßig die Menschenwürde, die jedem Menschen zukommt.[10] Darauf stellt sich die Frage, warum der Mensch überhaupt Würde hat. Woher kommt sie? So wird in der christologischen Begründung argumentiert, dass die Würde die Rechtfertigung des Menschen ausdrückt. Dies speist sich aus der Rechtfertigungslehre. Die Rechtfertigungslehre ist die Frage danach, wie der Mensch vor Gott gerechtfertigt ist und nicht vor den Menschen. Nach der alten lutherischen These ist man nicht gerechtfertigt vor Gott, weil man gute Werke vollbringt oder dem Gesetz gehorcht oder viel Geld verdient oder Ähnliches. Danach ist jeder Mensch in sich notwendig Sünder und fehlerhaft. Gerechtfertigt ist der Mensch vor Gott in der Rechtfertigungslehre nur aus den drei *solae* heraus, dem *sola scriptura*, dem *sola fide* und dem *sola gratia*, also nur aus der Schrift, nur aus dem Glauben und nur aus der Gnade Gottes. Nur weil Gott dem Menschen gnädig ist, weil er ihm die Offenbarung gegeben hat, weil der Mensch glauben kann an Gott, ist der Mensch vor Gott gerechtfertigt. Menschen werden nicht erst durch ihre Leistungen menschlich. Ihre Rechtfertigung vor Gott allein durch Gnade bedeutet, dass der Mensch in seinem Menschsein vor Gott anerkannt ist, ohne dafür etwas tun zu müssen oder auch nur tun zu können[11]. Diese Rechtfertigung vor Gott, diese Gnade Gottes, kann der Mensch im Letzten nicht verlieren, weil Gott ein gnädiger Gott ist. Die Gnade Gottes wiederum ist gegeben, weil Jesus Christus die Sünde der Welt auf sich genommen hat, um es religiös auszudrücken. Die Würde des Menschen liegt hierbei darin begründet, dass Gott den Menschen angenommen hat. Das ist die These. Und jetzt kommt der Schritt von der Rechtfertigung gegenüber Gott zur Menschenrechtsfrage. Warum gibt

---

10 Vgl. etwa Christentum und politische Kultur, Eine Erklärung des Rates der Evangelischen Kirchen in Deutschland, EKD-Texte 63, 1997, S. 7; Evangelische Kirche und freiheitliche Demokratie. Der Staat des Grundgesetzes als Angebot und Aufgabe, Eine Denkschrift der Evangelischen Kirche in Deutschland, hrsg. vom Kirchenamt im Auftrag des Rates der Evangelischen Kirche in Deutschland, Gütersloh 1985, S. 26 ff.; *Ernst Wolf*, Sozialethik, 1988, S. 324 ff.; *Hans Richard Reuter*, Menschenrechte zwischen Universalismus und Relativismus, Zeitschrift für Evangelische Ethik 40, (1996), S. 146.

11 *Eberhard Jüngel*, Der alte Mensch – als Kriterium der Lebensqualität, in: Der Wirklichkeitsanspruch von Theologie und Religion. Ernst Steinbach zum 70. Geburtstag, hrsg. von *Dieter Henke u. a.*, Tübingen 1976, S. 129 (131).

es denn Menschenrechte untereinander? An dieser Stelle referiere ich sehr grob Bischof Huber, den Vorsitzenden des Rates der EKD, der hier zur *analogia relationis* greift. Diese schafft eine Analogie zu der Rechtfertigung vor Gott. Wenn man denn vor Gott gerechtfertigt ist, wenn man denn die Würde vor Gott und in Gott und durch Gott hat, dann muss man sie erst recht gegenüber den Menschen haben. Das heißt, der Mensch muss diese Menschenrechte akzeptieren, weil der Mensch vor Gott gerechtfertigt ist. Als Folge dieser Analogie-Lehre hat der Mensch im menschlichen Bereich all die Rechte, die man auch von Gott kennt: Die Freiheit eines Christenmenschen, die Gleichheit vor Gott, all dies sind Topoi, die man auf der Ebene der Menschenrechte wiederfindet. Das ist in Kürze die Rechtfertigungslehre, eine und im Moment wohl die herrschende Theologie zu Menschenrechten hier in Deutschland.

Abschließend nun zum Katholizismus: Auch hier gibt es eine ganze Fülle von Begründungen; ich greife hier einige der wesentlichen heraus. Auch der Katholizismus argumentiert heute für die Menschenrechte ganz entschieden aus der Menschenwürde. Das ist ein immer wiederkehrender Faktor, der auch die Kirchen durchaus verbindet. Auch hier gibt es schöpfungstheologische Ansätze und sie werden thomanisch gewendet: Die *dignitas humana*, die man deswegen hat, weil man Gott zum Ebenbild geschaffen ist. Nach der Schöpfungsgeschichte hat Gott die Menschen seinem Bilde gemäß geschaffen. Danach hat man immer ein Stück Gott vor sich, im Bilde jedenfalls, wenn man einen Menschen vor sich hat. Aus diesem Grund sind die Menschenrechte und die Menschenwürde zu achten. Papst Benedikt XVI. hat hierzu einmal sehr ausdrücklich und intensiv formuliert, im Grunde sei die Diskussion heute um die Universalität der Menschenrechte nichts anderes, als die alte Diskussion über die Existenz und Reichweite des Naturrechts und damit letztlich auch des Vernunftrechts.

Hat eigentlich jeder Mensch Rechte oder nicht? Das ist ein Topos, der sich bereits bei Thomas von Aquin in seiner Summe gegen die Heiden findet. Dort findet man sehr deutlich ausformuliert, dass auch die Nichtchristen selbstverständlich Moral haben, Recht haben, Rechte und auch Pflichten haben. Dies geht letztlich auch auf die Schöpfung durch Gott zurück, denn Gott hat die Menschen so geschaffen, wie sie sind und deswegen haben sie von Natur aus bestimmte Rechte und diese sind universal.

DISKUSSION

Von Hoffmann eröffnet die Diskussion mit der These, dass sich alle Menschenrechte aus der Freiheit des Menschen ableiteten. Nach dem Vortrag von Robbers sei die Menschenwürde göttlich und daher unveränderlich.

Robbers betont daraufhin, Universalität heiße Entwicklungsoffenheit und demnach müssten die Menschenrechte auf neue Entwicklungen eingehen können. Menschenrechte entstünden in weiten Teilen als Antwort auf menschliche Leidenssituationen, wie z. B. Kriege.

Menschenrechte würden auf regionaler Ebene unterschiedlich formuliert und es sei kein guter Ansatzpunkt eigene Formulierungen auf andere Regionen zu übertragen. Die westliche Menschenrechtsentwicklung sei beispielsweise insbesondere durch die calvinistischen Philosophen geprägt worden. Viele von ihnen wanderten aus religiösen Gründen nach Amerika aus, da die Religionsfreiheit als Menschenrecht von der katholischen und evangelischen Kirche erst in der zweiten Hälfte des 20. Jahrhunderts akzeptiert wurde.

Nach der Auffassung von *Pohl* sind die Menschenrechte ein Kind der Aufklärung, aber im Grunde beruhen sie auf einem christlichen Hintergrund. Vor allem die Reformation habe diese Entwicklung hervorgebracht. Im Einklang mit Robbers stellt er fest, dass die Menschenwürde vor allem im deutschen Raum von überragender Wichtigkeit sei.

Klarstellend ergänzt *Robbers*, dass Aufklärung und Religion nicht voneinander zu trennen seien. Die meisten Aufklärer hätten zwar in bestimmen Phasen der Aufklärung entschieden Religionskritik geübt, aber ohne die Religion und insbesondere die Scholastik, hätte sich die Aufklärung so nicht entwickelt. Dabei spielt die Frage der Scholastik nach der menschlichen Vernunft eine zentrale Rolle. Die Aufklärung sei nicht einfach in die Welt gefallen, vielmehr habe Kant die Scholastik vollendet.

Hailer erkundigt sich nach den entstehungsgeschichtlichen Hintergründen der „Syllabus errorum“ von Papst Pius IX. aus dem 19. Jahrhundert.

Daraufhin erklärt *Robbers*, die Schrift sei als Reaktion auf das unmittelbare tagespolitische Geschehen in Frankreich entstanden. Der Staat habe der Kirche arg zugesetzt, was in dem Kampf zwischen Liberalismus und Katholizismus zum Ausdruck komme.

Nach der Auffassung von *Mankowski* kannten bereits die Römer eine gewisse Religionsfreiheit und Toleranz. Die christliche Menschenrechtsdiskussion dagegen habe ernsthaft erst nach der Renaissance begonnen.

Robbers stimmt ihm insoweit zu, dass die Wurzeln der Menschenrechte weiter zurückzuverfolgen seien als bis zum Christentum. Die Menschenrechtsdiskussion sei aber entscheidend durch das Christentum geprägt worden; eine Entwicklung gegen viele Widerstände. Zudem zweifelt er an, ob die römische Religionsfreiheit weiter gewesen sei als die heutige. Probleme ergäben sich insbesondere immer dann, wenn eine Religion zur Staatsreligion erhoben würde. Zwar waren die Römer unter Caesar frei in der Wahl ihres Glaubens, jedoch nur solange sie zugleich auch Caesar huldigten.

Dörflinger merkt kritisch an, dass die Menschenwürde entweder nur auf die Aufklärung des Menschen über sich selbst oder aber auf die Religion zurückzuführen sei. Nach der kantischen Aufklärung komme die Menschenwürde aus dem Menschen selbst, sie entstehe sui generis und komme nicht aus einer äußeren Instanz, zu der auch Gott gehöre. Dies seien zwei grundlegend verschiedene Modelle, die streng zu unterscheiden seien.

Daraufhin betont *Robbers* nochmals, dass Aufklärung und Religion nicht voneinander zu trennen seien.

An den Standpunkt von Pohl anknüpfend merkt *Kotzur* an, dass die Menschenwürde keine Erfindung des deutschen Grundgesetzes sei, vielmehr werde diese bereits von der Allgemeinen Menschenrechtserklärung der UN Generalversammlung von 1948 anerkannt und in der Irischen Verfassung von 1937.

Er wirft die Frage auf, welche Rolle die Gottesebenbildlichkeit des Menschen für die Begründung der Menschenwürde spiele und inwieweit die Menschen untereinander zur gegenseitigen Achtung der Menschenwürde verpflichtet seien.

Robbers hebt hervor, dass die Menschenwürde sich gerade aus der Gottesebenbildlichkeit ergebe.

Daran schließt *Kotzur* die Frage an, wie die Kirche die Rolle des Staates in Bezug auf die Menschenrechte sehe.

Die Menschenrechtsdiskussion innerhalb beider Kirchen befasst sich, nach der Auffassung von *Robbers*, nicht mit den staatlichen Verpflichtungen. Vielmehr gehe es den Kirchen um das „wirkliche Leben", nämlich um die Frage, wie Menschen miteinander umzugehen hätten. Die Menschenrechte hätten einen weiteren Horizont als nur die Abwehr gegen den Staat.

Die Frage nach der Entwicklung der Pflichtenstellung eines Menschen hin zu einem Recht des anderen Menschen stellt *Stumpf*.

Robbers merkt daraufhin an, dass über „Pflichten" in Bezug auf Menschenrechte nicht gerne gesprochen werde.

Darüber hinaus will *Stumpf* wissen, ob es Menschenrechte auch innerhalb der Kirche gebe.

Auch innerhalb des Kirchenrechts seien Menschenrechtsgarantien anerkannt. *Robbers* weist auf ein Kapitel im CIC hin, in dem Menschenrechte für Christgläubige kodifiziert seien. Auch Nichtchristgläubige würden Rechte zugestanden, z. B. das Recht auf Taufe.

Abschließend fragt *Tomuschat*, ob die Kirche eine Lehre von den Grenzen der Menschenrechte kenne.

Robbers weist darauf hin, dass die Menschenrechte auch in der Kirche ihre Grenzen in den Rechten anderer Menschen fänden.

CHRISTOPH A. STUMPF

DER ISLAM UND DIE MENSCHENRECHTE

I. Einführung

Die Frage, ob der Islam bzw. das islamische Rechtsverständnis mit dem sogenannten westlichen Verständnis der Menschenrechte kompatibel ist, beherrscht seit wenigen Jahren die Diskussion zwischen Juristen des islamischen Rechtskreises und Vertretern des konventionellen sogenannten westlichen Menschenrechtsverständnisses[1]. In die Aufmerksamkeit der breiteren Öffentlichkeit ist die Diskussion freilich erst in jüngerer Zeit gedrungen: Dies geschah zum einen, als sich radikale islamische Gruppen durch Gewaltakte stärker in die Aufmerksamkeit der westlichen Hemisphäre rückten. Zum anderen wurde auch ein früherer Optimismus in die Integrationsbereitschaft islamischer Zuwanderer in westlichen Ländern aufgrund von diversen, von den Medien intensiv aufgegriffenen Vorfällen wie Ehrenmorde, Genitalverstümmelungen und Kindsentführungen in Mischehen, getrübt.

Die eigentliche Diskussion über die Kompatibilität zwischen Islam und „westlichen" Menschenrechten begann freilich deutlich früher: Sie ist letztendlich genauso alt wie die Diskussion um die Begründung und Notwendigkeit des Menschenrechtsbildes selbst. Leitmotiv der Diskussion ist die Frage, inwieweit ein theistisch bzw. weltanschaulich grundiertes Rechtssystem mit Rechtsprinzipien, die für sich den Anspruch „säkularer Objektivität" erheben, in Einklang gebracht werden können.

---

1 Mit dem Begriff des „westlichen" Menschenrechtsverständnisses ist das vorwiegend in Europa und Nordamerika entwickelte Konzept von subjektiven Abwehr- und Teilhaberechten des einzelnen Individuums gegenüber dem Staat gemeint. So wurden die „westlichen" Menschenrechte zwar vor dem Hintergrund christlicher Wertvorstellungen geprägt, beanspruchen nun aber einen säkularen Charakter für sich. Die Gegenüberstellung zwischen „westlichem" Menschenrechtsverständnis einerseits und anderen, namentlich religiös geprägten, Menschenrechtsverständnissen ist zwar für sich gesehen – gerade in Anbetracht des globalen Anspruch des Menschenrechtsverständnisses – durchaus problematisch, allerdings zur Veranschaulichung für den hiesigen Diskussionszweck hier durchaus angebracht.

Die Antworten auf diese Frage bewegen sich indes auf einer weiten Bandbreite[2]: Gerade von Kritikern des islamischen Rechts wird behauptet, die säkulare Grundkonzeption der Menschenrechte sei schlichtweg inkompatibel mit dem theistischen System des islamischen Rechts[3]: Hier wird zum Beispiel von sogenannten Traditionalisten die Meinung vertreten, „Menschenrechte" seien eine reine Erfindung von „westlicher" Seite; sie zielten im Verein mit grundsätzlichen säkularisierenden Tendenzen auf eine Beseitigung der gottgegebenen Ordnung in den islamischen Gemeinwesen ab[4]. Die Ansicht läßt sich auf den Punkt bringen, daß Menschenrechte im „westlichen" Sinne keinen Anspruch auf globale Geltung erheben könnten, da „der Westen" eben nicht in „den Osten" reiche. Einen anderen Pol in der Diskussion bildet die Auffassung anderer islamischer Juristen, daß Menschenrechte im eigentlichen Sinne sogar den religiösen Überbau des islamischen Rechts bedürften: Eine Menschenrechtsordnung ohne die Dimension des göttlichen Gesetzgebers bleibe notwendigerweise unvollständig[5].

Erfahrungsgemäß liegt die Wahrheit in Diskussionen zumeist irgendwo in der Mitte. Es spricht einiges dafür, daß dies auch für die Vereinbarkeit von islamischem Recht und „westlichen" Menschenrechten gilt. Hierfür streitet jedenfalls der quantitative Befund, daß sowohl innerhalb des islamischen Rechtskreises, aber auch von westlichen Rechtstheoretikern eine grundsätzliche Vereinbarkeit, jedenfalls aber Versöhnbarkeit, von Islam und einem säkularen Verständnis der Menschenrechte vertreten wird[6]. Diese Vereinbarkeit prägt nicht nur die meisten Stimmen im rechtstheoretischen „Feuilleton"; sie findet Ausdruck auch in der Rechtswirklichkeit islamisch geprägter Staaten: Hier fehlen zwar im rechtspraktischen Durchschnitt umfassende Grundrechtsgewährleistungen jedenfalls in dem Umfang, wie er in den meisten Staaten des Westens für notwendig erachtet wird; dennoch ist auch hier zumeist ein grund-

---

2 Im Einzelnen hierzu *Halliday*, Relativism and Universalism in Human Rights: The Case of the Islamic Middle East, in: *Beetham* (Hg.), Politics and Human Rights (1995), S. 152 ff.; *Baderin*, International Human Rights and Islamic Law (2003), S. 29; *Piscatori*, Human Rights in Islamic Political Culture, in: *Thompson* (Hg.), The Moral Imperatives of Human Rights: A World Survey (1980), S. 139, 152 ff.

3 Vgl. hierzu *Bannerman*, Islam in Perspective. A Guide to Islamic Society, Politics and Law (1988), S. 25; *Robertson*, Islam and Europe: An Enigma or a Myth (1994), Middle East Journal 48/Nr. 2, S. 288 ff.

4 Siehe *Halliday* (Fn. 2), S. 152 ff. m. N.

5 Hierzu *Baderin* (Fn. 2), S. 29 f.

6 *Baderin* (Fn. 2), S. 13.

rechtlicher Mindeststandard anzutreffen, der islamische Staaten wiederum von denjenigen Staaten unterscheidet, die von John Rawls als *„outlaw states“* bezeichnet wurden[7].

Tatsächlich läuft in verschiedenen Aspekten die Menschenrechtsdiskussion zwischen „dem Islam“ und „dem Westen“ parallel zur Diskussion zwischen dem modernem säkularem Recht und der christlichen Rechtstheologie[8]. Das islamische Recht hat freilich im Vergleich zum christlichen Rechtsverständnis, auf dem das westliche säkulare Menschenrechtsverständnis letztendlich fußt[9], eine eigene Entwicklung genommen. Diese hat vielfach zur Ausbildung eigener Spezifika im islamischen Rechtssystem geführt, die bei der Beurteilung der Kompatibilität mit dem „westlichen“ Menschenrechtsverständnis zu Schwierigkeiten führen.

Im Folgenden soll daher zunächst in einem ersten Abschnitt ein Überblick über die Grundkonzeption des islamischen Rechts geboten werden. Der zweite Abschnitt befaßt sich dann mit der Position des Individuums im islamischen Recht. Der dritte Abschnitt wird sich schließlich der Frage zuwenden, welche Folgerungen für die Kompatibilität zwischen islamischem Recht und dem hergebrachten westlichen Verständnis der Menschenrechte zu ziehen sind.

---

7 *Rawls*, The Law of Peoples (1999), S. 90.

8 Vgl. hierzu den Beitrag von *Robbers* in diesem Band; siehe auch *Stumpf*, Verfassungsordnung und Wirtschaftsrecht im Spannungsfeld zwischen Religion und Recht, in: Festschrift für Reiner Schmidt (2006), S. 403 ff.; *ders.*, Christian and Islamic Traditions of Public International Law, JHIL 2005, S. 69 ff.; *ders.*, Die Freiheit des Religionswechsels als Herausforderung für das religiöse Recht des Islam und des Christentums, ZevKR 2003, S. 129 ff.; *ders.*, Völkerrecht unter Kreuz und Halbmond. Muhammad al-Shaybani und Hugo Grotius als Exponenten religiöser Völkerrechtstradition, AVR 2003, S. 83 ff.

9 Zur Säkularisierung des christlichen Rechts siehe *Heckel*, Der Verfassungsauftrag zur Wiedervereinigung der Konfessionen im Reichskirchenrecht des Alten Reiches, in: ZRG kan. Abt. 118 (2000), S. 387-400; vgl. auch *Stumpf*, Der Westfälische Frieden und die Wiedervereinigung der Konfessionen in verfassungshistorischer Perspektive, in: *Klueting* (Hrsg.), Irenik und Antikonfessionalismus im 17. und 18. Jahrhundert (2003), S. 39 ff.

II. Konzeption des klassischen islamischen Rechts

Für die Untersuchung der islamischen Konzeption individueller Rechtspositionen als Ausgangslage für einen islamisch-westlichen Menschenrechtsdiskurs ist zunächst ein Verständnis für die Systematik des islamischen Rechts selbst erforderlich. Beschränkung tut hier freilich Not[10]: Unverzichtbar ist hier aber ein Blick auf die Rechtsquellen des islamischen Rechts; gleiches gilt auch für die personelle und potentiell auch geographische Dimension der Geltungskraft islamischen Rechts. Die Betrachtung stützt sich in erster Linie auf das „klassische" islamische Recht. Daß sich das islamische Recht – seit seinen Ursprüngen im 7. Jahrhundert unserer Zeitrechnung – im Laufe der Geschichte jeweils neu an die Erfordernisse der Zeit anpassen mußte, ist unbestritten; dennoch prägt das „klassische" Verständnis auch heute noch die Grundlagen der modernen islamischen Rechtslehre.

1. Gott als Quelle des Rechts

Aus „westlicher" säkularer Sicht, aber auch im Vergleich zur christlichen Rechtstheologie, fällt vor allem die enge Verbindung von Religion und Recht im islamischen Recht auf: Die islamische Jurisprudenz (arabisch: *fiqh*) ist im Grunde genommen so alt wie der Islam selbst. Theologie und Jurisprudenz bilden im Islam schon von Anfang an ein einheitliches System[11]. Religiöse Pflichten des einzelnen Muslims sind nach der klassischen islamischen Jurisprudenz zugleich rechtliche Pflichten. Gleichzeitig fungierten religiöse Führer im Islam seit dem Propheten Mohammed bis hinein in die Gegenwart regelmäßig auch als politische und militärische Obrigkeiten[12].

---

10 Für die weiteren Einzelheiten des islamischen Rechts sei auf die einschlägige Einführungsliteratur hingewiesen, z. B. allgemein *Nagel*, Das islamische Recht (2001); *Krawietz*, Hierarchie der Rechtsquellen im tradierten sunnitischen Islam (2002); besonders zu völker- und menschenrechtlichen Fragen *Khadduri*, War and Peace in the Law of Islam, (2. A. 1962); *Schacht*, An Introduction to Islamic Law (1993); *Hammidullah*, Muslim Conduct of State (1961); *Rechid*, L'Islam et le droit des gens, RdC 60 (1937 II), S. 371 ff.; *Kruse*, Islamische Völkerrechtslehre (2. A. 1979); *L. Müller*, Islam und Menschenrechte (1996).

11 Vgl. *Nagel* (Fn. 10), S. 13.

12 Hierzu *Crone/Hinds*, God's Caliph. Religious Authority in the First Centuries of Islam (2003), S. 9 ff.; vgl. auch *Stumpf*, Christian and Islamic Traditions of Public International Law (Fn. 8), S. 73.

Vor allem aber sind die wichtigen religiösen Schriften des Islam ihre bedeutendsten Rechtsquellen[13]. An erster Stelle ist hier der Koran zu nennen, der nach islamischer Lehre dem Propheten Mohammed unmittelbar von Gott (*Allah*) in die Feder diktiert worden war. Eine zweite Quelle des islamischen Rechts stellen die göttlich inspirierten Äußerungen des Propheten Mohammed dar. Ebenfalls von Relevanz ist die *Sunna* als Gesamtheit der Überlieferungen von Mohammed und seiner Umgebung; sie stützt sich zu wesentlichen Teilen auf älteres arabisches Gewohnheitsrecht. Aus diesen und anderen „Wurzeln des Rechts“ (*usūl al-fiqh*) bezieht die islamische Jurisprudenz ihre Rechtsprinzipien mit Hilfe einer vielfältigen juristischen Methodologie. Hierzu zählt beispielsweise das auch in der westlichen Rechtswissenschaft bekannte Instrument der Analogiebildung (*quiyās*).

Aus der Anerkennung Gottes als primärer Rechtsquelle ergeben sich drei Folgerungen für den menschenrechtlichen Kontext: Die erste Folgerung besteht darin, daß es im islamischen Recht – anders als beispielsweise im christlichen Recht – jenseits der göttlichen Offenbarung keine allgemein verbindliche primäre Rechtsquelle gibt. Während sich beispielsweise im Christentum schon sehr bald zusätzlich zur göttlichen Offenbarung als Rechtsquelle auch die Anerkennung eines allein gültigen Naturrechts aufgrund der bereits in der Schöpfung angelegten Vernunftsordnung durchsetzte[14], sind entsprechende Tendenzen im Islam nur schwach ausgeprägt geblieben. Zwar gibt es hier namentlich unter schiitischen Geistlichen durchaus Überlegungen zur Anerkennung von göttlicher Vernunft als Rechtsquelle neben der göttlichen Offenbarung – diese Überlegungen haben allerdings nicht die gleiche prägende Kraft entfaltet, die sie im Christentum bereits seit den Kirchenvätern gehabt haben[15].

Dies hat als zweite Folgerung zugleich Konsequenzen für den personalen Anwendungsbereich des islamischen Rechts: Die Normen des islamischen Rechts richten sich im Grundsatz vorwiegend an den gläubigen Muslim. Ihm wird

13 Ausführlich hierzu *Krawietz* (Fn. 10), S. 3 ff.

14 Prominentestes Beispiel hierfür ist *Grotius*, demzufolge Gott das Naturrecht schon vor allen anderen Offenbarungen als Rechtsordnung der Schöpfung eingesetzt hat; siehe De Iure Belli ac Pacis, I.I.x.1; hierzu *Stumpf*, The Grotian Theology of International Law. Hugo Grotius and the Moral Fundament of International Relations (2006), S. 30 ff.

15 Vgl. *Khadduri*, The Islamic Conception of Justice (1984), S. 40 ff. vor allem unter Hinweis auf Mu'tazila; siehe auch *Stumpf*, The Grotian Theology of International Law (Fn. 14), S. 29.

beispielsweise aufgegeben, Gott zu achten, Almosen zu geben, Pilgerfahrten zu unternehmen und – für unseren Kontext besonders relevant – die Botschaft der göttlichen Offenbarung in der Welt auszubreiten. Rechtsnormen, die sich unmittelbar an Nicht-Moslems richten, sind dem islamischen Recht hingegen nicht zu entnehmen: Ein Muslim hat die Pflicht, die Botschaft Gottes unter den Nicht-Muslimen auszubreiten[16]. Es gibt hingegen keine unmittelbar korrespondierende Pflicht des Ungläubigen, Gottes Wort anzuerkennen. Zugleich besteht aber eine Pflicht von Muslimen, Angehörige der Buchreligionen – sog. *Dhimmi* – zu tolerieren: Diese können zwar einer Kopfsteuer und gewissen Loyalitätspflichten unterworfen werden, dürfen aber im Übrigen ihre Religion privat weiter ausüben. Diese Toleranz kann nach klassischem islamischem Recht von den Angehörigen der Buchreligionen auch mit Hilfe islamischer Gerichte durchgesetzt werden.

Hieraus ergibt sich eine dritte Folgerung: Das klassische islamische Recht statuiert in erster Linie Pflichten. Demgegenüber wird man Schwierigkeiten haben, hierzu korrespondierende subjektive Rechte im islamischen Recht zu finden. Dies stellt allerdings wiederum eine Parallele zum christlichen Verständnis der Menschenrechte dar: Dieses gelangte ebenfalls allenfalls sehr spät zur Anerkennung eines Gleichlaufs von subjektiven Pflichten und Rechten[17].

2. Die Unterscheidung zwischen dem Reich des Islams und dem Reich des Krieges

Der Umstand, daß sich das klassische islamische Recht zunächst einmal nur an den gläubigen Muslim wendet und hierbei in erster Linie Pflichten, aber keine Rechte begründet, wird vor allem in der Unterscheidung zwischen dem Reich des Islam – *dar al-Islam* – einerseits und dem Reich des Krieges – *dar al-harb* – andererseits deutlich:

---

16 Kontrovers wird diskutiert, ob hierzu Gewalt ausgeübt werden kann, darf oder muß; im Einzelnen hierzu *Khadduri*, War and Peace in Islam (Fn. 10), S. 23; *Schacht*, (Fn. 10), S. 37 ff.; *Shafi'i*, Kitab al-Umm, IV, 84–85; *Ibn Taymiya*, Qua'ida fi Qital al-Kuffar, S. 115 f.; siehe auch *Stumpf*, Christian and Islamic Traditions of Public International Law (Fn. 8), S. 70; *ders.*, Völkerrecht unter Kreuz und Halbmond (Fn. 8), S. 84 ff.

17 *Stumpf*, Christian and Islamic Traditions of Public International Law (Fn. 8), S. 70; *ders.*, Völkerrecht unter Kreuz und Halbmond (Fn. 8), S. 84 ff., jeweils m. w. N.

Diese Unterscheidung beruht auf dem missionarischen Charakter des klassischen Islam. Das Reich des Islam besteht in demjenigen Teil der Menschheit, der bereits den Glauben an die durch den Propheten Mohammed vermittelte göttliche Offenbarung gefunden hat[18]. Maßgeblich für die Abgrenzung des Reiches des Islam vom Reich des Krieges ist hierbei die ausgeübte Herrschaft: Das Reich des Islam ist also dort, wo die Obrigkeit sich selbst an das islamische Recht gebunden sieht. Von der Grundkonzeption her ist hierbei an ein einheitliches Staatswesen mit einer einheitlichen Herrschaftsstruktur gedacht. Anders als beispielsweise das Christentum hatte der Islam schon früh den Status einer Staatsreligion eingenommen. Folgerichtig mußte der Islam, wiederum früher als das Christentum, eine politische Ethik für Herrscher schaffen. Deren wesentliche Heranbildung war allerdings auch wiederum eher abgeschlossen und erfuhr dann über viele Jahrhunderte hinweg verhältnismäßig wenige Modifikationen.

In der sunnitischen Richtung des Islams hatte der Kalif die volle geistliche und rechtliche Gewalt; in der schiitischen Richtung wurde eine vergleichbare Autorität dem Imamat innerhalb der Familie des Propheten zugebilligt. Die dennoch schon früh erfolgte Desintegration der Herrschaftsstrukturen im Islam widersprach dieser ursprünglichen Zentralisierung[19].

Im Reich des Islams findet das islamische Recht nach klassischem Verständnis unmittelbare Anwendung. Hier verlangen auch die vom islamischen Recht begründeten Pflichten unbedingte Beachtung. Ungläubige können, wie bereits dargelegt, eine begrenzte Toleranz erwarten, soweit sie selbst Angehörige der vorerwähnten Buchreligionen sind. Ansonsten ist ihnen ein dauerhafter Verbleib nicht gestattet. Auch denjenigen, die vom Islam abfallen oder ketzerische Ansichten vertreten, begegnet das islamische Recht verhältnismäßig scharf[20] – hier findet sich freilich wiederum eine Parallele zur Behandlung von Ungläubigen einerseits und Ketzern andererseits in der Geschichte des christlichen Rechts.

Anders sieht dies freilich im Reich des Krieges aus: Hier besitzt das islamische Recht noch keine Autorität. Die Herrscher haben hier noch nicht zum Islam gefunden. Dementsprechend erwartet das islamische Recht insoweit

18 Siehe *Abel*, Art. Dār al-Harb, Encyclopaedia of Islam (2. A. 1960), S. 155 f.; *ders.*, Art. Dār al-Islām, Encyclopaedia of Islam (2. A. 1960), II, S. 170 f.

19 *Stumpf*, Völkerrecht unter Kreuz und Halbmond (Fn. 8), S. 87.

20 *Stumpf*, Völkerrecht unter Kreuz und Halbmond (Fn. 8), S. 90.

keine unbedingte Beachtung seiner Prinzipien. Die islamische Jurisprudenz hat für die Beziehungen zum Reich des Krieges vielmehr eine eigene Kategorie von Regeln entwickelt, die als *Siyar* bezeichnet wird[21]: *Siyar* betrifft das Verhalten der islamischen Herrschaft gegenüber denjenigen Menschen und Völkern, die noch im Reich des Krieges leben; *Siyar* umfaßt auch das Gesandtschaftsrecht sowie Materien, die wir heute zum internationalen Privatrecht zählen würden. Wenngleich das islamische Recht das Reich des Krieges grundsätzlich als illegitime Herrschaftsordnung betrachtet, wird dennoch auch ein gewisses Maß an natürlicher Billigkeit und Gerechtigkeit im Reich des Krieges erwartet[22]. Dies bedeutet auch, daß Rechtsverhältnisse, etwa Eigentumsstrukturen und auch persönliche Rechtsbeziehungen, die im Reich des Krieges begründet wurden, rechtliche Anerkennung auch noch im Reich des Islam erhalten. Ein bereits begründetes Eigentumsrecht eines Nicht-Muslims an einem Gegenstand wird also beispielsweise auch dann noch respektiert, wenn die Sache mittlerweile in das Reich des Islam verbracht worden ist.

Grundsätzlich ist, wie bereits ausgeführt, Ziel des Islams, daß die ganze Welt für das Reich des Islam gewonnen wird. Dementsprechend waren nach klassischem islamischem Recht Friedensschlüsse mit Herrschern aus dem Reich des Krieges nur mit zeitlicher Begrenzung, etwa im Sinne eines Waffenstillstandes, zulässig[23]. Freilich kam den islamischen Juristen die ursprüngliche Naherwartung einer Konversion der ganzen Menschheit hin zum Islam bald abhanden. Die Realitäten erforderten ein dauerhaftes Regime für die Beziehungen zwischen Muslimen und Nicht-Muslimen. Die Zuordnung von einzelnen Herrschaftsbereichen zum Reich des Islams oder zum Reich des Krieges fiel nun zunehmend schwerer. Infolgedessen entwickelte sich der Gedanke eines sogenannten Reiches des Vertrages – *dar al-ahd* bzw. *dar al-sulh*[24]. Dieses kann zwar nicht dem Reich des Islams zugeordnet werden, da seine Herrscher sich selbst nicht unmittelbar an das islamische Recht gebunden sehen. Andererseits ist es dem Reich des Islam nicht so antagonistisch entgegengesetzt, daß eine Zuordnung zum Reich des Krieges gerechtfertigt wäre. Dieses Reich

---

21 Hierzu *Khadduri*, War and Peace in the Law of Islam (Fn. 10), S. 9 ff.; *Stumpf*, Völkerrecht unter Kreuz und Halbmond (Fn. 8), S. 89.

22 *Khadduri*, War and Peace in the Law of Islam (Fn. 10), S. 41; *Stumpf*, The Grotian Theology of International Law (Fn. 14), S. 14.

23 *Khadduri*, War and Peace in the Law of Islam (Fn. 10), S. 35.

24 Vgl. *Ramadan*, Das Islamische Recht (2. A. 1996), S. 168 ff.; *D. Macdonald, A. Abel*, "dār al-Sulh", in: Encyclopedia of Islam II, S. 131 ff.

des Vertrages prägt auch heute noch die Beschäftigung islamischer Juristen mit den Realitäten der Gegenwart, der islamischen Demokratien und auch der säkularen Staaten mit hohem islamischen Bevölkerungsanteil[25]. Freilich stellt sich hier jeweils wiederum ständig die Frage, wie stark einerseits die betreffenden Staaten auf die eigentlichen Bedürfnisse des islamischen Rechts eingehen können und inwieweit andererseits selbst muslimische Bürger in diesen Staaten loyal zu deren nicht-islamischer Staatsgewalt sein können[26].

III. Das Individuum im Islamischen Recht

Es ist zunächst zu klären, inwieweit bestimmte Kategorien des „westlichen" Menschenrechtsverständnisses selbst kompatibel mit den Vorgaben des islamischen Rechts sind. Diese Frage wird im Kontext der Diskussion zwischen dem universalen Anspruch der Menschenrechte einerseits und der immer wieder aufgeworfenen Forderung nach einer kulturellen Relativierung von Menschenrechten, wie sie beispielsweise auch aus asiatischen Rechtskreisen zu vernehmen ist[27], andererseits aufgeworfen. Es kann hier nicht der Anspruch erhoben werden, allgemeingültige Antworten zu geben. Allerdings sollen zumindest einige wesentliche Problemfelder skizziert werden.

1. Freiheit

Die persönliche Freiheit ist im „westlichen" Menschenrechtsverständnis das wesentliche Paradigma aller Einzelgewährleistungen von subjektiven Menschenrechten. Dies gilt im nationalen Kontext für die allgemeine Handlungsfreiheit (Art. 2 Abs. 1 GG), über die Religions- und Gewissensfreiheit (Art. 4 GG) bis hin zur Vereinigungsfreiheit (Art. 9 GG), der Niederlassungsfreiheit (Art. 11 GG) bis hin zur Berufs- und Gewerbefreiheit (Art. 12 GG). Die Grundgewährleistung der Freiheit dient vordergründig der Abwehr von Eingriffen der Obrigkeit in die private ebenso wie die berufliche Lebensgestal-

---

25 *Rohe*, Rechtliche Perspektiven eines deutschen und europäischen Islams, in: RabelsZ 2000, S. 246, 264 f., m. w. N.

26 Hierzu *Rohe* (Fn. 25), S. 260 ff.

27 Siehe den Beitrag von *Pohl* in diesem Band; vgl. auch *Glenn*, Legal Traditions of the World (2. A. 2004), S. 313 ff.; siehe auch *Stumpf*, Verfassungsordnung und Wirtschaftsrecht (Fn. 8), S. 414 Fn. 49.

tung, darüber hinaus aber auch dem Schutz eines Freiheitsträgers gegenüber freiheitbeschränkender Freiheitsberühmung eines anderen Freiheitsträgers.

Es liegt aber für „westliche“ Rechtsordnungen auf der Hand, daß keine Freiheit vorbehaltlos gewährleistet werden kann. Die Freiheit des Einzelnen kann jeweils durch die Freiheit anderer sowie überhaupt der Allgemeinheit, auch der Freiheit des Staates selbst, begrenzt werden. Den Urgrund aller Freiheitsgewährleistungen bildet aber die Würde der menschlichen Person: Dementsprechend ist die Menschenwürde selbst Kern aller Freiheitsgewährleistungen[28].

Wie bereits ausgeführt wurde, tut sich das islamische Recht mit der grundsätzlichen Garantie von subjektiven Rechten – ähnlich wie das Christentum[29] – schwer. Dennoch ist auch für das islamische Recht die Freiheit grundsätzlich ein wesentliches Rechtsgut, das freilich weniger durch Abwehrrechte, sondern durch Respektierungspflichten – wiederum in Parallele zur christlichen Rechtstradition – geschützt wird.

So mag beispielsweise ein Angehöriger einer Buchreligion zwar selbst nicht unbedingt ein Recht auf prozessuale Geltendmachung seiner persönlichen Freiheit haben: Vom islamischen Herrscher wird allerdings verlangt, daß er seinen Rechtsschutz nicht nur Gläubigen, sondern auch den Angehörigen der Buchreligionen zuteil werden läßt. Dieser Pflicht kann sich der Herrscher nicht entziehen, wenn er nicht seinerseits zum Rechtsbrecher werden will.

Eine Grenze für die Anerkennung entsprechender Schutzpflichten bildet freilich wiederum das göttliche Recht im Islam selbst. Bemerkenswerterweise wurde hier die islamische Rechtswissenschaft gerade im 19. und im beginnenden 20. Jahrhundert von der französischen Lehre des *Ordre Public* geprägt[30]. Freiheitsgewährleistungen finden also eine Grenze dort, wo der Gebrauch der Freiheit wiederum der islamischen Ordnung zuwiderliefe.

---

28 Vgl. nur die frühere Kommentierung von *Dürig*, *Maunz/Dürig*, GG, Art. 1 Abs. 1 Rn. 1 ff.

29 Hierzu *Stumpf*, The Grotian Theology of International Law (Fn. 14), S. 58 f.

30 Vgl. nur *Jung*, Ägyptisches internationales Vertragsrecht (1999), S. 103 zur Relevanz der ordre-public-Lehre hinsichtlich des islamischen Zinsverbots; siehe auch *Stumpf*, Paradigmenwechsel in der vergleichenden Rechtswissenschaft: Von der Universalrechtsgeschichte und der Rechtsethnologie bei Josef Kohler zur modernen Rechtskomparatistik bei Ernst Rabel, in: *Zaborowski/Loos* (Hg.), Leben, Tod und Entscheidung. Studien zur Geistesgeschichte der Weimarer Republik (2003), S. 101-113; *Stumpf*, Freiheit des Religionswechsels (Fn. 8), S. 134 ff.

Ein deutliches Problem ergibt sich hier für die Gewährleistung der Religionsfreiheit[31]: Es wird dem einzelnen Muslim, als privatem Individuum genauso wie als politisch Verantwortlichem, durchaus Respekt für Angehörige der Buchreligionen abverlangt. Angehörigen von Buchreligionen wird die private Ausübung ihrer Religionen auch im Reich des Islam gestattet. Schwieriger sieht die Lage schon für polytheistische Religionen oder auch für eine „negative Religion" – also Atheismus – aus: Insoweit scheint sich allerdings das ursprünglich engere Verständnis des islamischen Rechts inzwischen mancherorts geöffnet zu haben[32].

Weiterhin schwierig bis unmöglich bleibt freilich der Wechsel vom Islam hin zu einer anderen Religion – ein entsprechender Abfall vom Islam stellt Apostasie dar, ist also ein Vergehen gegen die islamische Religion und dementsprechend auch gegen die islamische Ordnung selbst. Hier wird freilich inzwischen teilweise auch von islamischer Seite argumentiert, daß der Grundsatz „keine Gewalt in Fragen der Religion" auch bei einer Abkehr vom Islam Platz greifen müßte[33].

2. Gleichheit

Die Gleichheit der Menschen untereinander bildet den zweiten Grundpfeiler des „westlichen" Menschenrechtsverständnisses. Gleichheit als Menschenrecht bedeutet die Gewährleistung der Gleichbehandlung aller Menschen vor dem Gesetz. Prägnant hat es das Bundesverfassungsgericht ausgedrückt: Gleiches darf nicht willkürlich ungleich, Ungleiches nicht willkürlich gleich behandelt werden[34].

Die Frage, inwieweit auch im islamischen Recht ein Gleichheitsgrundsatz gilt, ist immer wieder Gegenstand aktueller Diskussion: Anknüpfungspunkte hier-

---

31 Hierzu mit umfangreichen Nachweisen *Forstner*, Das Menschenrecht der Religionsfreiheit und des Religionswechsels als Problem der islamischen Staaten, in: Kanon X (1991), S. 105 ff.; siehe auch *Stumpf*, Freiheit des Religionswechsels (Fn. 8), S. 129 ff.

32 Vgl. *Forstner* (Fn. 31), S. 105 ff.; siehe auch *Stumpf*, Freiheit des Religionswechsels (Fn. 8), S. 129 ff.

33 Siehe allgemein hierzu *Forstner* (Fn. 31), S. 105 ff.

34 BVerfGE 22, 387, 415; 52, 277, 280.

für bilden zum einen die Behandlung von Frauen im Vergleich zu Männern und zum anderen Diskriminierungen gegenüber Nicht-Muslimen.

Grundsätzlich kennt bereits das islamische Recht ein Willkürverbot: So darf der islamische Herrscher nicht aus persönlichem Gusto willkürlich handeln; er darf zwei wesensmäßig gleiche Sachverhalte nicht unterschiedlich handhaben; er darf Besonderheiten des Einzelfalls nicht außer acht lassen[35]. Infolgedessen finden sich Gleichheitsgewährleistungen auch in sehr ausdifferenzierter Form in den modernen islamischen Menschenrechtsdokumenten[36].

Die Frage bleibt freilich, ab wann Anlaß für eine Differenzierung besteht. Hinsichtlich der Problematik einer Gleichbehandlung von Frauen und Männern wird man jedenfalls in der Tendenz sagen können, daß hier nach klassischem islamischem Recht Männer und Frauen unterschiedliche Sachverhalte „darstellen“[37]: Zu berücksichtigen ist hierbei, daß der Islam zum Zeitpunkt seiner Heranbildung eine weitgehende Rechtlosigkeit von Frauen vorfand. Dieser Zustand war Anlaß für wesentliche Reformen, die zu einem erhöhten Schutz von Frauen führen sollten – etwa vor Willkür des Ehemannes. Zugleich führt allerdings die Annahme eines erhöhten Schutzbedürfnisses von Frauen bis zum heutigen Tage dazu, daß Frauen in zahlreichen islamischen Rechtsordnungen ihrerseits auch nicht die gleiche Freiheit wie Männer besitzen: So zählt das Zeugnis einer Frau vor Gericht nur halb so viel wie das Zeugnis eines Mannes, im Falle einer fahrlässigen Tötung einer Frau beträgt das der Familie des Opfers zu zahlende Blutgeld nur die Hälfte des für die Tötung eines Mannes zu zahlenden Betrages.

Freilich ist aber in der gegenwärtigen islamischen Jurisprudenz die Tendenz festzustellen, eine ursprüngliche Ungleichbehandlung von Frauen historischer Kontingenz zu unterwerfen, für die nunmehr das Erfordernis entfällt[38].

---

35 Zur aktuellen Lage *Rohe* (Fn. 25), S. 272 ff.

36 *Caspar*, Les déclarations des droits de l'homme en islam depuis dix ans, in: Islamochristiana 9 (1983), S. 102; *Petersohn*, Islamisches Menschenrechtsverständnis unter Berücksichtigung der Vorbehalte muslimischer Staaten gegen die UN-Menschenrechtsverträge (1999), S. 130 ff.

37 Siehe *Rohe* (Fn. 25), S. 272 ff.

38 Siehe *Rohe* (Fn. 25), S. 273.

3. Eigentum

Die Freiheit des Eigentums kann man grundsätzlich unter den Freiheitsbegriff selbst fassen. Allerdings stand schon historisch die Freiheit der Person *neben* der Freiheit des Eigentums. Auch die Komplexität moderner Wirtschaftsverhältnisse legt eine gesonderte Behandlung der Thematik nahe.

Die eigentumsrechtliche Dogmatik des islamischen Rechts bildete sich ursprünglich vor allem im kommerziellen Kontext des orientalischen Handels, teilweise aber auch am Recht der Kriegsbeute heraus: Hier stellte sich etwa die Frage, was überhaupt als Beute betrachtet werden durfte und inwieweit auch Nicht-Muslime legitim Eigentum erwerben und behalten durften[39].

Hierbei fordert das islamische Recht grundsätzlich die Achtung von Eigentumsrechten, betont aber besonders das, was wir mit heutiger Terminologie als „Sozialpflichtigkeit" des Eigentums bezeichnen würden. So hat auch der Eigentümer eine Pflicht, Menschen, die in Not geraten sind, mit seinem Eigentum zu unterstützen[40].

Das islamische Recht geht hier teilweise sogar weiter als das sogenannte westliche Menschenrechtsverständnis. Gerade weil das islamische Recht ein Pflichtengefüge und nicht ein Anspruchssystem im Menschenrechtsschutz aufweist, verlangt es die Beachtung persönlicher Freiheiten auch auf dem Feld der Eigentumsrechte teilweise auch dort, wo das Individuum selbst nicht unbedingt auf den Schutz beharren würde. Dies läßt sich vielleicht am eindrucksvollsten anhand des islamischen Wirtschaftsrechts belegen: Soweit ein Investor beispielsweise ein notleidendes Unternehmen finanzieren will, fordert das islamische Recht, daß der Investor nicht nur am Gewinn, sondern gerade auch am Verlust partizipiert[41]. Eine Haftungsbeschränkung wird zumindest im Grundsatz nicht anerkannt; der Investor soll hier selbst Verantwortung für Wohl und Wehe des Unternehmens übernehmen. Insofern verwundert es nicht, daß auch die modernen islamischen Menschenrechtstexte besonderes Augenmerk auch auf soziale und wirtschaftliche Komplexe legen[42].

---

39 Vgl. *Khadduri*, War and Peace in Islam (Fn. 10), S. 12 ff.

40 *Bälz*, Islamische Aktienfonds in Deutschland?, in: BKR 2002, S. 447 ff., m. w. N.; *Stumpf*, Verfassungsordnung und Wirtschaftsrecht (Fn. 8), S. 416 ff.

41 *Stumpf*, Verfassungsordnung und Wirtschaftsrecht (Fn. 8), S. 416 ff. m. w. N.

42 *Baderin*, International Human Rights and Islamic Law (2003), S. 29 ff.; *Caspar*, Les déclarations des droits de l'homme en islam depuis dix ans, in: Islamochristiana 9 (1983), S. 102 ff.

IV. Der Islam und das „westliche“ Verständnis der Menschenrechte

In den Diskussionen der letzten Jahre um die Kompatibilität zwischen dem islamischen Recht und dem „westlichen“ Menschenrechtsverständnis wurden vielfach bestehende Friktionen hervorgehoben. Den Hintergrund hierfür bilden nicht nur Zerrbilder eines händeabhackenden Strafrechts und tief verschleierter Frauen; Ursache hierfür sind durchaus auch Äußerungen von islamischer Seite, welche vor einer Überstülpung säkularer Rechtsvorstellungen als juristischem Neokolonialismus warnten: So hatte beispielsweise der iranische Vertreter bei den Vereinten Nationen, Said Rajaie-Khorassani, im Jahre 1984 die Ansicht vertreten, daß die Allgemeine Erklärung der Menschenrechte eine säkularisierte Version christlich-jüdischer Vorstellungen darstellte, die nicht ohne Verletzung islamischen Rechts umgesetzt werden könne[43].

Wenngleich man die bestehenden Probleme in der Diskussion zwischen dem Islam und den sogenannten westlichen Rechtsordnungen nicht verharmlosen sollte, zeigt doch die Realität der letzten Jahrzehnte ein nicht ganz entmutigendes Bild.

1. Der Islam in der Begegnung mit den modernen „westlichen“ Menschenrechten

Auf der völkerrechtlichen Handlungsebene kollektiven Menschenrechtsverständnisses treten islamische Staaten erst etwa seit der Mitte des 20. Jahrhunderts, namentlich im Zuge der Entkolonialisierung, auf. Zuvor war zwar – was heute übrigens in Vergessenheit geraten zu sein scheint – bereits das osmanische Reich seit Mitte des 19. Jahrhunderts in das Konzert europäischer Großmächte aufgenommen worden. Menschenrechtsfragen spielten hierbei allerdings eine allenfalls geringe Rolle bei allen Beteiligten. Tatsächlich haben sich die islamischen Staaten seit Erlangung ihrer Handlungsfähigkeit überaus aktiv in der Fortentwicklung internationaler Menschenrechtskonventionen beteiligt[44].

---

43 U.N. Doc. A/C.3/39/SR.65, 1984, § 95.

44 Vgl. *Roach*, Arab States and the Role of Islam in the International Criminal Court, in: Political Studies 53 (2005), S. 143 ff:

2. *Islamische Länder und Menschenrechte*

Islamische Staaten genießen im „Westen" einen eher schlechten Ruf im Hinblick auf die Achtung der Menschenrechte. Besonders prominente Menschenrechtsverletzungen sind hierbei zum einen die Diskriminierung gegenüber Frauen und anderen Religionen, aber auch die Mißachtung politischer Grundrechte wie der freien Meinungsäußerung.

Man sollte sicherlich keine Menschenrechtsverletzung relativieren. Dennoch wäre jeweils im einzelnen zu hinterfragen, inwieweit jede einzelne Menschenrechtsverletzung ihrerseits gerade auf spezifische religiöse Vorstellungen des Islams zurückzuführen ist oder inwieweit sie auf andere politische oder kulturelle Gegebenheiten jenseits der Religion zurückzuführen ist. Als Beispiel sei die Beschneidung von Frauen genannt, die immer wieder als spezifisch islamische Menschenrechtsverletzung bezeichnet wird[45]: Hier ist zunächst festzuhalten, daß einerseits Beschneidungen von Frauen auch in nicht-islamischen Kulturen vorkommen; überdies wurden entsprechende Beschneidungen von verschiedenen geistlichen Autoritäten des Islam – beispielsweise auch von der gerade für den sunnitischen Bereich maßgeblichen Al Azhar-Universität in Kairo als unislamisch gebrandmarkt[46]. Andererseits ist auch die Beschneidung von Frauen kein spezifisch islamisches Phänomen[47].

Es bleibt gleichwohl festzuhalten, daß die Menschenrechtssituation in zahlreichen Ländern der islamischen Welt nicht befriedigen kann. Insoweit ist freilich erneut die Diskriminierung von Nicht-Muslimen zu nennen. Ermutigend ist allerdings, daß sich die Diskussion über die Beurteilung der Menschenrechtslage, soweit ersichtlich, gerade nicht entlang einer westlich-islamischen Sollbruchstelle verläuft, sondern auch und gerade im islamischen Binnenland geführt wird.

---

45 Hierzu *Richter*, Relativierung universeller Menschenrechte durch Religionsfreiheit? Ein Beitrag zu den rechtlichen Grenzen schädlicher religiöser Praktiken, in: *Grote/Marauhn* (Hg.), Religionsfreiheit zwischen individueller Selbstbestimmung, Minderheitenschutz und Staatskirchenrecht – Völker- und verfassungsrechtliche Perspektiven (2001), S. 89 ff., 124 ff.

46 Hamburger Abendblatt vom 27. November 2006.

47 *Richter*, a.a.O. (Fn. 45), S. 124 ff.

3. Muslime und Menschenrechte in „westlichen" Ländern

Auch hinsichtlich der Achtung von Menschenrechten von Muslimen in „westlichen" Ländern durch dort lebende Muslime ist vielfach ein Defizit festzustellen. Auch hier stellt sich allerdings wieder die Frage, ob diese Defizite wirklich genuin religiös bedingt sind bzw. inwieweit hier kulturelle Voraussetzungen außerhalb der Religion Relevanz entfalten.

Allerdings ist diesbezüglich wiederum ein gesteigertes Interesse im innerislamischen Diskurs hinsichtlich der spezifischen religionsrechtlichen Situation von Muslimen im säkularen Kontext festzustellen[48]. Freilich bleibt Geduld von Seiten der säkularen „westlichen" Staaten vonnöten[49]: Ob Kopftuchdebatten gerade bei islamischen Frauen sinnvoll sind, die offensichtlich emanzipiert genug sind, den eigenständigen Beruf einer Lehrerin an staatlichen Schulen zu ergreifen, mag jedenfalls bezweifelt werden. Andererseits brandmarkten auch Gerichte islamischer Staaten Bekleidungsvorschriften für Frauen als nicht religiös geboten[50].

V. Resümee

In Anbetracht des hier geschilderten Befundes hinsichtlich der Tradition, aber auch der Entwicklung des islamischen Menschenrechtsverständnisses besteht durchaus Hoffnung, daß eine universale Anerkennung von Menschenrechten jedenfalls nicht am Islam scheitern sollte.

Freilich besteht hier durchaus noch Bedarf für Bewegung. Dies gilt allerdings wohl für beide Seiten. An den Islam im Allgemeinen und das islamische Recht im Besonderen werden auch in Zukunft Anfragen hinsichtlich einer gemeinsamen, für alle Seiten anerkennungsfähigen, Geltungsgrundlage für Menschenrechte gestellt werden müssen. Über die Grundlagendebatte hinaus werden aber auch Partikularaspekte, wie beispielsweise die Gleichbehandlung der Geschlechter und der Religionen, noch erhebliche Diskussionen erfordern.

---

48 *Rohe* (Fn. 25), S. 275 ff.

49 *Stumpf*, Freiheit des Religionswechsels (Fn. 8), S. 148.

50 Besonders prägnant der ägyptische Verfassungsgerichtshof, Urteil vom 18. Mai 1996, in: YeIMEL 3 (1996), 178, 180: "*It is not conceivable that – while life is going around them – women should be ordered to be ghosts dressed in black.*" Hierzu *Rohe* (Fn. 25), S. 273 f.

Zugleich sollte man sich allerdings auch aus der Perspektive der „westlichen“ Menschenrechtstradition die Frage gefallen lassen, inwieweit man hier möglicherweise vom Islam lernen kann. Vor dem Hintergrund der hiesigen Anspruchskonstruktion im „westlichen“ Menschenrechtsverständnis mag es durchaus sein, daß die islamische Tradition der menschlichen Grundpflichten mit ihrer deutlichen Betonung der Verantwortung des Individuums auch ihrerseits zur Fortentwicklung wahrhaft universaler Menschenrechte beitragen kann.

DISKUSSION

Von Hoffmann eröffnet die Diskussion mit der Frage, ob die Menschenrechtskonvention der Arabischen Staaten in erheblicher Weise von der Allgemeinen Erklärung der Menschenrechte der UN Generalversammlung von 1948 abweiche.

Der Unterschied sei nach Auffassung von *Stumpf* im Allgemeinen nicht besonders groß. Divergenzen zeigten sich jedoch z. B. im Hinblick auf die Religionsfreiheit und die Gleichbehandlung.

Entgegen einer weit verbreiteten Auffassung stellten Folter und die Rechtmäßigkeit der Todesstrafe kein typisch islamisches Problem dar.

Mankowski fragt nach, ob es Unterschiede in Bezug auf die Einstellung zu den Menschenrechten zwischen den einzelnen islamischen Rechtsschulen gebe oder ob diese Unterschiede durch staatliche „Überformungen" – teilweise auch unter dem Einfluss westlicher Vorstellungen und Rechtsordnungen – nicht zum Tragen kämen. Als Beispiel für eine staatliche Überformung führte er Marokko an, das ein selbstständiges Familienrecht entwickelt habe.

Zwar gebe es einige Unterschiede zwischen den verschiedenen Rechtsschulen der Sunniten, aber virulente Unterschiede in der Einstellung zu Menschenrechten sieht *Stumpf* hier nicht.

Größere Unterschiede ergäben sich dagegen zwischen sunnitischen und schiitischen Rechtsschulen; bei letzteren gebe es die Bereitschaft, neben der göttlichen Offenbarung auch ein Vernunftrecht zu akzeptieren. Dies erleichtere das Auffinden einer gemeinsamen Rechtsgrundlage für Menschenrechte mit Rechtskreisen außerhalb des Islam.

Bezug nehmend auf den Vortrag von Robbers über das Christentum und die Menschenrechte fragt *Kotzur*, welche Rolle es gerade für die Menschenrechtsfrage spiele, dass dem Islam die typische Institutionalisierung in Kirchenform fehle, wie sie beim Christentum bekannt sei.

Stumpf führt aus, dass es auch im Christentum keine allgemein anerkannte Autorität gebe. Im Islam existierten zwar gewisse Rechtsschulen, die sich durch Erstellung von Gutachten Gehör verschafften, jedoch fehle ihnen eine exklusive Anhängerschaft. Weiterhin führe die mangelnde Wahrnehmung von Institutionen im Islam hierzulande zu gewissen Problemen, Menschenrechtsgrundsätze zu identifizieren. Ursache dafür seien zum einen die westliche Perspektive und zum anderen die mangelnde „Öffentlichkeitsarbeit" islamischer Länder.

Der moderne Islam tendiere jedoch zur Einberufung von Staatenkonferenzen, um eine einheitliche und akzeptierte Menschenrechtsauslegung zu schaffen.

Für *Robbers* stellt die Frage, ob die Menschenrechte im islamischen Recht nur Muslimen zustünden und wer überhaupt Muslim sei.

Es seien zwar die Rechtspositionen aller Menschen geschützt, betont *Stumpf*, aber die Pflicht zur Achtung dieser treffe nur Muslime.

Wer genau als Muslim gelte, sei schwer zu definieren, da es hier außer des persönlichen Glaubensbekenntnisses keine förmliche Aufnahme gäbe, wie z. B. die Taufe im Christentum. Die Sunniten und die Schiiten würden sich zwar gegenseitig als Muslime anerkennen, bei den Aleviten gebe es jedoch Grenzen.

Von Hoffmann weist auf die Inkompatibilität des islamischen Familien- und Erbrechts mit unserem Menschenrechtsverständnis hin, was insbesondere durch die unterschiedliche rechtliche Stellung von Mann und Frau oder die Ungleichbehandlung von Muslimen und Nichtmuslimen zum Ausdruck komme. Dies rufe insbesondere die Frage nach dem Anwendungsbereich des ordre-public-Vorbehalts nach Art. 6 EGBGB hervor.

Andererseits, so bemerkt *Tomuschat*, zeichneten sich einige islamische Länder z. B. durch die Abschaffung der Sklaverei oder Polygamie aus.

Bezüglich der in Deutschland viel diskutierten Ehrenmordproblematik sprechen sich alle Diskussionsteilnehmer für eine selbstbewusste Verteidigung der deutschen Grundrechte aus.

Karl-Heinz Pohl

Zur Universalität und Relativität von Ethik und Menschenrechten im Dialog mit China

Die Frage nach Wertvorstellungen, die universal gültig sind, ist nicht nur eine Kernfrage der Ethik; wie die umfassende Studie des Trierer Ethnologen Christoph Antweiler mit dem bezeichnenden Buchtitel *Was ist den Menschen gemeinsam?* zeigt, ist sie auch und gerade eine zentrale Frage der Ethnologie. Dass hierzulande selbst lange für unverrückbar und für universal gültig gehaltene Anschauungen in Bewegung geraten können, hat in jüngster Zeit in Deutschland ein Verfassungsgerichtsurteil um das Inzesttabu und die dadurch aufgeworfene Diskussion gezeigt. So liegt für einen bekannten Ethnologen wie Clifford Geertz die Essenz des Menschen in seiner kulturellen Verschiedenheit. Für Geertz ist die Verschiedenheit das Gemeinsame (abgesehen von Existenzproblemen wie Essen, Schlafen, sexueller Betätigung etc.). Wie dem auch sei, es gibt offenbar unterschiedliche Auffassungen darüber, was „den Menschen gemeinsam" ist, insofern gibt es auch unterschiedliche Universalismen. Dieser Umstand war im Jahre 2004 auch Thema einer an der Universität Tübingen gehaltenen Tagung mit dem Titel „Pluralität der Universalismen", die die kantische, rationalistische Universalismus-Tradition Europas der chinesischen, konfuzianischen Tradition des „Alles unter dem Himmel" (*Tianxia*) mit ihren unterschiedlichen „allgemein gültigen" Konzepten und Begründungsstrategien gegenüberstellte und die Frage aufwarf, ob ein Universalismus einen anderen auch gelten lassen könne. Eine Antwort auf diese Frage findet sich bereits im alten China, und zwar bei dem daoistischen Philosophen Zhuangzi (ca. 4. Jh. v. Chr.), der im Kapitel „Über die Gleichheit der Dinge" seines Buches feststellt:

„Es gibt kein Ding, das nicht vom Standpunkt des Nicht-Ichs aus gesehen werden könnte. Es gibt auch kein Ding, das nicht vom Standpunkt des Ichs aus gesehen werden könnte. [...] Deshalb macht sich der Berufene frei von dieser Betrachtungsweise und sieht die Dinge an im Lichte der Ewigkeit. Allerdings bleibt er subjektiv bedingt. Aber das Ich ist auf diese Weise zugleich Nicht-Ich, das Nicht-Ich ist auf diese Weise zugleich Ich. So zeigt sich, dass von zwei entgegengesetzten Betrachtungsweisen jede in gewissem Sinne recht und in gewissem Sinne unrecht hat."[1]

Hier finden wir bereits im chinesischen Altertum eine radikale Position, der zufolge es keine kontextunabhängige Gültigkeit von Sichtweisen gibt, vorgeprägt – ein Standpunkt, der heute nicht nur von manchen Ethnologen, sondern auch von Theoretikern der Postmoderne vertreten wird.

Im Folgenden soll die vom Abendland ausgegangene Menschenrechtsidee im Zusammenhang der Diskussion um universalistische *versus* relativistische Ansichten sowie (post-)christliche und (post-)konfuzianische Entwicklungen in der Ethik erörtert werden.

I. Universalismus *versus* Relativismus in der Menschenrechtsdebatte

In der Ethik steht der Universalismus für die Position, bestimmten moralischen Prinzipien eine kontextunabhängige Bedeutung zu geben. Die Gegenposition dazu ist der Relativismus, der davon ausgeht, dass moralische Prinzipien nur in Bezug – also „relativ" – zur jeweiligen partikularen Kultur gesehen werden können (alternativ auch Partikularismus, Kontextualismus oder Perspektivismus genannt). Bei der in starkem Maße politisierten Diskussion um die Menschenrechte, die mit Grundfragen der Ethik eng verknüpft ist, wird immer wieder dieser Gegensatz diskutiert. So besitzt für die Universalisten der Mensch von Natur aus unveräußerliche Rechte, die ihm aufgrund seiner Würde oder seiner moralischen Autonomie (Kant) zukommen. Diese Auffassung basiert auf griechisch-römischem und christlich-mittelalterlichem Gedankengut über die Natur des Menschen bzw. über ein „Naturrecht". Ausformuliert wurde sie in der Zeit der Aufklärung u. a. von John Locke, dem zufolge jedem Individuum losgelöst von einer gesellschaftlichen Einbindung das Recht auf Leben, Freiheit und Eigentum zusteht. Diese Rechte gelten als vorstaatlich, vorpolitisch und vorkulturell, d. h., sie sind unabhängig von Zeit, Ort und Kultur und somit universell und absolut gültig. Konzipiert mit der Absicht, das Individuum vor dem Zugriff staatlicher – meist tyrannischer – Gewalt zu schützen, sollten diese unveräußerlichen Grundrechte in jedem Staatswesen jederzeit einklagbar sein.

---

1 *Richard Wilhelm* (Übers.), Dschuang Dsi. Das wahre Buch vom südlichen Blütenland, München 1969, S. 42-43.

Die Gegenposition der Kulturrelativisten lautet: Das Menschenrechtsverständnis ist in erster Linie abhängig von dem Menschenbild in einer spezifischen Kultur, d. h., es ist Ausdruck eines Kultur- und Zivilisationsverständnisses. Jegliches soziales Handeln lässt sich nur verstehen und bewerten in Bezug auf die Regeln und Normen der jeweiligen Kultur. Demzufolge gibt es keinen Standard, der unabhängig von bestimmten sozialen Lebensformen gültig wäre. Das abendländische *individualisierte* Menschenrechtsverständnis wäre demnach in seiner heutigen Ausformung eine spezifisch westliche Denkfigur, die aufgrund der politischen, militärischen und wirtschaftlichen Dominanz des Westens tonangebend geworden ist; jedoch könne keine einzelne Tradition – so die Relativisten – anderen ihre Standards einfach aufdrücken. In einer offensichtlich multikulturellen und postkolonialen Welt bedeute kultureller Relativismus nichts anderes als kulturelle Gleichberechtigung.[2]

Wie dem auch sei, die Universalisten bezichtigen ihre Kontrahenten des moralischen Relativismus; umgekehrt werfen die Relativisten den Universalisten Anmaßung und Ethnozentrismus vor. Sie seien Ideologen und ihr Standpunkt habe in seinem Absolutheitsanspruch quasi-religiöse Züge. Die universalistische Position hat bekanntlich ihr Gewicht; nicht umsonst ist sie zum Grundstein unserer freiheitlichen Verfassungen geworden und wurde sie 1948 von den Vereinten Nationen (maßgeblich durch das Bemühen der westlichen Länder) mit gleichsam global gültigem Anspruch angenommen.[3] Die Vorwürfe der Relativisten sind jedoch nicht haltlos. Das Menschenrechtskonzept – zumindest in seiner westlichen individualistischen Auslegung – ist von unserer Kultur, insbesondere vom christlichen Menschenbild geprägt. Andere Kulturkreise haben andere Weltbilder und ein anderes Menschenverständnis (siehe dazu Abs. 3 unten). Allerdings sind beide Positionen anfechtbar, denn beide verkennen eine grundlegende historische Dimension in dieser Frage: Übersieht der Universalismus, dass sich Wertvorstellungen historisch in einer kommunikativen Gemeinschaft (in einem Prozess „kollektiven Lernens“ und

---

2 *Eliza Lee*, "Human Rights and Non-Western Values“, in: *Michael C. Davis* (Hg.), Human Rights and Chinese Values, Oxford 1995, S. 72-90.

3 Interessanterweise gingen nach der Zeit der Aufklärung (im 19. und 20. Jh.) Vorstellungen vom Naturrecht merklich zurück, stattdessen betonte man das positive (von Menschen gesetzte) Recht. Der Gedanke vom Naturrecht bzw. von Menschenrechten lebte erst nach dem 2. Weltkrieg durch die Erkenntnis der nazistischen Gräueltaten wieder auf. Popularisiert wurde er schließlich durch die Bürgerrechts- und die sich daran anschließende Anti-Diskriminierungsbewegung in den USA. Siehe hierzu den Artikel „Human Rights“ von *Burns H. Weston* in der *Encyclopaedia Britannica*.

„kollektiven Erinnerns“) herausbilden, d. h. innerhalb einer bestimmten Kultur über einen sich stetig entwickelnden Diskurs – also *intra*kulturell –, so springt der Kulturrelativismus zu kurz, indem er Kulturen als absolute, d. h. abgeschlossene und ahistorische, Einheiten versteht. Wie wir wissen, entspricht dies ebensowenig der Wirklichkeit. Eine Monokultur gäbe es nur, wenn man das historische Werden (inklusive aller Assimilationsprozesse) außer Acht ließe. Kulturen und entsprechende Wertvorstellungen bilden und verändern sich vielmehr über einen geschichtlichen Zeitraum hinweg auch und gerade durch den Kontakt mit anderen Kulturen, also *inter*kulturell. Unsere abendländische Kultur ist ein Beispiel dafür, wie bunt gemischt sich eine Kultur nach 2000 Jahren interkultureller Begegnung ausformen kann.[4]

Zu den Relativisten in der Menschenrechtsfrage gehört auch China, jedoch vertritt es explizit keinen kulturrelativistischen, sondern einen historisch-relativistischen Standpunkt, denn es betont, dass Menschenrechte nicht losgelöst von historischen, sozialen und wirtschaftlichen Umständen diskutiert werden können und verweist – angesichts einer langen Vorgeschichte von Kolonialismus und Imperialismus – auf die relativ junge Verwirklichung der Menschenrechte im Westen. Auch geht China von anderen Prioritäten aus und setzt (zusammen mit anderen asiatischen Staaten in der „Bangkok-Erklärung“ von 1993) kollektive Rechte – wie soziale Rechte und Rechte auf Entwicklung – vor Individualrechte,[5] wohingegen die westlichen Länder Individual- bzw. Bürgerrechten Vorrang einräumen. So fordern z. B. die USA für China demokratische Rechte – das Recht zu wählen –, haben sich aber 1996 auf dem Welternährungsgipfel in Rom geweigert, die Erklärung „Jeder Mensch hat ein Recht auf Ernährung“ mitzutragen.[6]

---

4 Postmoderne Theoretiker gehen deshalb von der grundsätzlichen Hybridität jeglicher kultureller Formen aus – was das andere Extrem gegenüber monokulturellen Vorstellungen markiert.

5 Soziale Rechte gehören seit 1966 und Rechte auf Entwicklung seit 1986 zum Kanon der UN-Menschenrechte. Eine sehr ausführliche Darstellung der Menschenrechtsproblematik im Hinblick auf China im Zusammenhang der diversen UN-Menschenrechtserklärungen findet sich in *Harro von Senger*, „Die UNO-Konzeption der Menschenrechte und die offizielle Menschenrechts-Position der Volksrepublik China“, in: *Gregor Paul* (Hg.), Die Menschenrechtsfrage: Diskussion über China – Dialog mit China, Göttingen 1998, S. 62-115. Zur Bangkok-Erklärung siehe *Davis*, S. 203.

6 China könnte z. B. mit einer gewissen Berechtigung im Sinne kollektiver Menschenrechte darauf verweisen, dass die Regierung es innerhalb weniger Jahrzehnte ge-

In der letzten Dekade hat die Diskussion um Universalismus und Relativismus noch eine weitere wichtige, jedoch hier nur zu streifende Dimension gewonnen, und zwar durch den Fall des Eisernen Vorhangs, den Zusammenbruch der Sowjetunion und den Aufstieg der USA zur einzigen Supermacht. Die ungeheuren globalen Konsequenzen aus dieser Entwicklung werden inzwischen immer deutlicher. Mit anderen Worten, wenn wir von Universalisierung bzw. Universalismus sprechen, bedeutet dies heute den Prozess der Globalisierung, welcher jedoch realpolitisch auf eine Amerikanisierung hinausläuft. Amerikanische Werte und (Massen-)Kultur sind nämlich zu einer überwältigenden de facto globalen Macht geworden – diese wird gestützt durch die wirtschaftliche Macht des Dollars, angetrieben durch die neueste Computer-Technologie von Microsoft und Intel, transportiert in die letzten Winkel unseres Globus durch CNN und Hollywood, abgesehen davon, dass sie auf einer militärischen Macht von stupender Komplexität beruht, welche die ganze Welt Gelegenheit hatte, vom Kosovo- bis zum Irak-Krieg in Aktion zu beobachten. Diese Entwicklung erinnert an das Goethesche Wort im *Faust*: „Und hat man Macht, so hat man Recht" (auf Englisch noch prägnanter: *might is right*) oder wie der deutsche Philosoph Meyer-Abich einmal bemerkte: „Ich kenne keinen Universalismus, der nicht irgend jemandes Universalismus wäre."[7] Überhaupt scheint die Verquickung von Menschenrechtsengagement mit Machtpolitik die Achillesferse der westlichen Menschenrechtspolitik zu sein, denn – insbesondere im Hinblick auf die Probleme im Nahen Osten – wird man nicht umhin kommen, dem „Westen" eine einseitige, selektive und interessengeleitete politische Wahrnehmung, mit anderen Worten: eine ausgesprochene Doppelmoral, zu bescheinigen.[8]

Ist das abendländische *individualisierte* Menschenrechtsverständnis also eine spezifisch westliche Denkfigur, die aufgrund der politischen, militärischen und wirtschaftlichen Dominanz des Westens tonangebend geworden ist? Ist es eine interessengeleitete Universalisierung des de facto Partikularen? Bedeutet

---

schafft habe, einer – im Vergleich zu europäischen Größenordnungen – unverhältnismäßig großen und seinerzeit weitgehend verarmten Bevölkerung ein menschenwürdiges Leben und inzwischen sogar einen bescheidenen Lebensstandard zu ermöglichen.

7 *Klaus Michael Meyer-Abich*, „Ganzheit der Welt ist besser als Einheit – Wider den Universalismus", in: *Wilhelm Lütterfelds* und *Thomas Mohrs* (Hg.), Eine Welt – eine Moral? Eine kontroverse Debatte, Darmstadt 1997, S. 207.

8 Siehe hierzu *Jürgen Todenhöfer*, Warum tötest du, Zaid?, München 2008.

in einer multikulturellen und postkolonialen Welt kultureller Relativismus nichts anderes als kulturelle Gleichberechtigung?

II. Der westliche Universalismus und seine Ursprünge

Die populäre Unterscheidung zwischen einem auf dem Christentum gründenden Westen und einem konfuzianisch orientierten Ostasien ist eine Vereinfachung und sie ist deshalb – wie alle einfachen Dichotomien – häufig kritisiert worden. Von einem historischen Ansatz ausgehend ist sie jedoch durchaus sinnvoll, nämlich unter der Voraussetzung, dass wir Änderungen und Modifizierungen im historischen Prozess mit einbeziehen. Heutzutage sind die westlichen Gesellschaften – soweit man überhaupt derart verallgemeinern darf – weit von christlichen Gesellschaften im engeren religiösen Sinne entfernt. Wenn wir gleichwohl westliche Gesellschaften immer noch als auf das Christentum gründend bezeichnen wollen – trotz der Kritik durch die Aufklärer, Marx, Nietzsche, den Existentialismus und, *last not least*, zeitgenössischer Gleichgültigkeit –, so müssen wir eine 2000 Jahre alte Geschichte berücksichtigen, in deren Verlauf bestimmte jüdisch-christliche (vermischt mit griechisch-römischen) Vorstellungen tiefe Wurzeln in der kollektiven Psyche und den sozialen Institutionen der Europäer und ihrer amerikanischen Abkömmlinge geschlagen haben. Zweitens müssen wir den Prozess der „Entzauberung" (Max Weber) berücksichtigen, während dessen – beginnend mit der Zeit der Aufklärung – christliche Vorstellungen und Werte eine Umwandlung in politische Ideen und säkulare soziale Werte erfuhren. Wenn wir z. B. die Werte der Französischen Revolution (*liberté, égalité, fraternité*) oder die Erklärung der Menschenrechte von 1789 näher betrachten, dann können wir feststellen, dass es sich dabei im Prinzip um säkularisierte christliche Ideale handelt,[9] welche – Ironie der Geschichte – gegen die politische Macht der Kirche durchgesetzt wurden.

Auf diesem Fundament christlicher Werteorientierung bildete sich eine Reihe säkularer Vorstellungen und Werte heraus: die auch als „westliche Synthese" bezeichnete Kombination von Individualismus, Rationalismus, Wissenschaftlichkeit und Fortschrittsideologie. Sie wurde die Antriebskraft für die Wandlung der Modernisierung westlichen Stils in ein Unterfangen mit enormen

---

9 *Detlef Horster*, Der Apfel fällt nicht weit vom Stamm: Moral und Recht in der postchristlichen Moderne, Frankfurt 1995.

globalen bzw. universalistischen Konsequenzen. Im Verlaufe dieser Synthese wurde nicht nur der halbe Globus von Europäern kolonisiert, sondern es wurde der Welt mit ihrer Vielzahl von Völkern auch eine „eindimensionale Fortschrittsordnung" aufoktroyiert. Wie Yersu Kim, der für das UNESCO-Projekt „Universale Ethik" zuständige Philosoph, bemerkt:

„Diese Synthese hatte eine derart überragende Bedeutung im Denken der Menschen und für deren Angelegenheiten, dass Nationen und Gesellschaften die Verwestlichung praktisch einmütig als den einzigen Weg für die Sicherstellung ihrer Lebensfähigkeit in der Zukunft akzeptierten. Unter dem Banner der Modernisierung verwarfen sie überkommene Wahrheiten, Werte und Lebensweisen und betrachteten ihren Grad an Verwestlichung als Maßstab für Fortschritt und Rückschritt."[10]

Im historischen Modernisierungsprozess geriet der kulturelle bzw. religiöse Ursprung dieser Entwicklung aus dem Blickfeld. Bei einer Diskussion interkultureller Fragen ist es jedoch wichtig zu erkennen, dass bestimmte Züge der christlichen Tradition ihre Umwandlung in ein säkulares Wertesystem überlebt haben. So wurde zum Beispiel der universelle missionarische Anspruch, der fester Bestandteil der christlichen Religion war, wie ein Staffelstab vom christlichen Glauben an die neuen Zivilreligionen, seien es Liberalismus, Marxismus oder Kapitalismus, weitergereicht. Sogar der Liberalismus ist, wie Charles Taylor einmal bemerkte, genau wie das Christentum ein „kämpferischer Glaube" (*fighting creed*)[11]. Und der Menschenrechtsgedanke, dessen Wurzeln und Legitimation (die Ideen der „menschlichen Würde" und eines „göttlichen/natürlichen Gesetzes") direkt auf die christliche Tradition[12] zurückgehen, hat sich zumindest für einige seiner eifrigsten, wenn nicht gar fundamentalistischen Vertreter zu einer neuen Form säkularer Transzendenz, d. h.

---

10 *Yersu Kim*, A Common Framework for the Ethics of the 21st Century, UNESCO (Paris) 1999, S. 9.

11 *Charles Taylor*, Multiculturalism and the Politics of Recognition: An Essay, Princeton 1992, S. 62.

12 *Charles Taylor*, "Conditions of an Unforced Consensus on Human Rights", in: *Joanne R. Bauer* u. *Daniel A. Bell*, The East Asian Challenge for Human Rights, Cambridge 1999, S. 124. *Taylor* verfolgt in der Frage der Begründung der Menschenrechte einen anderen und interessanten Ansatz. Er unterscheidet nämlich zwischen Normen (über die es einen interkulturellen Konsens geben könnte) und deren Rechtfertigung, z. B. (und im Kontrast zu der hierzulande gängigen Berufung auf den Gedanken der Würde) die buddhistische Vorstellung von „Gewaltlosigkeit" oder das Streben nach „materiellem und spirituellem Wohl".

zu einer allerletzten, absoluten und quasi-religiösen Orientierungsbasis, gewandelt.

Wenn wir daher eine Bilanz des globalen Einflusses der auf dem Christentum basierenden westlichen Kultur ziehen wollen, so ergäbe dies ein zwiespältiges Ergebnis: Viele, die dem universalen Glauben an materiellen und sozialen Fortschritt, Wissenschaft, Demokratie, den Menschenrechtsgedanken und „freien" Handel (zwischen ungleichen Partnern) anhängen, würden diesen Einfluss positiv bewerten und insofern bestätigen, dass „unsere (europäische/amerikanische) Art zu denken noch überzeugender ist als unser Militär und unsere Wirtschaft."[13] Doch sollten wir die Kosten dieser globalen *conquista* bzw. die „Dialektik der Aufklärung" nicht übersehen: die Opfer des Kolonialismus, des Imperialismus und der verschiedenen Stufen und Formen des Völkermordes sowie, *last not least*, Umweltzerstörungen im globalen Ausmaß wie die Klimaveränderung, die durch eine rücksichtslose Fortschrittsideologie und durch das Wirtschaftswachstum verursacht werden. Dies ist der breitere historische und zeitgenössische Kontext, in dem wir auch die Gedanken einer universalen Ethik und der Menschenrechte betrachten müssen.

Zusammenfassend lässt sich feststellen:

1. Christliche Vorstellungen und Werte bilden nach wie vor die Basis westlicher Gesellschaften, wenngleich heutzutage meist in einer säkularisierten Form und daher kaum noch erkennbar; wir sollten deshalb von postchristlichen Werten sprechen.
2. Der Westen hat sein ursprünglich auf dem Christentum gründendes Wertesystem erfolgreich universalisiert. Dies wurde im Zeitalter des Kolonialismus und Imperialismus mit der Entwicklung von Wissenschaft und (Militär-)Technologie und dem damit verbundenen Eroberungsgeist erreicht.
3. Der ursprünglich religiös bedingte missionarische Eifer und Absolutheitsanspruch gilt für die universalistischen Ideale der neuen westlichen Zivilreligionen ungebrochen weiter.

III. Der chinesische Universalismus – die konfuzianische Tradition

Vergleichen wir die Rolle des Konfuzianismus in Ostasien mit der des Christentums im Westen, so erhalten wir auch dort ein zwiespältiges Ergebnis mit einer Mischung positiver und negativer Bewertung. Zunächst kann der

13 *Meyer-Abich*, S. 204.

Konfuzianismus, obwohl er keine Religion im engeren Sinne und historisch ebenso heterogen wie das Christentum ist, durchaus als funktionales Äquivalent des christlichen Glaubens betrachtet werden: Konfuzianische Werte haben China (und Ostasien) über einen Zeitraum von mehr als 2000 Jahren tiefgreifend und dauerhaft beeinflusst. Der Konfuzianismus beanspruchte auch eine universelle Relevanz seiner Lehren (erkennbar z. B. in Schlüsselsätzen wie *tianxia wei gong* „die Welt gehört allen gemeinsam" oder *tian ren he yi* „Einheit von Universum und Mensch"). Anders als dem Christentum fehlte es ihm jedoch an Missionseifer. Stattdessen verbreitete er sich in ganz Ostasien als beispielhafte Lehre einer harmonischen sozialen und moralischen Ordnung. Wenngleich der Konfuzianismus – im Unterschied zu den christlichen Kirchen – mit dem Zusammenbruch des chinesischen Kaiserreiches aufhörte, als Institution bzw. Staatsdoktrin zu existieren, so war er und bildet er als Post-Konfuzianismus zu einem gewissen Grad immer noch die ethische Grundlage der chinesischen Gesellschaft.

Dies bedeutet jedoch nicht, dass der Konfuzianismus als dominante Ideologie nicht kritisiert wurde. Wie allgemein bekannt, gaben ihm während der 4.-Mai-Bewegung (1919) kritische und westlich (später vor allem marxistisch) orientierte Intellektuelle die Schuld für alle Übel der traditionellen chinesischen Gesellschaft, d. h., er wurde – von einem sozialdarwinistischen Blickwinkel aus – für die wirtschaftliche, technologische, militärische und politische Rückständigkeit Chinas verantwortlich gemacht. Trotz der im Hinblick auf bestimmte Aspekte – wie beim Christentum – gerechtfertigten Kritik musste er jedoch nie einen Säkularisierungsprozess durchlaufen, denn der Konfuzianismus war als eine Form sozialer und politischer Ethik immer säkular orientiert. Daher konnte er als postkonfuzianisches Wertesystem die großen antitraditionalistischen Umwälzungen auf dem Festland und bis zu einem gewissen Grad sogar die Kulturrevolution überleben.

Das chinesische Wort für „Ethik" (*lunli*), das man in China am Anfang der Moderne von Japan übernommen und eingeführt hat, bedeutet, wenn man es wörtlich zurückübersetzt „Prinzipien zwischenmenschlicher Beziehungen". Diese Vorstellung von „Ethik" entspricht also bereits von der Wortbedeutung nicht der unsrigen (griech.: *ethos* – Sitte, Gewohnheit); sie ist deshalb sehr bezeichnend für die unterschiedlichen ethischen Orientierungen in Ost und West. Dem Harvard-Philosophen Tu Weiming zufolge ist ein zentraler Gedanke des Konfuzianismus, dass das Individuum in der Mitte von teilweise konzentrischen, teilweise sich überschneidenden Beziehungskreisen steht: Diese beginnen mit der Familie, dehnen sich aus zu den Älteren/Jüngeren im Arbeitsleben, Freunden, der Gemeinde, dem Staat/Land, bis zum Universum.[14] Insofern ist das Menschenbild im Konfuzianismus in erster Linie das eines konkreten „Beziehungswesens", dem die Übernahme von Verantwortung und Pflichten in Beziehungen und Rollen in der Gesellschaft obliegt. Demgegenüber haben wir im europäischen/amerikanischen Westen tendenziell eher eine atomistische Vorstellung vom Menschen, indem das Individuum (das Unteilbare) im Mittelpunkt steht. So spricht auch John Rawls als einflussreichster politischer Philosoph der Moderne in seiner *Theory of Justice* vom *„unencumbered self"*, welches, um Gerechtigkeit verwirklichen zu können, seine Beziehungen außer Acht lassen bzw. mit dem „Schleier des Nichtwissens" darüber versehen sein müsse. Insofern ist das Menschenbild in der westlichen Moderne tendenziell eher das eines für sich allein stehenden, abstrakten, verrechtlichten Individuums.

Im Konfuzianismus sind die Beziehungszusammenhänge gekennzeichnet von Verantwortung, Gegenseitigkeit, Vertrauen und Verpflichtung. Das universalistische konfuzianische Postulat heißt daher (mit den Worten des großen Literaten Fan Zhongyan aus der Song-Zeit), „sich die Sorge um alles unter dem Himmel zur Aufgabe zu machen" (*yi tianxia wei ji ren*). Der Weg zu diesem Ideal sozialer, wenn nicht universaler Harmonie beginnt bei einem selbst, nämlich bei der charakterlichen Kultivierung jedes Einzelnen (insbesondere desjenigen, der sich zum Dienst für die Allgemeinheit berufen fühlt), zielt jedoch auf das Transzendieren des Selbst, wobei „Selbst" nicht nur für das Individuum, sondern auch für Familie, Klan, Gemeinde und Nation steht.

Zusammenfassend können wir den Kern der konfuzianischen Lehre als eine Ethik charakterisieren, die auf charakterlicher Selbstkultivierung, dem Transzendieren des eigenen Selbst, gegenseitiger Verantwortung sowie Familienwerten gründet. Demzufolge soll das Gute, das man für sich selbst wünscht, auch dem anderen zur Verfügung stehen: „Ein Mensch von höchster Sittlichkeit (*ren*) wünscht, indem er selbst gefestigt ist, dass auch andere gefestigt werden, und indem er selbst Erfolg hat, dass auch andere Erfolg haben."[15] Dies ist die positive Version der Goldenen Regel (die negative findet sich ebenfalls in den Klassikern). Da jeder Mensch sich nur in einem Netzwerk sozialer Beziehungen verwirklichen kann, muss man, um das höchste Gut im täglichen Leben zu erreichen, „mitmenschlich" (*ren*) sein, oder besser: zum

---

14 *Tu Weiming*, Confucian Thought: Selfhood as Creative Transformation, Albany 1985.
15 Lunyu, 6.28.

Menschen werden. Die konfuzianische Ethik ist somit im Kern eine beziehungsorientierte Rollen- und Tugendethik, in der Sorge, Güte, Mitmenschlichkeit, Überwindung der eigenen Ichbezogenheit, Wertschätzung zwischenmenschlicher Beziehungen und soziale Harmonie im Vordergrund stehen.

IV. Universale Ethik – Für und wider

Brauchen wir in einem Zeitalter der „Globalisierung“ auch eine globale oder universale Ethik? Sind zentrale westliche Werte, post-christliche Werte, die säkularen Werte der Französischen Revolution oder der amerikanischen Verfassung Modellwerte und sind westliche Gesellschaften folglich Modellgesellschaften für den Rest der Welt? Oder sind die universalistischen Anstrengungen für eine universale Ethik nicht eher ein – passender – Versuch, die eurozentristische Prägung der Welt durch einen entsprechenden ethischen Universalismus zu krönen?[16]

Betrachten wir kurz die Entwicklung, die die Ethik im Westen genommen hat. Zur Zeit der Aufklärung, als der religiöse Absolutismus des Glaubens durch einen Absolutismus der Vernunft ersetzt wurde, lässt sich auf dem Gebiet der Ethik eine Tendenz in Richtung Verrechtlichung feststellen. Beginnend mit John Locke ersetzen das kodifizierte Recht (das auf die römische Tradition zurückgeht) und überhaupt die Sprache des Rechts mehr und mehr die ungeschriebenen Regeln moralischen Verhaltens. Wie Charles Taylor einmal bemerkte, „anstatt zu sagen, es ist falsch mich zu töten, beginnen wir nun zu sagen, ich habe ein Recht auf Leben.“[17] Die Sprache des Rechts wurde in der Zeit der Französischen Revolution, als Rechte als Ansprüche der Bürger gegenüber dem Staat verstanden wurden, noch gestärkt.

Von den frühesten Ursprüngen an haben wir auf dem Gebiet der westlichen Moralphilosophie zunächst eine Entwicklung von einer Tugendethik – über das Zwischenstadium eines „göttlichen Gesetzes“ – hin zu einer formalistischen Pflichtethik. Für Aristoteles war Tugend die Fähigkeit, die Mitte zwischen zwei Extremen zu halten (z. B. die Tugend der Tapferkeit als Mitte zwischen Leichtsinn und Feigheit). Diese Fähigkeiten mussten durch Praxis eingeübt und gewonnen werden, bis sie zu natürlichen Neigungen wurden; dann konnten sie helfen, das Gute im Leben zu verwirklichen: ein glückliches Le-

16 *Meyer-Abich*, S. 203.

17 *Charles Taylor*, "Conditions for an Unforced Consensus“, S. 127.

ben in der menschlichen Gesellschaft. In Kants Pflichtethik schließen sich hingegen Pflicht und Neigung gegenseitig aus. Auch spielt es für Kant keine wichtige Rolle mehr, das Gute im Handeln hervorzubringen, da ihn formale Prinzipien mehr beschäftigten: universale Gesetze und die Begründung des moralischen Handelns auf der Basis der Vernunft. Vereinfacht gesagt wurde die Goldene Regel zum Kategorischen Imperativ: Die Maxime meines eigenen Handelns sollte jetzt als Basis für ein universales Gesetz dienen. Im Anschluss an Kant entwickelte sich eine utilitaristische Ethik, für die das Kriterium des Guten das „größtmögliche Glück für die größte Anzahl von Menschen" bildet, d. h., dass das Gute nun anhand seines Erfolges beurteilt wird. Heute stellen die Diskursethik und die Ethik der Rechte die neuesten Trends in dieser Entwicklungsgeschichte dar. Dabei bedeutet die Verwirklichung des Guten, die Möglichkeiten der Selbstverwirklichung des anderen nicht zu beschränken bzw. durch (wie auch immer idealistische) „herrschaftsfreie Diskurse" den Menschen zu ermöglichen, ihre betreffenden Interessen und Probleme auszuhandeln. Dies ist eine konsequente Entwicklung vom Konkreten hin zum Abstrakten, von gelebter, kontextuell relevanter Moral zu rationalen universalen Prinzipien.

In der westlichen Tradition ist es also seit den Römern maßgeblich das Recht, das die Beziehungen zwischen den Mitmenschen regelt (*ius est ad alios*: Recht ist Ordnung interpersonaler Beziehungen); in der chinesischen Tradition hingegen wurde (und wird vielfach noch immer) das Verhalten der Menschen durch Beziehungen sowie durch ungeschriebene Gesetze, nämlich gegenseitige Pflichten und Regeln des Anstandes und der Moral, bestimmt; und diese sollten – zumindest war dies das Ideal – durch gutes Beispiel der Verantwortungtragenden vermittelt werden. Ein bürgerlicher, politischer Freiheitsbegriff und eine Verrechtlichung der menschlichen Beziehungen sind unter diesen Voraussetzungen nur schwer vorstellbar (obwohl gerade, was den Aufbau eines Rechtswesens betrifft, in China seit rund dreißig Jahren bemerkenswerte Anstrengungen zu beobachten sind, nämlich ein Zivilrecht gleichsam aus dem Nichts erschaffen wurde). Auch ist zu bedenken, dass in der chinesischen Tradition ein Verständnis von *Recht* als „individueller Anspruch" (ein *Recht* auf etwas haben) kaum vorhanden ist. Im Chinesischen sieht man die Schwierigkeit mit unserer Begrifflichkeit insofern, als „Recht" (auf etwas) mit dem Schriftzeichen für „Macht/Privileg" (*quan*) übersetzt wird – so ist also auch das „Menschenrecht" wörtlich „Menschenmacht" (*renquan*). In unserer Sprache ist die Beziehung zwischen Moral und Recht hingegen noch sichtbar, indem „recht/Recht" sowohl „moralisch nicht falsch" („recht tun", lat.: *rectus*) als auch „ein subjektives Recht auf etwas" bedeutet. Unser *Rechts*verständnis findet in China somit nur eine Entsprechung im Sinne von Ge*recht*igkeit und *Recht* sprechen (Gesetzesübertretungen ahnden), und nicht *Rechte* besitzen.

Trotz unterschiedlicher Traditionen und der damit verbundenen Auffassungen darüber, was „rechtens" ist, hat der Gedanke einer universalen Ethik eine gewisse Anziehungskraft und sollte nicht ganz fallengelassen werden. Er wäre wohl einen Versuch wert, einen passenden Mittelweg zu finden. So gibt es immer noch Tugenden, wie Wohltätigkeit und Gerechtigkeit, die universelle Bedeutung tragen; doch ironischerweise sind sie – als Tugenden – aus dem allgemeinen Diskurs verschwunden, seitdem sie die Ecksteine des modernen westlichen Wohlfahrtsstaates geworden sind. Es gibt auch bestimmte moralische Kriterien, die eine universelle Qualität besitzen; doch sind auch sie außer Sicht geraten, da es sich dabei entweder einfach um gesunden Menschenverstand handelt oder sie durch Logik und gegenteilige Beispiele widerlegt werden können. Eines dieser Kriterien ist die Goldene Regel. So hat Amitai Etzioni, der Wortführer der kommunitarischen Bewegung, kürzlich die Goldene Regel wieder in die Diskussion gebracht, indem er mit einer bedenkenswerten Erweiterung versucht, die Lücke zwischen sozialer Verantwortung und individueller Autonomie zu schließen. Seine neue Goldene Regel lautet: Respektiere die moralische Ordnung der Gesellschaft im selben Maße, wie du von der Gesellschaft erwartest, dass sie deine individuelle Autonomie respektiert.[18]

Des Weiteren braucht Moral eine lokale Basis, um wirksam zu werden, da sie in einer bestimmten Umgebung und einer kulturellen Tradition angesiedelt ist. Der universalistische Standpunkt ist zu abstrakt, um irgendeine Art von Anziehungskraft ausüben oder ein Gefühl der Verpflichtung vermitteln zu können. Diesen Aspekt kommentiert auch Michael Walzer:

„Gesellschaften sind notwendigerweise partikular, denn sie haben Mitglieder und Erinnerungen, Mitglieder *mit* Erinnerungen nicht nur von sich selbst, sondern auch von ihrem gemeinschaftlichen Leben. Im Unterschied dazu hat die Menschheit zwar Mitglieder, jedoch keine Erinnerung; deshalb kennt sie keine Geschichte, keine Kultur, keine herkömmlichen Praktiken, keine vertrauten

---

18 *Amitai Etzioni*, The New Golden Rule – Community and Morality in a Democratic Society, New York 1996; auf Deutsch: Die Verantwortungsgesellschaft – Individualismus und Moral in der heutigen Demokratie, Frankfurt 1997.

Lebensarten, keine Feste, kein geteiltes Verständnis vom gesellschaftlich Guten."[19]

Vor diesem Hintergrund gesehen, müssen sich Universalität und Partikularität, die globale und lokale Bedeutung von Ethik, nicht gegenseitig ausschließen, sondern könnten einander ergänzen. Und somit gäbe es in der Tat nicht nur in der westlichen (christlichen *und* post-christlichen), sondern auch in der konfuzianischen Tradition wichtige universale Botschaften, ganz zu schweigen von den Beiträgen anderer Kulturen. Besonders im Hinblick auf die *globale* Dominanz der westlichen säkularen Werte erfüllen sie, zumindest *lokal*, eine wertvolle ausgleichende oder ergänzende Funktion. Sowohl die sozialen Probleme in den westlichen Ländern als auch die ökologische Krise, der wir uns aufgrund der Dominanz des eurozentrischen Entwicklungsmodells gegenüber sehen, sollten uns bewusst machen, dass die ganze Welt beträchtlich von alternativen Konzepten profitieren könnte, und wir sollten daher die Beiträge von Intellektuellen aus anderen Kulturen begrüßen, wenn sie Lösungen zu den Problemen, die uns alle betreffen, anbieten. Denn für eine gute Gesellschaft und für ein Gedeihen des „Unternehmens Mensch" auf diesem Planeten sind diese nicht-westlichen Werte wahrscheinlich genauso wichtig wie die Menschenrechte. Der Punkt ist, dass einer Ethik der Rechte als minimalistischer („dünner") Ethik einfach bestimmte wichtige Aspekte fehlen. Zum Beispiel können Anliegen wie Sorge, Liebe, Beziehungen, Ehe, Familie, Vertrauen, Verantwortung etc. nicht allein als Fragen der Rechte formuliert werden.[20] Wenn wir dies tun (was heutzutage mehr und mehr der Fall ist), gehen wichtige Teile verloren. Sicherlich brauchen wir eine Sprache des Rechts, aber wir brauchen ebenso eine Sprache der Sorge und der Verantwortung.[21] Mit anderen Worten, so wichtig eine Herrschaft des Rechts als *globales* Konzept ist, so kann sie doch nicht vollständig die *lokalen* Besonderheiten, nämlich die ethische Basis einer Gesellschaft, ersetzen.

19 *Michael Walzer*, Thick and Thin: Moral Argument at Home and Abroad, Notre Dame, Ind./London 1994, S. 8.

20 *Taylor*, "Conditions of an Unforced Consensus", S. 124-146.

21 Siehe in diesem Zusammenhang auch den Versuch einer Gruppe älterer Staatsmänner (InterAction Council) unter der Führung von Helmut Schmidt, der Erklärung der Menschenrechte eine Erklärung der Menschlichen Verantwortungen hinzuzufügen.

V. Interkulturalität und Menschenrechte

Ein Mittelweg, der nicht nur für die westlichen Gesellschaften relevant wäre, läge – in Anthony Giddens Worten – möglicherweise in einer Position „jenseits von links und rechts“[22], oder, wie ihn John Gray und Amitai Etzioni anstreben, in einer harmonischen Mischung von liberalen und kommunitarischen Zielen. Praktisch hieße dies, dass westliche ethische (und politische) Ideale (z. B. die angesprochenen Schlüsselgedanken von Freiheit und Autonomie) auf eine Weise interpretiert würden, die auch östlichen Idealen Rechnung trüge. Kurzum, statt auf die *globale* Autorität einiger hochgeschätzter westlicher Konzepte zu pochen, könnten wir sie genausogut als Ausdruck besonderer, *lokaler* Lebensweisen[23] ansehen und so vielleicht zu der Vorstellung eines „kontextualisierten Universalismus“ gelangen – ein Konzept, das auf der Begriffsebene nur so lange widersprüchlich erscheint, als wir mit einem logisch exklusiven (entweder – oder) und nicht nach einem inklusiven (sowohl – als auch) Muster arbeiten.

Was den Menschenrechtsdiskurs betrifft, so wären womöglich Begründungen weniger bedeutend als das Miteinander-Sprechen. Ethische Werte sind *intra*kulturell über Diskurse entstanden. Deshalb hieße es, die Diskursgemeinschaft *inter*kulturell auszudehnen, so z. B. China in unsere kommunikative Gemeinschaft, in unseren Prozess „kollektiven Lernens“, miteinzubeziehen oder, um mit Wolf Lepenies zu reden, mit China eine „interkulturelle Lerngemeinschaft“[24] zu bilden. Dabei könnte man versuchen, gemeinsame Ziele abzustecken und zu vereinbaren, d. h. zu „ausgehandelten Universalien“ (*negotiated universals*) zu gelangen. In diesem Zusammenhang ist auch ein Paradoxon des Menschenrechtsuniversalismus erwähnenswert:

„Auf der einen Seite will dieser Universalismus die Rechte jedes anderen als anderen (in einer Formulierung von Richard Rorty) schützen, wer auch immer und wo auch immer er sei; auf der anderen Seite ist er mit dem Anspruch kon-

---

22 *Anthony Giddens*, Beyond Left and Right. The Future of Radical Politics, London 1994.

23 Für eine Diskussion dieser Fragen siehe auch *Charles Taylor*, The Ethics of Authenticity (ursprünglich erschienen in Kanada als The Malaise of Modernity), Cambridge/Mass. 1991 (auf Deutsch: Das Unbehagen an der Moderne, Frankfurt, 1995) und *K.-H. Pohl*, „Communitarianism and Confucianism – In Search of Common Moral Ground“, in: *K.-H. Pohl* (Hg.), Chinese Thought in a Global Context. A Dialogue Between Chinese and Western Philosophical Approaches, Leiden 1999.

24 *Wolf Lepenies*, „Ende der Überheblichkeit“, DIE ZEIT, 24.11.1995, S. 62.

frontiert, dass die Anerkennung des anderen auch die Anerkennung unterschiedlicher Interpretationen bedeuten soll, worin diese Rechte überhaupt bestehen."[25]

Für die Idee der Menschenrechte hieße das, dass man ihnen keinen zeitlosen und quasi-transzendenten, sondern einen historisch-evolutionären Charakter zuschriebe und dass China und andere ostasiatische Staaten zu der weiteren Ausformung dieser Idee – in einer erweiterten Diskursgemeinschaft – auch einen Beitrag leisten könnten. So könnten z. B. westliche Staaten den Gedanken *kollektiver* Menschenrechte (auf Ernährung, Entwicklung etc.) ernster nehmen, als sie dies bisher getan haben. In dieser Hinsicht hat Daniel A. Bell bereits eine interkulturelle und evolutionäre Perspektive aufgezeigt:

Viele fortschrittliche liberale Stimmen im Westen scheinen immer noch unter dem Zwang einer Tradition universalistischen moralischen Räsonierens zu stehen, welche eine endgültige Lösung für die Frage nach der idealen Gemeinschaft vorgibt, dabei jedoch in paradoxer Weise nur auf ein moralisches Streben und auf politische Praktiken zurückgreift, die sich in westlichen Gesellschaften finden. Wenn das endgültige Ziel eine internationale Ordnung sein soll, die sich auf universell akzeptierte Menschenrechte stützen kann, dann muss der Westen anerkennen, dass Menschenrechte sich in einem Zustand dauernder Evolution befinden, und sollte er die Möglichkeit eines positiven ostasiatischen Beitrages zu diesem Prozess begrüßen.[26]

Menschenrechte hätten demnach keine a priori Universalität, vielmehr besäßen sie ein universales Potential. Sie wären als Teil bzw. Ziel eines politischen (interessegeleiteten) Diskurses zu betrachten, und ihre Universalität läge demnach in der Zukunft.

Der Westen besitzt eine lange Tradition universalistischen Denkens. Sie spannt sich von einem religiösen Absolutheitsanspruch über einen politischen (marxistischen und liberalistischen/demokratischen) Internationalismus zu einem wirtschaftlichen Globalismus. Der damit einhergehende Missionseifer hat sich seit dem Zeitalter des Kolonialismus allenfalls vom religiösen in den politischen und wirtschaftlichen Bereich verlagert. Doch scheint die westliche Bevormundung in Fragen der politischen Ordnung in anderen Teilen der Welt zusehends als Anmaßung empfunden zu werden. Insbesondere was die

25 *Mark Siemons* in der *Frankfurter Allgemeinen Zeitung*, 27.3.2008, S. 37.

26 *Daniel A. Bell*, "The East Asian Challenge to Human Rights: Reflections on an East-West Dialogue", Human Rights Quarterly, 18 (1996), S. 655.

Universalisierung von Menschenrechten und – damit eng zusammenhängend – des Demokratie-Modells betrifft, so wäre zu berücksichtigen, dass unsere westlichen Demokratien auf dem Zusammenwirken von Streitkultur, Gleichheitskultur und universalistischer Kultur[27] beruhen. So ließe sich denn auch fragen, obwohl demokratische politische Verhältnisse universell wünschenswert sein mögen, inwieweit man dem Wachsen von alternativen und möglicherweise weniger liberalistischen demokratischen Strukturen, die jedoch mit den jeweiligen kulturellen Grundmustern (Konsenskultur, Statuskultur, partikularistische Kultur) verträglicher wären, Raum zu geben bereit ist.[28] Das soll nicht einer Aufgabe unserer eigenen politischen Werte das Wort reden. Was vielmehr aufgegeben werden müsste, wäre der Absolutheitsanspruch, der Missionsgeist, die belehrende Attitüde, denn um es mit den Worten des bekannten US-Senator J. William Fulbright zu sagen, wir sollten die Möglichkeit einräumen, „dass andere etwas sehen mögen, das wir nicht gesehen haben, oder dass sie es genauer sehen könnten.“[29]

27 Zu diesen unterschiedlichen Kulturmustern siehe *Fons Trompenaars*, Handbuch Globales Managen. Wie man kulturelle Unterschiede im Geschäftsleben versteht, Düsseldorf 1993, S. 49-72.

28 Ein solches Modell (nach dem Beispiel Singapurs) wurde skizziert von *Daniel A. Bell u. a.*, Towards Illiberal Democracy in Pacific Asia, Oxford 1995. Nach Bell besitzt es folgende drei Grundzüge: ein nicht-neutraler Staat hinsichtlich eines gemeinsamen Guten, Gesetze verstanden weniger als Recht, sondern als administrative, legalistische Technik sowie ein gesteuerter öffentlicher Raum mit einer nicht unabhängigen *civil society* (S. 163 f.). Siehe hierzu auch *Simon S. C. Tay* u. *Poon-Kim Shee*, „Economic Crisis, Accountability and the Singapore Example: Political Ethics and Law“, in: *K.-H. Pohl und A. Müller* (Hg.), Chinese Ethics in a Global Context. Moral Bases of Contemporary Societies. Leiden 2002. Darin versuchen die Autoren die Bedeutung einer politisch-moralischen Verantwortlichkeit (*accountability*) im konfuzianischen Sinne im politischen System Singapurs deutlich zu machen.

29 *J. W. Fulbright*, The Price of Empire, New York 1989, S. 217.

DISKUSSION

Mankowski leitet die Diskussion mit einem Zitat von Friedrich Torberg ein:

„Die Demokratie muss im Kampf gegen den Kommunismus lernen, dass sie nicht gegen ein Rugbyteam nach Fußballregeln antreten darf.“

Für ihn schließt sich danach – insbesondere im Lichte der Diktatur Maos – die Frage an, worin der positive ostasiatische Beitrag zur Menschenrechtsdiskussion bestehe.

Im Gegensatz zur westlichen Welt lege die ostasiatische Region den Schwerpunkt der Menschenrechte auf die kollektiven Rechte. Darin sieht *Pohl* einen positiven Beitrag, an dem sich der Westen ein Beispiel nehmen könne, denn nach seiner Auffassung läge in diesem Teil der Welt der Schwerpunkt noch zu sehr auf der Ausübung der individuellen Rechte.

Darüber hinaus bewegt *Mankowski* die Frage, inwiefern die Auffassungen Maos mit dem Konfuzianismus zu vereinbaren seien.

Eine Übereinstimmung des Konfuzianismus mit den Forderungen Maos verneint *Pohl.* Dabei sei in China eine Rückkehr zum Konfuzianismus zu beobachten, so dass es zu einer Vermischung zwischen diesem und dem Kommunismus komme, die gemeinsame Ideen verbinde. Dies werde auch in den Verlautbarungen des chinesischen Parteichefs deutlich, der eine harmonische Gesellschaft und Weltordnung fordere.

Abschließend möchte *Mankowski* wissen, inwiefern China einen verlässlichen Verhandlungspartner darstelle.

Zwar räumt *Pohl* ein, dass es sich bei China um einen schwierigen Verhandlungspartner handele, jedoch betont er, dass dieses Land in den vergangenen Jahren begonnen habe, sich ein Rechtssystem aufzubauen. Dies sei durch den WTO-Beitritt und der damit verbundenen wirtschaftlichen Öffnung bedingt. Mit der Schaffung eines Zivilrechts habe China einen unumkehrbaren Weg eingeschlagen, der eine langfristige Entwicklung in Gang gesetzt habe.

Tomuschat bringt in die Diskussion ein, dass sich die Divergenzen zwischen der westlichen und der chinesischen Menschenrechtsauffassung relativierten, wenn man die Ebenen der Rechtsnormen und die der Wertvorstellungen unterscheide, denn soziale Rechte würden auch vom Westen geschätzt. So stünden Fragen der sozialen Sicherheit und Gesundheit immer wieder im Mittelpunkt des deutschen Wahlkampfes. Auch wenn z. B. nicht jedes soziale Recht normiert sei, stelle man die Zielsetzung ihrer Verwirklichung nicht in Frage. Dies verdeutliche auch der von den westlichen Staaten ratifizierte Internationale Pakt über Bürgerliche und Politische Rechte. So sei auch ein Recht auf Entwicklung und Frieden anerkannt, nur sei nicht gewollt, dass dieses in feste rechtliche Formen gegossen werde.

Menschenrechte seien individualistisch konzipiert, stellten jedoch nur Abwehrrechte gegen den Staat dar und erhöben somit nicht den Anspruch, ein perfektes Gesellschafts- und Ordnungsmodell für den Staat zu sein. Vielmehr ermöglichten die Menschenrechte Freiräume zur persönlichen Ausgestaltung.

Pohl stellt klar, dass die UNO die Einheit des Menschenrechtssystems betone, der Westen aber seiner Ansicht nach traditionell die individuellen Rechte höher geschätzt habe. China hingegen zäume das Pferd sozusagen von hinten auf, indem es mit der Kodifizierung der kollektiven Rechte beginne und die individuellen Rechte vorerst außen vor lasse.

Zusammenfassend stellt *von Hoffmann* fest, dass das Entwicklungsniveau in der Welt unterschiedlich sei, so dass die Staaten unterschiedliche Prioritäten setzten. So sei z. B. in Afrika die allgemeine Wohlstandsförderung von größerer Bedeutung, als der „Luxus" der Individualgrundrechte.

Daher werde der Relativismus in China nach *Pohl* auch als ein historischer und nicht als kultureller bezeichnet.

Kotzur knüpft an die Ausführungen von Tomuschat an, indem er betont, dass sowohl das westliche als auch das chinesische System zwar unterschiedliche Stoßrichtungen hätten, jedoch beide zu sozialer Gebundenheit und Gemeinschaftsabhängigkeit des Individuums führten.

Dabei stellt sich für ihn die Frage, ob die westliche Individualität durch den bereits bei Robbers angesprochenen persönlichen Dialog zwischen dem Menschen und seinem Schöpfer begründet werde.

Darauf antwortet *Pohl* abschließend, dass der christliche Hintergrund für die westlichen Menschenrechte gar nicht überbewertet werden könne.

Die chinesische Position sei hingegen säkular und kommunistisch und beziehe ihr Selbstverständnis aus der langen konfuzianischen Tradition, die aber areligiös sei. Dem Konfuzianer im eigentlichen Sinne gehe es um die Verwirklichung des „höchsten Guten", welches in der Erfüllung der Mitmenschlichkeit und zwischenmenschlichen Beziehungen zu finden sei. Neukonfuzianer sprächen von einer immanenten Transzendenz.

III. MENSCHENRECHTSVERLETZUNGEN VOR ZIVILGERICHTEN

PETER MANKOWSKI

GERICHTSBARKEIT UND INTERNATIONALE ZUSTÄNDIGKEIT DEUTSCHER ZIVILGERICHTE BEI MENSCHENRECHTSVERLETZUNGEN*

I. Einleitung

Menschenrechtsverletzungen stehen als Thema hoch oben auf der internationalen Agenda. Die Staatengemeinschaft und die internationale Öffentlichkeit sind für sie sensibler geworden. Die Ächtung von Menschenrechtsverletzungen wirft sofort die Frage auf, welche Sanktionen bestehen können. Man denkt dabei sicherlich zuerst an strafrechtliche Schritte gegen verantwortliche Personen. Dann denkt man an Sanktionen, Repressionen oder Retorsionsmaßnahmen gegen verantwortliche Staaten. Das Zivilrecht aber stand lange Zeit beiseite. Dabei kann gerade das Zivilrecht sehr effektiv wirken. Haftungsurteile über hohe Summen können schmerzen. Sie drohen, Grundlage für eine Zwangsvollstreckung insbesondere in Gelder und Konten im Westen zu werden. Das Vermögen von Verantwortlichen wird häufig nicht in den Staaten sein, in denen sie Menschenrechtsverletzungen begehen, weil gerade den Verantwortlichen diese Staaten zu unsicher sind. Zivilgerichtliche Titel können unter Umständen den Glauben zerstören, sein Geld im Westen in Sicherheit gebracht zu haben.[1] Insbesondere im Exil lebende ehemalige Potentaten oder Militärführer sind Zivilklagen in ihrem Exilstaat ausgesetzt.[2] Ein zivilgerichtlicher Titel kann gegebenenfalls in mehreren Staaten für vollstreckbar erklärt werden. Man kann die Verantwortlichen unter Umständen mit *einem* Urteil in ganz Europa „jagen“. Außerdem lassen die Zivilprozessrechte in weit größerem Umfang

---

* Wesentlich erweiterte Fassung des am 28.3.2008 gehaltenen Vortrags.
Ich danke meiner seinerzeitigen Wissenschaftlichen Mitarbeiterin, Frau *Stefanie Bock*, für anregende Gespräche und engagierte Zuarbeit.

1 Illustrativ und instruktiv zu so genannten „Potentatengeldern“ in der Schweiz *Richter*, ZaöRV 58 (1998), 541 sowie *Ramasatry*, 31 Vand. J. Trans. L. 258 (1998). Zur Rechtshilfe in Strafsachen durch Beschlagnahme und Auskehrung von Vermögenswerten BGE 123 II 595. Vgl. auch *Fischer*, FS Walter Remmers (1999), S. 447, 459.

2 *CA Aix-en-Provence*, Clunet 115 (1988), 779 (Duvalier); *Hess*, BerDGesVR 40 (2003), 107, 184.

Versäumnisentscheidungen zu als die Strafprozessrechte. Einfach nichts zu tun könnte für die Täter vor Zivilgerichten eine sehr schlechte Strategie sein, die sich gegen ihren Urheber kehren könnte. Der Menschenrechtsverletzer mag untertauchen und in Person nicht mehr greifbar sein – seine Konten können aber greifbar bleiben. Profiteure im Wirtschaftsbereich, etwa Unternehmen, die Kriegsgefangene oder Zwangsarbeiter ausbeuten, können gar an ihren Zentralen oder an einzelnen ihrer Standorte angegriffen werden.[3] Gleiches gilt für Unternehmen, die bestimmte Bürgerkriegsparteien unterstützen, um von diesen Bürgerkriegsparteien Lizenzen für die Ausbeutung von Bodenschätzen zu erlangen. Aus allen diesen Gründen sollte man die Möglichkeiten nicht unterschätzen, welche das Zivilrecht zur effektiven Sanktion für Menschenrechtsverletzungen bieten kann. Es kann den Verantwortlichen stärker weh tun als das vorderhand so scharf wirkende Strafrecht – wenn und soweit das Strafrecht der nachfolgenden Durchsetzung ermangelt. Zivilrechtliche Durchsetzung kann eine ganz formidable Waffe zur Effektivierung der Menschenrechte sein.[4] Allerdings hat auch der Weg vor die Zivilgerichte seine Tücken. Auch in ihm können sich hohe Hürden auftürmen.

II. Ausschluss der deutschen Gerichtsbarkeit wegen Immunität des Beklagten

Erste Hürde ist die Frage, ob überhaupt Gerichtsbarkeit besteht. Viele Menschenrechtsverletzer agieren für Staaten oder im staatlichen Auftrag. Dann steht im Raum, ob und inwieweit sie oder die betreffenden Staaten Immunität genießen. Das Bestehen von Gerichtsbarkeit ist im Fall die erste Frage überhaupt im Rahmen der Zulässigkeit. Sie steht noch vor der internationalen Zuständigkeit.[5]

---

3 Siehe z. B. das Verfahren gegen IBM in der Schweiz – BGE 131 III 153 (dazu *Schwander,* SZIER 2005, 523); BGE 132 III 661 (dazu *Capus,* Recht 2006, 247; *Schmidt,* AJP 2007, 761; *Vest/Zygmont,* AJP 2007, 790; *Schwander,* SZIER 2007, 258) – oder das Zwangsarbeiterverfahren gegen BMW in Frankreich – *Cass.*, Rev. crit. dr. int. pr. 94 (2005), 80.

4 *Meron,* 94 Am. J. Int'L. L. 239 (2002).

5 Siehe nur *Winkler v. Mohrenfels,* in: *Koch/Magnus/Winkler v. Mohrenfels,* IPR und Rechtsvergleichung, 3. Aufl. 2004, S. 34 f.; *Coester-Waltjen/Mäsch,* Übungen in Internationalem Privatrecht und Rechtsvergleichung, 3. Aufl. 2008, S. 8 f.; *Mankowski,* AP H. 6/2004 Nr. 1 zu Art. 5 Lugano-Abkommen Bl. 7R, 10; *Consolo,* Int'l. Lis 2007, 131, 136.

1. Allgemeine Grundsätze der Immunität

a) Staaten

Die Staatenimmunität ist Ausdruck des in Art. 2 Abs. 1 UN-Charta[6] niedergelegten Prinzips der souveränen Gleichheit aller Staaten.[7] Der Gleiche hat aber über den Gleichen keine Hoheitsgewalt – *par in parem non habet imperium.*[8] Daher hat jeder Staat ein Recht darauf, nicht der Gerichtsbarkeit eines fremden Staats unterworfen zu werden.[9] Militärisches Handeln und Okkupationsregimes in besetzten Gebieten gehören zum Kernbereich der Staatsgewalt im engeren und eigentlichen Sinne.[10]

---

6 Charta der Vereinten Nationen vom 26.6.1945, BGBl. 1973 II 431.

7 *Stein/v. Buttlar*, Völkerrecht (11. Aufl. 2005), Rn. 714; *Ipsen/Epping*, Völkerrecht (5. Aufl. 2004), § 26 Rn. 17; *Dörr,* AVR 41 (2003), 201, 202; *Karl,* Völkerrechtliche Immunität im Bereich der Strafverfolgung schwerster Menschenrechtsverletzungen (2003), S. 27; *Zehnder*, Immunität von Staatsoberhäuptern und der Schutz elementarer Menschenrechte – der Fall Pinochet (2003), S. 19; *Hokema,* Immunität von Staatsoberhäuptern (2002), S. 24; *Bröhmer,* State Immunity and the Violation of Human Rights (1997), S. 11; *Folz/Soppe,* NStZ 1996, 576, 577.

8 *Ambos*, Internationales Strafrecht (2006), § 7 Rn. 106; *Schweisfurth,* Völkerrecht (2006), 3. Kapitel Rn. 39; *Karl* (Fn. 7), S. 25; *Reece Thomas/Small,* NILR 2003, 1, 20; *Zehnder* (Fn. 7), S. 23; *Wirth,* CLF 12 (2001), 429, 430; *Rensmann,* IPRax 1999, 268, 268; *Folz/Soppe,* NStZ 1996, 576, 577; *Watts,* Rec. des Cours 247 (1994 III), 13, 52.

9 *Triffterer(-Triffterer)*, Commentary on the Rome Statute of the International Criminal Court (1999), Art. 27 Rome Statute ICC Rn. 9; *Wirth,* Jura 2000, 70, 71; *Gornig,* FS Dietrich Rauschning (2001), S. 457; *Wirth,* (2002) 13 Eur. J. Int. L. 877, 882; *Zehnder* (Fn. 7), S. 1; *Bosch*, Immunität und internationale Verbrechen (2004), S. 64.

10 *EuGH* 15.2.2007 – Rs. C-292/05, Slg. 2007, I-1519, I-1555 Rn. 38 - *Irini Lechouritou u. a./Bundesrepublik Deutschland*; *BGH* 26.6.2003, BGHZ 155, 279, 281; *OGH* 11.4.1995, IPRax 1996, 41 (dazu *Seidl-Hohenveldern,* IPRax 1996, 55); *Kren Kostkiewicz,* Staatenimmunität im Erkenntnis- und im Vollstreckunsgverfahren nach schweizerischem Recht (1998), S. 295; *Dolzer,* NJW 2001, 3525; *v. Hein,* (2001) 3 Yb. PIL 185, 206; *Geimer,* Dike Int. 33 (2002), 882 m. w. N.; *ders.,* LMK 2003, 215, 216; *ders.,* Internationales Zivilprozessrecht (5. Aufl. 2005), Rn. 582; *Hess,* BerDGesVR 40 (2003), 107, 127; *Mankowski,* RIW 2004, 587, 596; *Pittrof,* German L. J. 5 (2004), 15, 19; *Halfmeier,* RabelsZ 68 (2004), 653, 668; *Gärtner,* German L. J. 8 (2007), 417, 430 f.

b) Beamte eines Staates

Ein Staat handelt durch seine Organe. Die Staatsorgane wiederum handeln durch Menschen. Die Exekutive eines Staaten handelt typischerweise durch Beamte. Richtigerweise sollte sich Immunität für *acta iure imperii* daher auch auf die notwendig Beteiligten erstrecken.[11] Anderenfalls drohte sie nämlich auf dem Umweg über einen Regress im Innenverhältnis zwischen einem im Außenverhältnis erfolgreich in Haftung genommenen Beamten und dem Staat als Arbeitgeber und Dienstherr unterlaufen und unterhöhlt zu werden. Erwägungsgrund (9) Rom II-VO[12] erkennt die Erstreckung ausdrücklich an.

Unterschieden wird zwischen funktioneller und personeller Immunität. Erstere ist nichts anderes als die auch dem staatlich Bediensteten zugestandene originäre Staatenimmunität.[13] Sie deckt sich mit dieser dem Umfang nach, schützt aber als Reflex der Staatenimmunität[14] den Amtswalter und damit ein anderes Rechtssubjekt.[15] Der staatlich Bedienste kann nicht für hoheitliche, sehr wohl aber für private Akte zur Verantwortung gezogen werden.[16] Die Immunität *ratione personae* schützt hingegen eine bestimmte Person absolut und unabhängig von ihrer Handlungsweise.[17] Sie steht jedenfalls dem Staatsoberhaupt[18], wohl auch dem Regierungschef[19] und nach der Rechtsprechung des

---

11 Zur persönlichen Immunität hoheitlich agierender Amtsträger z. B. *Bonafé,* Riv. dir. int. 2004, 393.

12 Verordnung (EG) Nr. 864/2007 des Europäischen Parlaments und des Rates vom 11.7.2007 über das auf außervertragliche Schuldverhältnisse anzuwendende Recht („Rom II"), ABl. EG 2007 L 199/40.

13 *Karl* (Fn. 7), S. 32.

14 *Zehnder* (Fn. 7), S. 33; *Bosch* (Fn. 9), S. 76.

15 *Monika Lüke*, Die Immunität staatlicher Funktionsträger (2000), S. 352; *Wirth,* Jura 2000, 70, 72.

16 *Bothe,* ZaöRV 31 (1971), 246, 248 ff.; *Lüke* (Fn. 15), S. 176; *Wirth* (2002) 13 Eur. J. Int. L. 877, 882; *Bosch* (Fn. 9), S. 76; *Akande,* 98 Am. J. Int'l. L. 407, 409 (2004).

17 *Wirth,* (2002) 12 Eur. J. Int. L. 877, 883; *Karl* (Fn. 7), S. 33.

18 Case concerning the Arrest Warrant of 11 April 2000 (*Democratic Republic of Congo v. Belgium*), Judgement, ICJ Reports 2002, 3, § 51; *Bothe*, ZaöRV 31 (1971), 246; *Dahm/Delbrück/Wolfrum*, Völkerrecht, Bd. I/1: Die Grundlagen. Die Völkerrechtssubjekte (2. Aufl. 1989), S. 253; *Watts*, Rec. des Cours 247 (1994-III), 19, 54; *Folz/Soppe*, NStZ 1996, 576, 577; *Bank*, ZaöRV 59 (1999), 677, 688; *Zappalà*, (2001) 12 Eur. J. Int. L. 595; *Gornig*, FS Dietrich Rauschning (2001), S. 457; *Weiß*, JZ 2002, 696, 701; *Tangermann*, Die völkerrechtliche Immunität von Staatsoberhäuptern (2002), S. 207; *Fox*, The Law of State Immunity (2002), S. 441; *Cassese*, (2002) 13 Eur. J. Int. L. 853, 864; *Klingberg*, GYIL 46 (2003), 537, 544; *Epping*, in:

IGH sogar dem Außenminister[20] zu, jedenfalls soweit diese sich im Amt befinden.

c) Kombattanten

Während eines Krieges sind Kombattanten – also in erster Linie die Mitglieder der Streitkräfte[21] – berechtigt, im Einklang mit dem Humanitären Völkerrecht Schädigungshandlungen vorzunehmen. Militärische Ziele dürfen angegriffen, zerstört und eliminiert werden. Für legale Schädigungshandlungen genießen Kombattanten Immunität. Sie dürfen insoweit strafrechtlich nicht belangt werden.[22] Dies gilt zumindest für den internationalen bewaffneten Konflikt. Für die Kämpfer in einem nicht international bewaffneten Konflikt, in einem Bürgerkrieg, fehlt hingegen eine vergleichbare Bestimmung. Art. 6 Abs. 5 ZP

Ipsen (Fn. 7), § 26 Rn. 35; *Bosch* (Fn. 9), S. 73; *Stein/v. Buttlar* (Fn. 7), Rn. 723; *Bankas*, The State Immunity Controversy in International Law (2005), S. 255; *Uerpmann-Wittzack*, AVR 44 (2006), 33, 34.

19 Case concerning the Arrest Warrant of 11 April 2000 (*Democratic Republic of Congo v. Belgium*), Judgement, ICJ Reports 2002, 3, § 51; *Fox* (Fn. 18), S. 423; *Cassese* Eur. J. Int. L. 13 (2002), 853, 864; *Karl* (Fn. 7), S. 38; *Bankas* (Fn. 18), S. 255; *Uerpmann- Wittzack* AVR 44 (2006), 33, 34.
Anderer Ansicht *Bothe,* ZaöRV 31 (1971), 247, 264; *Folz/Soppe* NStZ 1996, 576, 577; *Lüke* (Fn. 15), 105; *Bosch* (Fn. 9), S. 75.

20 Case concerning the Arrest Warrant of 11 April 2000 (*Democratic Republic of Congo v. Belgium*), Judgement, ICJ Reports 2002, 3, §§ 54-55; dazu u. a. *Cassese*, (2002) 13 Eur. J. Int. L. 853; *Guilherme de Aragão*, HuV-I 2002, 77; *Kreß*, ZStW 114 (2002), 818; *ders.*, GA 2003, 25; *Spinedi*, (2002) 13 Eur. J. Int. L. 895; *Wirth*, (2002) 13 Eur. J. Int. L. 877; *Czaplinski*, Die Friedens-Warte 78 (2003), 63; *Maierhöfer*, EuGRZ 2003, 545; *Zeichen/Hebenstreit*, AVR 41 (2003), 182; *Keller,* GA 153 (2006), 25. Siehe zum Verfahren gegen *Yerodia* in Belgien *Ongena/van Daele*, LJIL 15 (2002), 687.

21 Siehe zum Begriff des Kombattanten Art. 4 A Nr. 1 des Genfer Abkommen vom 12. August 1949 über die Behandlung der Kriegsgefangenen (GK III), 75 UNTS 135; BGBl. 1954 II 838; Art. 43 Zusatzprotokoll zu den Genfer Abkommen vom 12.8.1948 über den Schutz von Opfern internationaler bewaffneter Konflikte vom 8. Juni 1977, UNTS 1125, 3.

22 *Steinkamm*, in: *Seidl-Hohenveldern* (Hrsg.), Lexikon des Völkerrechts (3. Aufl. 2001), 229, 230; *Ipsen,* in: *Ipsen* (Fn. 7), § 68 Rn. 39; *Bothe,* in: *Graf Vitzthum* (Hrsg.), Völkerrecht (4. Aufl. 2007), II Rn. 150.

II[23] regt allerdings an, denjenigen Personen eine möglichst weitgehende Amnestie zu gewähren, die am bewaffneten Konflikt teilgenommen haben oder denen aus Gründen im Zusammenhang mit dem Konflikt die Freiheit entzogen wurde. Diese Bestimmung erlaubt aber keine Amnestien für Verstöße gegen Humanitäres Völkerrecht. Sie soll lediglich eine Angleichung zum Recht des internationalen bewaffneten Konflikts bewirken. Amnestien sollen denjenigen zugute kommen, die sich – ohne Humanitäres Völkerrecht zu brechen – lediglich an den Kampfhandlungen beteiligt haben.[24] Die Amnestie soll im nicht internationalen Konflikt die Funktion der dort fehlenden Kombattantenimmunität erfüllen. Kämpfer sollen sich nicht für legale Schädigungshandlungen vor einem Gericht verantworten müssen.

d) Geheimdienstmitarbeiter

Immer in besonderer Gefahr und in besonderer Versuchung, Menschenrechtsverletzungen zu begehen, sind Mitarbeiter von Geheimdiensten. Soweit sie als Diplomaten in einen Gaststaat entsandt sind, steht die diplomatische Immunität in Rede. Soweit sie nicht unter einem diplomatischen Deckmantel agieren, rücken die Geheimdienstmitarbeiter auch persönlich in den Blickpunkt. Man denke etwa im strafrechtlichen Bereich an Ermittlungsverfahren deutscher Staatsanwaltschaften (namentlich in Zweibrücken und in Frankfurt/Main) gegen CIA-Mitarbeiter im Zusammenhang mit dem angeblichen Ausfliegen von CIA-Gefangenen nach Afghanistan über US-Militärflughäfen in Deutschland.[25] Jenseits diplomatischer Immunität genießen Geheimdienstmitarbeiter keine persönliche Immunität. Da sie keine

23 Zusatzprotokoll vom 8. Juni 1977 zu den Genfer Abkommen vom 12. August 1949 über den Schutz der Opfer nicht internationaler bewaffneter Konflikte, 1125 UNTS 3; BGBl. 1990 II 1550.

24 *Arriaza*, 59 L. & Contemp. Probs. 93, 97 (Autumn 1996); *Cassel*, 59 L. & Contemp. Probs. 197, 218 (Autumn 1996); *Roth-Arriaza/Gibson*, 20 HRQ 843, 865 (1998); *Kamminga*, 23 HRQ 940, 958. (2001); *Broomhall*, International Justice and the International Criminal Court: Between Sovereignty and the Rule of Law (2003), 97; *Bartelt*, AVR 43 (2005), 187, 198 Fn. 64.

25 Siehe nur *Restle/Goetz*, US-Stützpunkte in Deutschland: Drehscheibe für Folterflüge, Monitor Nr. 536 vom 21.7.2005; CIA-Geheimflüge – Steinmeier soll von US-Regierung Aufklärung verlangen, Spiegel Online vom 26.11.2005; *Müller*, Geheime CIA-Flüge – „Keine Sonderrechte für die Amerikaner", FAZ Net vom 29.11.2005.

Organe einer offenen Kriegsführung in einem bewaffneten Konflikt sind, kommt ihnen auch das Kombattantenprivileg nicht zu Hilfe.

e) Spione

Spion ist gemäß Art. 29 HLKO[26], wer heimlich oder unter falschem Vorwand in dem Operationsgebiet einer der kriegsführenden Parteien Nachrichten einzieht oder einzuziehen sucht in der Absicht, sie der Gegenpartei mitzuteilen. Art. 46 Abs. 2, 3 ZP I[27] ergänzt die Definition für Aktionen auf besetztem Gebiet. Entscheidendes Merkmal des Spions ist das bewusst heimliche Tätigwerden. Es gibt kein völkerrechtliches Verbot der Spionage.[28] Wird ein Spion allerdings auf frischer Tat ertappt, so genießt er weder Kombattantenimmunität, noch hat er einen Anspruch auf den Staus eines Kriegsgefangenen. Vielmehr kann er nach nationalem Recht bestraft werden.[29] Belohnt wird allerdings der fähige Spion. Kehrt dieser nach erfolgreich beendeter Mission glücklich zu den eigenen Streitkräften zurück, so darf er gemäß Art. 31 HLKO; 46 Abs. 5 ZP I nicht mehr wegen der Spionage zur Verantwortung gezogen werden.

f) Private Sicherheitsfirmen

Private Sicherheitsfirmen (Privatized Military Firms – PMF) spielen eine immer größere Rolle in der modernen Welt,[30] namentlich in Bürgerkriegen. Sie können aber auch Aufgaben übernehmen, die traditionell Streitkräfte übernommen haben. Bestes Beispiel dafür ist seit 2003 ihre Rolle als Helfer der alliierten Streitkräfte im Irak. Daraus ergeben sich Verantwortlichkeiten.

---

26 Abkommen vom 18. Oktober 1907 betreffend die Gesetze und Gebräuche des Landkriegs, RGBl. 1910, 107 (Haager Landkriegsordnung).

27 Zusatzprotokoll vom 8. Juni 1977 zu den Genfer Abkommmen vom 12.8.1949 über den Schutz der Opfer internationaler bewaffneter Konflikte, 1125 UNTS 3; BGBl. 1990 II 1550.

28 *Steinkamm,* in: *Seidl-Hohenveldern* (Fn. 22), 229, 232; *Doehring,* Völkerrecht (2. Aufl. 2004), Rn. 698; *Kunig,* in: *Graf Vitzthum* (Fn. 22), II Rn. 150.

29 Art. 30 HLKO; 46 Abs. 4 ZP I.

30 Eindringlich *Singer,* Corporate Warriors – The Rise of the Privatized Military Industry (Ithaca, NY 2003), deutsch: Die Kriegs-AGs (2006); außerdem *Avant,* The Market for Force (2005), und zu völkerrechtlichen Fragen *Singer,* 42 Columb. J. Int'l. L. 521 (2003); *Coleman,* 55 Hastings L. J. 1493 (2004).

Zum einen kann der beauftragende Staat verantwortlich sein für das Verhalten der von ihm engagierten Unternehmen und ihres Personals.[31] Zum anderen steht eine eigene Verantwortlichkeit des Unternehmens in Rede. Es genießt keine wie auch immer geartete Immunität. Auch der hoheitliche Auftrag rettet es nicht. Zwar mag der Staat durch es agieren, aber nicht in ihm. Indem der Staat delegiert, macht er den Delegierten nicht zum Hoheitsträger. Der Delegationsempfänger, die PMF, ist keine bloße Organisationsform des Staates (wie es bei Staatsbanken oder – insbesondere beliehenen – Staatsunternehmen der Fall wäre), sondern ein vom Staat getrennter und vom Staat rechtlich unabhängiger Organismus. Die PMF bewegt sich nicht mehr in der freien Formenwahl des Staates. Sie ist keine nur in eine private From gekleidete, aber dem Inhalt nach hoheitliche Betätigung des Staates. Sie ist vielmehr überhaupt keine Emanation des Staates.

g) Diplomatische Immunität

Aufgabe von Diplomaten ist es nach Art. 3 WÜD[32] u. a. seinen Staat im Empfangsstaat zu vertreten, mit der Regierung zu verhandeln sowie allgemein freundschaftliche Beziehungen zwischen den beiden Staaten zu pflegen und auszubauen. Nach Art. 31 Abs. 1 WÜD genießen Diplomaten Immunität von der Strafgerichtsbarkeit des Empfangsstaats. Die Immunität erstreckt sich grundsätzlich auch auf die Zivil- und Verwaltungsgerichtsbarkeit. Insoweit finden sich allerdings in Art. 31 Abs. 1 litt. a-c WÜD Ausnahmen. Diese betreffen alle ausschließlich private Handlungen des Diplomaten. Damit wird deutlich, dass die diplomatische Immunität nicht ad personam, nicht im persönlichen Interesse des Diplomaten gewährt wird.[33] Vielmehr soll er in die Lage versetzt werden, die in Art. 3 WÜD genannten Aufgaben wahrzunehmen.[34] Ziel ist die Erleichterung internationaler Beziehungen.[35]

---

31 Dazu *Epiney/Egbuna-Joss,* SZIER 2007, 215; *Kees,* Privatisierung im Völkerrecht, 2008, S. 132-173, 183-192 (speziell zu PMFs).

32 Wiener Übereinkommen über diplomatische Beziehungen vom 18.4.1961, 500 UNTS 95; BGBl. 1964 II 958.

33 *Hailbronner,* in: *Graf Vitzthum* (Fn. 22), I Rn. 62; *Doehring* (Fn. 28), Rn. 675.

34 *Hailbronner,* in: *Graf Vitzthum* (Fn. 22), I Rn. 58.

35 *Doehring* (Fn. 28), Rn. 675.

h) Vereinte Nationen

In jüngster Zeit hat sich eine weitere Dimension eröffnet: Vor der Rechtbank 's-Gravenhage klagen 6000 Hinterbliebene des Massakers von Srebrenica wegen der Unterlassungen des niederländischen Schutzkontingents Dutchbat gegen das Königreich der Niederlande und gegen die Vereinten Nationen (UN).[36] Die UN genießen im Rahmen ihrer Aufgaben Immunität.[37] Frieden sichernde oder erhaltende Maßnahmen auf der Basis von UN-Resolutionen gehören sicherlich zu den Aufgaben der UN. Daher genießen auch die peace keeping forces als Organe der UN Immunität.[38] Wie aber steht es um deren Immunität,[39] wenn solche Maßnahmen aus dem Ruder laufen oder eben Aufgaben nicht erfüllt werden? Völkermord gehöre mit Sicherheit nicht zu den Aufgaben der UN, formulieren gefällig die Anwälte der Kläger in den Niederlanden.[40] Zudem kann sich eine Konfliktlage mit Art. 6 EMRK ergeben.[41]

i) NATO

Die UN bedienen sich teilweise der NATO für „harte" Missionen. Daher besteht theoretisch die Möglichkeit, dass sich die NATO vor deutschen Zivilgerichten zu verantworten hat. Es gibt mindestens drei Beispiele im Zusammenhang mit dem Kosovo-Konflikt und der Bombardierung von Zielen in Serbien durch NATO-Streitkräfte, in denen versucht wurde, zumindest einzelne NATO-Staaten verantwortlich zu halten: den Fall Varvarin in Deutschland,[42] den Fall Bankovic in Belgien[43] und den Fall Markovic in

36 Sträfliche Untätigkeit, Der Spiegel 23/2007, 126.

37 Art. 105 UN-Charta.

38 *Doehring* (Fn. 28), Rn. 693.

39 Eingehend *Reinisch,* International Organisations before National Courts (2000).

40 Advocaten *Axel Hagedorn* und *Marco Gerritsen,* laut: Sträfliche Untätigkeit, Der Spiegel 23/2007, 126.

41 Siehe *Gallard/Pingel-Lenuzzi,* (2002) 51 ICLQ 1; *David,* J. Trib. 2004, 619; *ders.,* J. Trib. 2005, 454; *Reinisch/Weber,* IOLR 2004, 59; *Angelet/Weerts,* Clunet 134 (2007), 3.

42 *BGH* 2.11.2006, BGHZ 169, 348.

43 Gipfelnd in *EGMR* 12.12.2001, ECR Rep. 2001-XI – *Bankovic v. Belgium*; dazu u. a. *Rühl/Tritsch,* 97 Am. J. Int'l. L. 170 (2003).

Italien.[44] Die Immunität der NATO in Deutschland richtet sich nach Art. 5 NATO-Ottawa-Übereinkommen[45] und der dazu ergangenen Rechtsverordnung[46].[47]

j) Unternehmen

Unternehmen können in verschiedenster Weise an Menschenrechtsverletzungen beteiligt sein oder von diesen profitieren. Ob und inwieweit namentlich transnationale Unternehmen selber Täter von Menschenrechtsverletzungen sein können, wird seit Jahren intensiv diskutiert.[48] Eines aber steht fest: Ein privates Unternehmen, das im eigenen Interesse und nicht im Auftrag irgendeines Staates oder irgendeiner Organisation an Menschenrechtsverletzungen beteiligt ist oder von diesen profitiert, genießt keine Immunität.[49]

2. Spezifische Immunitätsausnahme bei (schweren) Menschenrechtsverletzungen?

Völkerrechtlich wird seit einigen Jahren ernsthaft diskutiert, ob denn nicht eine Ausnahme von der Immunität für Menschenrechtsverletzungen, zumindest für schwere Menschenrechtsverletzungen, zu machen sei.[50]

---

44 *Cassaz.*, Riv. dir. int. 2002, 799; dazu u. a. *Frulli*, (2003) 1 J. Int. Crim. L. 406. Siehe weiter *EGMR* 12.6.2003 – Markovic/Italy.

45 Übereinkommen über den Status der Nordatlantikvertrags-Organisation, der nationalen Vertreter und des internationalen Personals vom 20.9.1951, BGBl. 1958 II 117, 350 = 200 UNTS 3.

46 Durchführungsvereinbarung mit der Bundesrepublik Deutschland vom 30.11.1961, BGBl. 1962 II 113, 1523.

47 *Wenckstern,* in: Handbuch des Internationalen Zivilverfahrensrechts II/1 (1994), Rn. 226.

48 Siehe nur *Addo* (ed.), Human Rights and Transnational Corporations (1999), darin insbesondere *Jägers* S. 259; *Kamminga/Zia-Zarifi* (eds.), Liability of Multinational Corporations under International Law (2000); *Schmalenbach,* AVR 39 (2001), 57; *Ward,* 24 Hastings Int'l. & Comp. L. Rev. 451 (2001); *Seibert-Fohr/Wolfrum,* AVR 43 (2005), 153; *Emmerich-Fritsche,* AVR 45 (2007), 541 m. w. N.

49 Siehe nur *Cass.*, Rev. crit. dr. int. pr. 94 (2005), 80; *Schwander,* in: *Spühler* (Hrsg.), Internationales Zivilprozess- und Verfahrensrecht V (Zürich 2005), 109, 119 f., 124.

50 Siehe aus der Diskussion nur z. B. *Regina v. Bow Street Metropolitan Stipendiary Magistrate, ex parte Pinochet Ugarte* [2000] 1 A.C. 61 (H. L.); *Regina v. Bow Street*

a) Normhierarchischer Vorrang der Menschenrechte?

Das zentrale Argument für eine solche Immunitätsausnahme sieht auf den ersten Blick bestechend aus: Die Menschenrechte seien Grundbestandteil des Völkerrechts und das Völkerrecht könne nicht positiv durch Schutz eine Verletzung dessen sanktionieren, was es selber menschenrechtlich einfordere. Dies wäre widersprüchlich.[51] Hinzu soll die Normenhierarchie innerhalb des Völkerrechts treten: Die Menschenrechte seien ius cogens[52]. Das Immunitätsrecht sei demgegenüber nachrangig. Daher müssten die Menschenrechte Vorrang genießen und sich durchsetzen. Soweit die Menschenrechte etwas

---

Metropolitan Stipendiary Magistrate, ex parte Pinochet Ugarte (No 3) [2000] 1 A.C. 147 (H. L.); *Bianchi,* östZöRV 46 (1994), 195; *ders.*, (1999) 10 Eur. J. Int. L. 237; *ders.*, Rev. gén. dr. int. public 108 (2004), 101; *Kokott,* FS Rudolf Bernhardt (1995), 135, 148; *dies.*, BerDGesVR 38 (1998), 71, 84 f.; *Reimann,* (1995) 16 Mich. J. Int'l. L. 403; *Bröhmer* (Fn. 7), insbes. S. 189-215; *Ress,* Liber amicorum Carl Aage Nørgaard (1998), S. 157; *Karagiannakis,* (1998) 11 Leiden J. Int. L. 9; *Hess,* FS Rolf A. Schütze (1999), 269; *Flauss,* SZIER 2000, 209; *De Vittor,* Riv. dir. int. 2002, 573; *Reece Thomas/Small,* NILR 2003, 1; *Voyiakis,* (2003) 52 ICLQ 297; *Caplan,* 97 Am. J. Int'l. L. 741 (2003); *Kessedjian,* Trav. Com. Fr. dr. int. pr. 2002-2004, 151, 156; *Chueca Sancho,* REDI 2004, 508, 509; *Tomuschat,* Rev. gén. dr. int. publ. 109 (2005), 51; *Fox,* (2006) 55 ICLQ 399; *Hall,* (2006) 55 ICLQ 411; *ders.*, (2007) 18 Eur. J. Int. L. 921; *McGregor,* (2006) 55 ICLQ 437; *ders.*, (2007) 18 Eur. J. Int. L. 903; *Hailer,* Menschenrechte vor Zivilgerichten – Die Human Rights Litigation in den USA (2006), S. 177-182; *Requejo,* EuLF 2007, I-206, I-210; *Bankas,* The State Immunity Controversy in International Law (2005), S. 251-300; *Fornalè,* A Note on the Delevopment of State Immunity for Human Rights Violations (2006); *Orakhelashvili,* GYIL 49 (2006), 327; *ders.*, (2007) 18 Eur. J. Int. L. 955; *Giegerich,* in: *Tomuschat/Thouvenin* (eds.), The Fundamental Rules of the International Legal Order (2006), S. 203; *Novogrodsky,* (2007) 18 Eur. J. Int. L. 939; *Appelbaum,* Einschränkung der Staatenimmunität in Fällen schwerer Menschenrechtsverletzungen (2007,) und die Beiträge zum Symposium Immunità costituzionali di crimini internazionali, Milano, 8-9 febbaio 2007, insbesondere von *Frulli.*

51 *Cassaz.*, Riv. dir. int. 2004, 539, 547.

52 Siehe nur *BG*, AJP 2008, 244, 246 E. 7.3 m. Anm. *Eymann.*
Zum Konzept des *ius cogens*, des zwingenden Völkerrechts z. B. *Kadelbach,* Zwingendes Völkerrecht (1992); *Hannikainen,* Peremptory Norm (ius cogens) in International Law (1988); *Orakhelashvili,* Peremptory Norms in International Law (2006); *Kadelbach,* in: *Tomuschat/Thouvenin* (Fn. 50), 21; *Linderfalk,* (2007) 18 Eur. J. Int. L. 853.

geböten, habe das Immunitätsrecht zu weichen.[53] Leben und Gesundheit seien so hochwertig, dass sie vorgehen müssten.[54] Ius cogens umfasse, dass es prozessual effektiv durchgesetzt werde.[55] Man mag hier aber schon diskutieren, ob die Verpflichtung zur Effektivierung nicht zuvörderst den Verletzerstaat selber und außerdem den Staat, welchem die Opfer angehören, als Schutzberufenen trifft.[56]

b) *Verletzerstaat als Paria-Staat?*

Ein weiteres Argument gegen Immunität besagt, der Menschenrechte verletzende Staat werde gleichsam zum Paria-Staat.[57] Allerdings stößt sich ein wie auch immer geartetes Konzept der Paria-Staaten schnell am Prinzip der souveränen Gleichheit.[58] Der Zielkonflikt lässt sich nicht zirkelhaft durch einseitiges Betonen einer von mehreren Prämissen lösen.

c) *Internationalstrafrechtliches Weltrechtsprinzip*

Zudem unterfallen, so mag man für eine Immunitätsausnahme streiten, die völkerrechtlichen Kernverbrechen grundsätzlich dem strafrechtlichen Weltrechtsprinzip,[59] in Deutschland nach § 1 VStGB. Würde man Immunitäten

---

53 So Case concerning the Arrest Warrant of 11 April 2000 (*Democratic Republic of Congo v. Belgium*), Dissenting Opinion of Judge *Van den Wyngaert*, ICJ Reports 2002, 138 § 28; *Cremer* AVR 41 (2003), 137, 158.

54 *Lüke* (Fn. 15), S. 347.

55 *Orakhelashvili,* (2002) 45 GYIL 227, 257; *Bartsch/Elberling,* German L. J. 4 (2003), 477, 486.

56 Dahin *Caflisch,* Liber amicorum Georges Abi-Saab (2001), S. 660.

57 *Bianchi,* Essays on International Law in Honour of Antonio Cassese (2003), S. 149, 177.

58 Eingehend *Minnerop,* Paria-Staaten im Völkerrecht? (2004), S. 421-495.

59 Case concerning the Arrest Warrant of 11 April 2000 (*Democratic Republic of Congo v. Belgium*), Separate Opinion of Judge *Koroma,* ICJ Reports 2002, 59, § 9; Joint Separate Opinion of Judges *Higgins, Kooijmans and Buergenthal,* I.C.J. Reports 2002, 63, § 61; SCSR-Appeals Chamber, 13.3.2004, *Prosecutor v. Morris Kallon and Brima Bazzy Kamara – Decision on Challenge to Jurisdiction: Lomé Accord Amnesty,* Rn. 69; *Broomhall,* (2001) 35 NELR 399, 409; *Sadat*, 35 NELR 241, 244 (2001); *Bottini*, 36 JILP 503, 529-539 (2004); *Satzger*, Internationales und Europäisches Strafrecht (2005), § 4 Rn. 13; *Weigend*, FS Albin Eser (2005), S. 955, 971; *Wolfrum*, FS Albin Eser (2005), S. 977, 979; 39, 50-54; *Ambos* (Fn. 8), § 3 Rn. 96.

auch insoweit anerkennen, so würde dies das Ziel des Universalitätsprinzip, keine *safe havens* für die Täter zuzulassen,[60] konterkarieren.[61] Indes vermag dies Staaten nur zu treffen, soweit in Strafverfahren auch Staaten als solche angeklagt werden können. Ansonsten wären nur natürliche Personen, bestenfalls noch Korporationen oder Gliederungen betroffen.

d) Immunitätsverzicht?

Ein alternativer Begründungsansatz sieht in schweren Menschenrechtsverletzungen einen stillschweigenden Immunitätsverzicht.[62] Für einen Verzicht fehlt es jedoch an einer entsprechenden Äußerung des verletzenden Staates.[63] Zumindest sind die Formerfordernisse nicht erfüllt, die ein Immunitätsverzicht als Prozesshandlung erfüllen muss.[64] Selbst eine Unterzeichnung von Konventionen mit Verpflichtungen zur Achtung der Menschenrechte umfasst dies gemeinhin nicht. Ein stillschweigender Immunitätsverzicht durch Unterzeichnung wird umso unwahrscheinlicher, wenn man bedenkt, dass Konventionen, die dies wollen, explizite Regeln über den Umfang von Immunität enthalten. Aus Regeln wie Art. 27 Abs. 2 Rome Statute[65] lässt sich im Umkehrschluss

---

Vertiefend *Meron*, 98 Am. J. Int'l. L. 554, 569-576 (1995); *Kamminga*, 23 HRQ 940, 945-948 (2001).
Siehe auch bereits das DC Jerusalem 12.12.1961, *A.-G. of Israel v. Adolf Eichmann,* (1968) 36 ILR 18, 26 Rn. 11. Bestätigt im Urteil des Supreme Court of Israel 29.5.1962, *A.-G. of Israel v. Adolf Eichmann,* (1968) 36 ILR 277, 287 Rn. 10.

60 Case concerning the Arrest Warrant of 11 April 2000 (*Democratic Republic of Congo v. Belgium*), Dissenting Opinion of Judge *Van den Wyngaert*, ICJ Reports 2002, 138, § 46; *Joyner*, 59 L. & Contemp. Probs. 153, 166 (1996); *Lagodny*, ZStW 113 (2001), 800, 803; *Weigend,* GS Theo Vogler (2004), S. 197, 206; *ders.,* FS Albin Eser (2005), S. 955, 965.

61 *Bosch* (Fn. 9), S. 136.

62 So *Hugo Princz v. Federal Republic of Germany* 26 F. 3d 1166, 1179 f. (D.C. Cir. 1994, dissenting opinion by *Wald* D. J.) = 33 ILM 1483, 1497 f. (1994); *Belsky/Merva/Roht-Arriaza,* 77 Cal. L. Rev. 365, 378 (1989); *Pepper,* 18 Brooklyn J. Int'l. L. 313, 369 (1992); *Bergen,* 14 Conn. J. Int'l. L. 169 (1999).

63 *Bröhmer* (Fn. 7), S. 191; *Ress* (Fn. 50), S. 157, 193; *Appelbaum* (Fn. 50), S. 276.

64 *R. v. Bow Street Metropolitan Stipendiary Magistrate, ex parte Pinochet Ugarte (No. 3)* [2000] 1 AC 147, 162 (H. L., per Lord *Goff of Chieveley*); *Hess,* FS Rolf A. Schütze (1999), S. 269, 282; *Appelbaum* (Fn. 50), S. 151.

65 Rome Statute of the International Criminal Court vom 17.7.1998, 2187 UNTS 3.

ableiten, dass ein Immunitätsverzicht im Zweifel nicht gewollt ist, wenn er nicht expressis verbis ausgeführt ist.

e) Verwirkung von Immunität?

Aussichtsreicher als die Suche nach einem Verzicht scheint vorderhand ein Ansatz zu sein, der schwere Menschenrechtsverletzungen als eine Verwirkung von Immunität anspricht.[66] Mit dem Institut der Verwirkung muss man indes vorsichtig umgehen, weil sonst eine bodenlose Ausnahme drohte, um Staaten ihre Rechte zu nehmen.[67] Generell sei der Rückgriff auf allgemeine Grundlagen und zumal auf das Institut der Verwirkung als Einschränkung der Souveränität zweifelsbehaftet und methodisch fragwürdig.[68] Zudem kann man füglich bezweifeln, ob ein nationales Gericht der richtige Adressat für die Annahme einer Verwirkung ist.[69] Noch gewichtiger ist indes, dass ein Zirkel droht: Verwirkung wird angenommen, weil ein Staat eine Handlung begehe, die außerhalb des gebilligten Rahmens liege – in einem Gerichtsverfahren auf Haftung des Staates geht es aber gerade darum, zu klären, ob wirklich eine solche Handlung begangen wurde. Verwirkung darauf zu stützen, ein Staat habe sich selber außerhalb des Rechts gestellt, setzt voraus, was es erst zu erweisen gilt.

f) Liegen Menschenrechtsverletzungen außerhalb des Souveränitätsbereichs?

Bezüglich der funktionellen Immunität wird darüber hinaus vertreten, dass bereits ihre tatbestandlichen Voraussetzungen nicht erfüllt seien. Es fehle bereits an einer hoheitlichen Handlung,[70] da die Begehung der

66 So *Hugo Princz v. Federal Republic of Germany* 26 F. 3d 1166, 1179 f. (D.C. Cir. 1994, dissenting opinion by *Wald* D. J.) = 33 ILM 1483, 1497 f. (1994); *Doehring,* FS Ignaz Seidl-Hohenveldern (1988), S. 51, 53-55; *Pepper,* 18 Brooklyn J. Int'l. L. 313, 369 (1992); *Kokott,* FS Rudolf Bernhardt (1995), S. 135, 148; *Doehring/Ress,* AVR 37 (1999), 68, 85 f. Für diplomatische Immunität *Doehring* (Fn. 28), Rn. 684.

67 *Giegerich* (Fn. 50), S. 203, 225.

68 *Appelbaum* (Fn. 50), S. 282.

69 *Hess,* FS Rolf A. Schütze (1999), S. 269, 281 sowie *Rensmann,* IPRax 1999, 268, 271 f.; *Fox,* (1999) 48 ICLQ 687, 688.

70 *Dahm,* FS Arthur Nikisch (1958), S. 153, 170; *Paust,* 49 Houston J. Int'l. L. 49, 57 f. (1985); *Dahm/Delbrück/Wolfrum,* Völkerrecht – Die Grundlagen. Die Völkerrechts-

völkerrechtlichen Verbrechen keinesfalls zu den Aufgaben eines Staates zähle[71] und bei Amtsträgern nicht als ordentliche Amtsausübung angesehen werden könne.[72] Bei schweren Menschenrechtsverletzungen gebe es keine zu respektierende Souveränität.[73] Ius cogens begrenze die staatliche Souveränität.[74] Die staatliche Souveränität erstrecke sich nicht auf das Ob der Menschenrechteeinhaltung, da insoweit das Völkerrecht überforme.[75] Art. 2 Abs. 7 UN-Charta biete ein Indiz, denn er billige eine Befugnis zu Eingriffen anderer Staaten für Angelegenheiten, die sich nicht essentiell innerhalb der nationalen Zuständigkeit hielten, z. B. Verletzungen des Völkerrechts.[76] Indes setzt man so Souveränität und Immunität vorschnell in eins und wird den eigenen und insoweit eigenständigen Zwecken der Immunität nicht gerecht.[77] Immunität ist eben kein reiner Souveränitätsschutz, sondern setzt vielmehr das völkerrechtliche Interventionsverbot für genuin innere Angelegenheiten fremder Staaten prozessual um; sie verbietet gleichsam gerichtliche Übergriffe in die inneren Angelegenheiten anderer Staaten.[78] Sie soll internationale Justizkonflikte vermeiden.[79] Zudem bleibt menschenrechtswidriges Verhalten hier trotzdem staatlich veranlasst.[80] Auch ein menschenrechtswidriger Akt eines Staates bleibt ein souveräner Akt.[81]

---

subjekte I/ 1 (1989), S. 255; *Randall,* Federal Courts and the International Human Rights Paradigm (1990), S. 99; *Fastiggi,* 12 Dickinson J. Int'l. L. 387, 397 (1994); *Gornig,* FS Dietrich Rauschning (2001), S. 457, 481; *Adams,* in: *Scott* (ed.), Torture as Tort (2001), S. 247, 271; *Czaplinski,* Die Friedens-Warte 78 (2003), 63, 72.

71 *Bungenberg,* AVR 39 (2001), 170, 196; *Reece Thomas/Small,* NILR 2003, 1, 25; *Halfmeier,* RabelsZ 68 (2004), 653, 670 f.

72 *Gornig,* FS Dietrich Rauschning (2001), S. 457, 481; *Ruffert,* NILR 2001, 171, 183.

73 *Tangermann,* Die völkerrechtliche Immunität von Staatsoberhäuptern (2000), S. 214 f.

74 *Belsky/Merva/Roht-Arriaza,* 77 Cal. L. Rev. 365, 377 f. (1989); *Bucci,* 3 J. Int'l. Leg. Stud. 293, 308 (1997); *Adams* (Fn. 70), S. 247, 271.

75 *Halfmeier,* RabelsZ 68 (2004), 653, 668.

76 *Paust,* 23 Va. J. Int'l. L. 191, 221 (1983).

77 *Hess,* FS Rolf A. Schütze (1999), S. 269, 280.

78 *Hess,* FS Rolf A. Schütze (1999), S. 269, 280.

79 *Hess,* FS Rolf A. Schütze (1999), S. 269, 285.

80 *Stürner,* GPR 2007, 300, 301 f.

81 GA *Ruiz-Jarabo Colomer,* Schlussanträge vom 8.11.2006 in der Rs. C-292/05, Slg. 2007, I-1521, I-1536 Rn. 64.

g) Bedeutung des Art. 53 WVK?

Rechtstechnisch wird ein argumentum a maiore ad minus aus Art. 53 WVK gezogen: Nach Art. 53 WVK beschränke ius cogens Verpflichtungen aus völkerrechtlichen Verträgen. Dann müsse ius cogens erst recht einseitige völkerrechtliche Handlungen und damit hier die Gewährung von Immunität einschränken.[82] Freilich gehören die Regeln über Immunität selber zum Kernbestand des Völkerrechts und haben so im Grundsatz die Natur von ius cogens. Dies ändert die Natur der konfligierenden Rechtsgüter und verschiebt die Gewichte in der Abwägung.[83] Man muss zudem sehr aufpassen, nicht einen Schritt zu weit zu gehen und die Gewährung von Immunität ihrerseits als Teilnahme an dem Menschenrechtsverstoß zu geißeln.[84]

h) Tatbestandlicher Zuschnitt einer Ausnahme

Eine Immunitätsausnahme würde jedenfalls nicht an tatbestandlicher Unbestimmtheit scheitern. Denn der Kreis schwerer Menschenrechtsverletzungen lässt sich vergleichsweise präzise anhand bestehenden Völkerrechts umgrenzen. Die entsprechenden Tatbestände lassen sich Art. 5-8 Rom-Statut des IStGH entlehnen:[85] Völkermord, Verbrechen gegen die Menschlichkeit (insbesondere Folter) und Kriegsverbrechen. Zudem sind die Menschenrechte völkerstrafrechtlich geschützt.

i) Zwecke der Immunität insbesondere in Zivilverfahren

Es besteht die Gefahr, dass das jeweilige Forum politische Überlegungen anstellt.[86] Insbesondere die Neutralität gegnerstaatlicher Gerichte ist alles andere als gewährleistet.[87] Immunität bezweckt eben, politisierte Verfahren von Gerichten fernzuhalten.[88] Umgekehrt will sie ausländische Staaten vor

---

82 *Pepper,* 18 Brooklyn J. Int'l. L. 313, 369 (1992); *Kokott,* FS Rudolf Bernhardt (1995), S. 135, 148 f.; vgl. auch *Lüke* (Fn. 15), S. 343.

83 *Lüke* (Fn. 15), S. 343.

84 *Lüke* (Fn. 15), S. 343; *Giegerich* (Fn. 50), S. 203, 226.

85 *Cremer,* AVR 41 (2003), 137, 142; vgl. auch *Scovazzi,* Riv. dir. int. 2004, 685.

86 *Zimmermann,* 16 Mich. J. Int'l. L. 433, 439 (1995); *Appelbaum* (Fn. 50), S. 291.

87 *Kadelbach,* BerDGesVR 40 (2003), 57, 94.

88 *Hess,* BerDGesVR 40 (2003), 107, 189.

einer politisierten Justiz schützen.[89] Immunität soll auch die Beziehungen zwischen Staaten ungestört lassen[90] und berücksichtigt so die außenpolitische Dimension gegen andere Staaten oder deren Organe. Innerstaatlich droht zudem ein Konflikt mit der eigenen Exekutive und der dieser vorbehaltenen Außenpolitik; dies ist unter dem Aspekt der Gewaltenteilung nicht außer Acht zu lassen.[91] Völkerrechtlich steht der Vorrang völkerrechtlicher Streitbeilegungsmechanismen in Rede.[92] Die Immunität leistet im Zivilprozess also Abschichtungsarbeit zwischen völkerrechtlichem und national-zivilgerichtlichem Rechtsschutz.[93] Dagegen mag man wieder als Abwägungsaspekt die effektive Durchsetzung der Menschenrechte einführen.[94]

j) Völkerrechtsrelevante Praxis insbesondere internationaler Gerichte

Im Völkerrecht ist letztlich unklar, ob eine Immunitätsausnahme für schwerwiegende Menschenrechtsverletzungen bereits zum Völkergewohnheitsrecht zählt und inwieweit sie sich schon verfestigt hat. Dies dürfte jedenfalls für die funktionelle Immunität gelten.[95] Anders sieht es allerdings für die Immunität ratione personae aus. Wesentliche internationale Spruchkörper haben sich einer Ausnahme bisher versagt. Der IGH hat eine Ausnahme im Arrest

---

89 *Hess,* FS Rolf A. Schütze (1999), S. 269, 281; *ders.,* BerDGesVR 40 (2003), 107, 189; *Tomuschat,* in: *Randelzhofer/Tomuschat* (eds.), State Responsibility (1999), S. 1, 14 f.; *Hobe,* IPRax 2001, 368, 369.

90 *Geimer,* LMK 2003, 215, 216; *Pittrof,* German L. J. 5 (2004), 15, 20.

91 *Appelbaum* (Fn. 50), S. 291 f.

92 *Kadelbach,* BerDGesVR 40 (2003), 57, 94; *Hess,* FS Rolf A. Schütze (1999), S. 269, 281; *ders.,* BerDGesVR 40 (2003), 107, 189; vgl. auch BGHZ 169, 348.

93 *Hess,* Staatenimmunität bei Distanzdelikten (1992), S. 340 ff.; *ders.,* FS Rolf A. Schütze (1999), S. 269, 281, 285.

94 *Halfmeier,* RabelsZ 68 (2004), 653, 671.

95 *Bothe,* ZaöRV 31 (1971), 246, 248; *Herdegen,* ZaöRV 47 (1987), 221, 224; *Watts,* Rec. des Cours 1994-III, 19, 113; *Mohr,* in: *Hankel/Stuby* (Hrsg.), Strafgerichte gegen Menschheitsverbrechen (1995), S. 401, 411; *Folz/Soppe,* NStZ 1996, 576, 577; *Lüke* (Fn. 15), S. 273; *Kreß,* NStZ 2000, 617, 622; *ders.,* GA 2003, 25, 35; *Zappalà,* (2001) 12 Eur. J. Int. L. 595, 604; *Bungenberg,* AVR 39 (2001), 170, 196; *Gaeta,* in: *Cassese/Gaeta/Jones* (eds.), The Rome Statute of the International Criminal Court – A Commentary, Volume I (2002), S. 975, 990; *Hokema* (Fn. 7), S. 235; *Wirth,* (2002) 13 Eur. J. Int. L. 877, 888; *Dörr,* AVR 41 (2003), 201, 217; *Bosch* (Fn. 9), S. 131; *Akande,* 98 Am. J. Int'l. L. 407, 413 (2004).

Warrant-Fall Kongo/Belgien abgelehnt,[96] als es um einen Haftbefehl gegen den kongolesischen Außenminister Yerodia gerade wegen seiner angeblichen Beteiligung an Menschenrechtsverletzungen ging. Die Entscheidung bezieht sich allerdings ausdrücklich nur auf nationale Gerichte. Vor einem internationalen (Straf-)Gericht soll bei schwerwiegenden Menschenrechtsverletzungen auch die personelle Immunität nicht greifen.[97] Dies entspricht auch der bisherigen Verfahrenspraxis. Das Rom-Statut und seine Vorgänger erklären allesamt amtliche Eigenschaften für unerheblich.[98] Nach dem IGH (genauer: nach der dortigen Mehrheitsmeinung) wird die persönliche Immunität von Amtsträgern nur in vier Fällen durchbrochen:[99] erstens bei Verfolgung im eigenen Staat; zweitens bei Immunitätsverzicht durch den eigenen Staat; drittens bei Verbrechen, die vor oder nach der Amtszeit begangen wurden; viertens bei Strafverfolgung vor internationalen Gerichtshöfen mit spezieller Zuständigkeit. Insoweit sind Ausnahmen anerkannt. Daher lässt sich auch aus der Präambel und Art. 27 IStG-Statut kein Honig für eine allgemeine Immunitätsausnahme saugen,[100] da die dortigen Ausnahmen genau in den anerkannten Rahmen fallen. Strafverfolgung vor internationalen Gerichtshöfen spielt eine Sonderrolle,[101] denn bei ihnen ist die Objektivität der Richterbank in größerem Maße gewährleistet als bei nationalen Gerichten, zumal wenn diese über Verletzungen eigener Staatsangehöriger zu entscheiden haben.[102] Die erste und die vierte Ausnahme passen zudem genau in das von Art. IV

96 Case concerning the Arrest Warrant of 11 April 2000 (*Democratic Republic of Congo v. Belgium*), Judgement, ICJ Reports 2002, 3, §§ 56 ff.

97 Case concerning the Arrest Warrant of 11 April 2000 (*Democratic Republic of Congo v. Belgium*), Judgement, ICJ Reports 2002 § 130.

98 Art. 7 Statut des Internationalen Militärgerichtshofs von Nürnberg, UNTS 82 (1951), 280; Art. 6 Statut des Internationalen Militärgerichtshofs von Tokyo, abgedr. in: *Bassoni*, Crimes against Humanity (1992), 66; Art. 7 Abs. 2 Statut des Jugoslawien-Tribunals, UN-Dok. S/RES/827 (1993), HRLJ 1993, 197; Art. 6 Abs. 2 Statut des Ruanda-Tribunals, UN-Dok. S/RES/955 (1996); Art. 27 Rome Statute of the International Criminal Court, UN-Doc. A/Conf.183/9, 1998 ILM 999.

99 Case concerning the Arrest Warrant of 11 April 2000 (*Democratic Republic of Congo v. Belgium*), Judgement, ICJ Reports 2002 § 130.

100 Entgegen *Halfmeier*, RabelsZ 68 (2004), 653, 667 f.

101 Zur Immunität vor internationalen Strafgerichten eingehend *Uerpmann-Wittzack*, AVR 44 (2006), 33.

102 *Hess*, FS Rolf A. Schütze (1999), S. 269, 281.

Völkermordkonvention[103] entwickelte Konzept, das anerkanntermaßen nur enge Immunitätsausnahmen zulässt.[104]

In die gleiche Richtung hat der EGMR in den Fällen al-Adsani, Fogarty und McElhinney entschieden.[105] Alle diese Entscheidungen mögen Zwischenpositionen oder ein Beharren auf hergebrachten Positionen darstellen, aber sie setzen doch Orientierungsmarken, an denen progressiv vorbeizugehen einigen Mut und einigen Vorwitz erfordern würde. Man mag diese Entscheidungen sachlich für falsch, fragwürdig oder zu konservativ halten; man kann aber nicht leugnen, dass sie erhebliche Autorität für den gegenwärtigen Entwicklungsstand des Völkerrechts entfalten. Dies gilt umso mehr, wenn es Minderheitenvoten für progressivere Auffassungen gibt,[106] die Mehrheit sich aber trotzdem für den konservativeren Weg entschieden hat. Jene Entscheidungen mögen einen Rückschritt gegenüber fortschrittlicheren Tendenzen in der Diskussion bedeuten, aber sie sind Orientierungsmarken für Staaten und Amtsträger, wenn diese zu beurteilen haben, ob sie eine Verfolgung im Ausland wegen Menschenrechtsverletzungen zu gewärtigen haben.[107] Zudem gibt es nationale Entscheidungen, die in dieselbe Richtung gehen und Immunität gewährt haben, obwohl Folter- oder Terrorismusvorwürfe im Raum standen.[108] Eine andere Tendenz könnte sich allerdings wiederum, zumindest für die nachlaufende funktionale Immunität in

---

103 Convention on the Punishment of the Crime of Genocide vom 9.12.1948, 78 UNTS 277 = BGBl. 1954 II 730.

104 Siehe nur *Jescheck*, ZStW 66 (1954), 193, 211; *Ipsen/Epping(-Ipsen)* (Fn. 7), § 48 Rn. 9.

105 *EGMR* 21.11.2001, EHCR Reports 2001-XI §§ 56, 66 – *Al-Adsani/United Kingdom* = EuGRZ 2002, 403 = (2002) 34 EHRR 111 = 41 ILM 536 (2002) = Int'l. Lis 2002, 91 m. Anm. *Radicati di Brozolo* (dazu u. a. *Tams*, AVR 40 [2002], 331; *Maierhöfer*, EuGRZ 2002, 391; *Orakhelashvili*, [2002] 15 Leiden J. Int. L. 703; *ders.*, GYIL 45 [2002], 227); *EGMR* 21.11.2001, EHCR Reports 2001-XI § 36 – *Fogarty/United Kingdom*; *EGMR* 21.11.2001, EHCR Reports 2001-XI § 38 – *McElhinney/Ireland.*

106 Insbesondere *EGMR* 21.11.2001, EHCR Reports 2001-XI – *McElhinney/Ireland*: Joint Dissenting Opinion of Judges *Caflisch, Cabral Barreto* and *Vajic*, Dissenting Opinion of Judge *Rozakis*, Dissenting Opinion of Judge *Loucaides*; *EGMR* 21.11.2001, EHCR Reports 2001-XI – *Al-Adsani/United Kingdom*, Dissenting Opinion of Judge *Loucaides*; *EGMR* 21.11.2001, EHCR Reports 2001-XI – *Fogarty/United Kingdom*, Dissenting Opinion of Judge *Loucaides.*

107 *Dörr,* AVR 41 (2003), 201, 210-218; *ders.*, in: *Leible/Ruffert* (Hrsg.), Völkerrecht und IPR (2006), S. 175, 183.

108 Z. B. *OVG Rheinland-Pfalz*, DVBl 1992, 850 (Mugabe).

Strafsachen, in den Pinochet-Entscheidungen[109] des House of Lords abbilden.[110] Zudem hat der EuGH in Krombach/Bamberski zugestanden, dass einer Entscheidung wegen schwerer Menschenrechtsverletzungen die Anerkennung gestützt auf Art. 34 Nr. 1 EuGVVO versagt werden kann.[111] Bei den nationalen Gerichten kann man durchaus Tendenzen zur Differenzierung sehen:[112] Immunität trotz Verstoßes gegen zwingendes Völkerrecht für Staaten und amtierende Staatsoberhäupter,[113] keine Immunität in solchen Fällen für einfache Amtsträger und Beauftragte.[114] Die Dinge sind ersichtlich im Fluss, aber der Strom ist noch nicht hinreichend zur Ruhe gekommen, als dass sich etwas abschließend geklärt hätte. Namentlich die nationalen

---

109 *R. v. Bow Street Metropolitan Stipendiary Magistrate, ex parte Pinochet Ugarte* [2000] 1 AC 61 = [1998] 3 WLR 1456 (H.L.); *R. v. Bow Street Metropolitan Stipendiary Magistrate, ex parte Pinochet Ugarte (No. 2)* [1999] 2 WLR 272 (H.L.); *R. v. Bow Street Metropolitan Stipendiary Magistrate, ex parte Pinochet Ugarte (No. 3)* [2000] 1 AC 147 = [1999] 2 WLR 827 = [1999] 2 All ER 97 (H.L.).

110 *Ruffert,* NILR 48 (2001), 171, 189 f.; *Dörr,* AVR 41 (2003), 201, 218 f.; *ders.* (Fn. 107), S. 175, 183 f.

111 *EuGH* 28.3.2000 – Rs. C-7/98, Slg. 2000, I-1935 - *Dieter Krombach/André Bamberski* = JZ 2000, 723 m. Anm. *v. Bar* = ZIP 2000, 859 m. Anm. *Geimer* = ZZP Int. 2000, 219 m. Anm. *Prinz v. Sachsen Gessaphe* = Rev. crit. dr. int. pr. 89 (2000), 481 m. Anm. *Muir Watt* = Riv. dir. int. 2001, 723 m. Anm. *Biagioni* (dazu *Gundel,* EWS 2000, 442; *Piekenbrock,* IPRax 2000, 364; *Huet,* Clunet 128 [2001], 690; *Matscher,* IPRax 2001, 428); zustimmend z. B. *Hess,* in: *Marauhn* (Hrsg.), Bausteine eines europäischen Beweisrechts (2007), S. 17, 22 f.

112 *Rombouts/Sardaro/Vandeginste,* in: *de Feyter/Parmentier/Bossuyt/Lemmens* (eds.), Out of the Ashes – Reparation for Victims of Gross and Systematic Human Rights Violations (2005), S. 345, 448.

113 *Argentine Republic v. Amerada Hess Shipping Corp.* 109 S.Ct. 683, 693, 488 US 428, 438 (1989); *Siderman de Blake v. Republic of Argentina* 965 F. 2d 699 (9th Cir. 1992); *Princz v. Federal Republic of Germany* 26 F. 3d 1166 (D.C. Cir. 1994); *Sampson v. Federal Republic of Germany* 250 F. 3d 1145 (7th Cir. 2001); *Tachinoa v. Mugabe* 169 F. Supp. 2d 259 (S.D. N.Y. 2001); *Joo v. Japan* 332 F. 3d 679 (D.C. Cir. 2003), cert. den. 124 S.Ct. 1835 (2004); ~ 2001 WL 1246419 (D. D.C. 2001); *Bouzari v. Islamic Republic of Iran* 71 O.R. (3d) 675 (C.A. Ontario 2004). Siehe aber auch *Alejandre v. Republic of Cuba* 996 F. Supp. 1239 (S.D. Fla. 1997).

114 *Jones, Mitchell et al. v. Kingdom of Saudi Arabia* [2006] UKHL 26, [2007] 1 AC 270, [2006] 2 WLR 1424 (H.L.), ~ [2004] EWCA Civ 1304, [2005] QB 699 (C.A.); *Filártiga v. Peña-Irala* 630 F. 2d 876 (2d Cir. 1980); *Abebe-Jira v. Negewo* Docket no. 90-02010 11th Cir. 10 January 1996; *Xuncax v. Gramajo* 886 F. Supp. 162 (D. Mass. 1995).

Entscheidungen sind bisher nur Ausnahmefälle und in ihrer Summe nicht hinreichend verfestigt.[115] Völkergewohnheitsrecht kann sich daher kaum gebildet haben und eine Ausnahme jedenfalls noch kaum tragen. Eine Beschränkung der Staatenimmunität bei Verstößen gegen zwingende Normen des Völkerrechts[116] ist wohl noch kein Bestandteil des geltenden Völkerrechts.[117] Idealvorstellungen, wie wünschenswert sie auch sein mögen, werden dadurch, dass man sie haben kann, noch nicht zu Völkergewohnheitsrecht.[118] Zudem müsste man immer noch klären, inwieweit die generell bestehenden Unterschiede zwischen strafrechtlicher und zivilrechtlicher Immunität[119] sich auswirken würden, selbst wenn man für das Strafrecht eine Immunitätsausnahme anerkennen würde. Denn die Einleitung eines Zivilverfahrens steht in dem freien Entschluss Privater und birgt deshalb eine größere Missbrauchsgefahr als die Einleitung eines Strafverfahrens, das staatlich initiiert wird.[120]

k) UN-Konvention über Immunitätsfragen

Die relative Unklarheit des gegenwärtigen Rechtszustands hat Überlegungen auf institutioneller Ebene ausgelöst. Diese mündeten in ein Projekt der International Law Commission, das sich spezifisch mit der Verantwortlichkeit und Haftung von Staaten für rechtswidriges Handeln befasste.[121] Eine benachbarte

---

115 *Appelbaum* (Fn. 50), S. 211.

116 Dafür *Kokott,* FS Rudolf Bernhardt (1995), S. 135, 148 f.; siehe auch *Ambos,* JZ 1999, 16, 21 f.; *Wirth,* Jura 2000, 70, 72 f.

117 BGHZ 155, 279, 284; *Hess* (Fn. 92), S. 292 f.; *Reimann,* IPRax 1995, 123, 127; *Seidl-Hohenveldern,* IPRax 1996, 52, 53 f.; *Scheffler,* Die Bewältigung hoheitlich begangenen Unrechts durch fremde Zivilgerichte (1997), S. 87 f.; *Rensmann,* IPRax 1998, 44, 47; *Kämmerer,* AVR 37 (1999), 283, 307 f.; *Stürner,* IPRax 2008, 197, 201, 203; *Geimer,* IPRax 2008, 225, 226.

118 So in benachbartem Kontext BGHZ 169, 348, 356.

119 Siehe nur *Regina v. Bow Street Metropolitan Stipendiary Magistrate, ex parte Pinochet Ugarte (No 3)* [2000] 1 A.C. 147 (H.L.); *Maierhöfer,* EuGRZ 2002, 391, 394; *Lüke* (Fn. 15), S. 275; *Hess,* BerDGesVR 40 (2003), 107, 193.

120 *Lüke* (Fn. 15), S. 60.

121 International Law Commission Draft on State Responsibility, Draft Articles adopted by ILC at its 53rd session, UN Doc. A/CN.4/L.602 Rev. 1. Dazu u. a. *Denza,* (2006) 55 ICLQ 395; *Fox,* (2006) 55 ICLQ 399; *Gardiner,* (2006) 55 ICLQ 407; *Hall,* (2006) 55 ICLQ 411; *Dickinson,* (2006) 55 ICLQ 427; *Économidès,* RHDI 28 (2005),

UN-Konvention über Immunitätsfragen ist 2005 verabschiedet worden,[122] aber völkerrechtlich noch nicht in Kraft. Zudem bliebe selbst angesichts dieser Konvention zu fragen, in welchem Umfang diese geltendes Recht nur aufgreift und in welchem Umfang sie neue Marken für die Zukunft zu setzen vermöchte. In ihr findet sich jedenfalls keine ausdrückliche Immunitätsausnahme für (schwere) Menschenrechtsverletzungen. Sie ist angesichts dessen eher geeignet, die konservative Position zu bestärken als der progressiven Auftrieb zu geben.

l) Immunitätsausnahme bei fehlendem effektivem Rechtsschutz im Verletzerstaat und vor völkerrechtlichen Instanzen?

Immunität darf letztlich jedoch nicht zu einer vollständigen Rechtsschutzverweigerung führen. Insoweit steht das prozessuale Menschenrecht auf effektiven Rechtsschutz entgegen.[123] Deutschland als Forumstaat muss es achten und schützen. Insoweit wirkt Art. 6 EMRK. Insoweit verändern sich die Gewichte, die gegeneinander abzuwägen sind: Auf der einen Waagschale liegt die Immunität, auf der anderen nicht nur das verletzte Menschenrecht, sondern zusätzlich das Menschenrecht auf effektiven Rechtsschutz. Deutschland drohte eine eigene Menschenrechtsverletzung zu begehen. Diese hätte originären, nicht akzessorischen Charakter. Gegenüber den eigenen menschenrechtlichen Bindungen Deutschlands im prozessualen Bereich kann es keinen unbedingten und unbegrenzten Vorrang der Immunität geben.

Immunität führt dann nicht zur Rechtsschutzverweigerung, wenn im Verletzerstaat selbst ein Verfahren möglich ist. Rechtsschutzverweigerung tritt auch dann nicht ein, wenn völkerrechtliche Instanzen eine Streitbeilegung ermöglichen. Schließlich besteht Rechtsschutz, sofern sich Schäden im Wege

77; *Tcheuwa,* RHDI 28 (2005), 85; *d'Orbi,* RHDI 28 (2005), 115 (alles erschienen 2007).

122 United Nations Convention on Jurisdictional Immunities of States and Their Property of 17 January 2005.

123 *Pahr,* Mélanges offerts à Polys Modinos, 1968, S. 222, 231 f.; *Hess,* Staatenimmunität bei Distanzdelikten, (1992), S. 313-319; *ders.,* FS Rolf A. Schütze (1999), S. 269, 282; *Bröhmer* (Fn. 7), S. 160 ff.; *Leipold,* FS Gerhard Lüke (1997), S. 353, 375 f. Kritisch indes *Wenckstern* (Fn. 47), Rn. 181.

des diplomatischen Schutzes[124] einfordern lassen. Problematisch wird die Abwägung, wenn keine dieser Optionen besteht. Dann könnte Art. 6 EMRK gebieten, eine Notzuständigkeit[125] in Deutschland zuzulassen.[126] Effektiver Rechtsschutz muss auch auf die Effektivität ausgeworfener Entschädigungen sehen.[127] Bloß symbolische Aussprüche dürften kaum hinreichen. Auch Verfahren von nicht abzusehender Dauer oder Verfahren in einem faktisch zusammengebrochenen Justizsystem sind nach den Maßstäben des Art. 6 EMRK nicht als effektiver Rechtsschutz anzusehen. Hinzu sollten effektive Durchsetzungsmöglichkeiten gegen den betreffenden Staat treten. Werden entweder die justizielle Einforderung oder die Durchsetzung ausgeurteilter Entschädigungen im Verletzerstaat systematisch behindert oder unterdrückt, so besteht keine effektive Rechtsschutzmöglichkeit. Dies ist allerdings nicht bereits dann gegeben, wenn die Verfahren als solche ordnungsgemäß und vor einer unabhängigen Justiz stattfinden, aber die Wahrscheinlichkeit einer Verurteilung des Staates gering ist. Eine weisungsabhängige Justiz in einer Diktatur oder einem Einparteienstaat wiederum gewährleistet keine unabhängige Rechtspflege.

Bei Folter könnte man zudem Art. 3 EMRK heranzuziehen und daraus aktive Gewährungspflichten anderer Staaten anzuknüpfen versucht sein.[128] Freilich richtet sich Art. 3 EMRK, soweit er ein Gebot zu effektiver Rechtsschutzgewährung enthält, in allererster Linie gegen denjenigen Vertragsstaat, welcher selber die Menschenrechte verletzt.[129] Zudem enthält die EMRK mit Art. 6; 13 EMRK eigene verfahrensrechtsbezogene Regelungen, die es prinzipiell schwer machen, aus deutlich materiellrechtlich ausgerichteten Normen verfahrensrechtliche Konsequenzen ziehen zu wollen.

---

124 Siehe zur Verfolgung von Individualansprüchen im Wege des diplomatischen Schutzes StIGH 30.8.1924, Series ICJ A 2 S. 12 – Mavrommatis; BVerfGE 94, 315, 329; BGHZ 134, 67; BVerwGE 99, 276; *Abraham Youri v. United States* 139 F. 3d 1462, 1466 (D.C. Cir. 1997).

125 Zum Konzept der Notzuständigkeit z. B. *Geimer,* ZfRV 1992, 405; *ders.* (Fn. 10), Rn. 1035; *Schütze,* FS Walter H. Rechberger (2005), S. 563.

126 *Hess,* FS Rolf A. Schütze (1999), S. 269, 283; siehe auch *Wenckstern* (Fn. 47), Rn. 186.

127 *Wautelet,* JMLB 2006, 977, 979.

128 Dafür *Orakhelashvili,* (2003) 14 Eur. J. Int. L. 529, 551 f.

129 Siehe *EGMR* 21.11.2001, EHCR Reports 2001-XI §§ 37-39 – *Al-Adsani/United Kingdom.*

3. *Sonderrolle bei (behaupteten) Menschenrechtsverletzungen des deutschen Staates oder seiner Amtsträger*

Ein Staat kann sich vor deutschen Gerichten keinesfalls auf Immunität berufen: die Bundesrepublik Deutschland selbst. Par in parem non habet iurisdictionem – aber dies schützt keinen Staat davor, vor seinen eigenen Gerichten verantwortlich gehalten zu werden. Über sich selber darf man zu Gericht sitzen. Im Gegenteil gebietet der Rechtsstaat, dass der Staat sich vor seinen eigenen Gerichten verantwortlich halten lassen muss. Gegen die Bundesrepublik Deutschland gibt es in Deutschland die Rechtswegegarantie des Art. 19 Abs. 4 GG. Daher spielen angebliche oder behauptete Menschenrechtsverletzungen Deutschlands oder deutscher Amtsträger vor deutschen Gerichten eine Sonderrolle. Deutschland wurde bisher mit Klagen wegen der Verbrechen der NS-Zeit vor Zivilgerichte zitiert.[130] In Zukunft aber könnte man sich etwa vorstellen, dass Menschenrechtsverletzungen seitens deutscher Amtsträger im Zusammenhang mit UN-Kampfmissionen reklamiert werden.

4. *Illustration: Der Distomo-Fall und der Kalávrita-Fall vor griechischen, deutschen und europäischen Gerichten*

a) *Die Ausgangssachverhalte*

Die Gesamtproblematik ist in jüngster Zeit vor allem im Zusammenhang mit der juristischen Aufarbeitung des Distomo-Massakers virulent und prominent geworden. Der Distomo-Fall hat eine Gerichtsgeschichte vor griechischen, deutschen und europäischen Gerichten.[131] Er hat den EuGH, das

130 Zum Gesamtkomplex der Entschädigung wegen Kriegsverbrechen in seinen internationalrechtlichen Dimensionen z. B. *Dolzer,* 20 Berkeley J. Int'l. L. 297 (2002); *Tomuschat,* 10 Tulane J. Int'l. & Comp. L. 157 (2002); *Zegveld,* 85 Int. Review Red Cross 497 (2003); *Gillard,* 85 Int. Review Red Cross 529 (2003); *Gattini,* Le riparazioni di guerra nel diritto internazionale (Padova 2003); *ders.,* (2003) 1 J. Int. Crim. Justice 360; *Heintschel v. Heinegg,* BerDGesVR 40 (2003), 1; *Hess,* BerDGesVR 40 (2003), 107; *Redress,* Legal Remedies for Victims of International Crimes (2003); *Salado-Osuna,* In Honour of Professor Juan Antonio Carrillo-Salcedo (2005), S. 417.

131 Zu Sachverhalt und Verfahrensgeschichte insbesondere *Boysen,* AVR 44 (2006), 363, 364-367.

Bundesverfassungsgericht und das Griechische Höchste Sondergericht für völkerrechtliche Fragen gleichermaßen beschäftigt, von allen Instanzen der Zivilgerichtsbarkeit in Griechenland und Deutschland ganz zu schweigen. Der Ausgangssachverhalt ist schrecklich:[132] Am 10. Juni 1944 ermordete die 2. Kompanie des SS-Panzergrenadier-Regiments 7, der Wehrmacht unterstellt, in dem griechischen Bergdorf Distomo nahe Delphi 200 bis 300 Menschen. Angeblicher Grund dafür war eine Vergeltungsaktion für Attacken griechischer Partisanen auf Wehrmachtseinheiten, denen drei Deutsche bei Stírion zum Opfer gefallen waren. Die Opfer waren zumeist ältere Menschen, Frauen und Kinder. Unter den Opfern befanden sich auch die Eltern der nachmaligen Kläger. Von gleicher brutaler Unbarmherzigkeit war zuvor das Massaker von Kalávrita: Als Vergeltung für einen Partisanenüberfall mit 78 (nach anderen Angaben 81) Toten bei der 5. Kompanie Jägerregiment 749 erschoss die 117. Jägerdivision am 13. Dezember 1943 in dem Bergdorf Kalávrita die gesamte männliche Bevölkerung, 511 Männer. Insgesamt gab es 676 Opfer.

b) *Das Verfahren im Distomo-Fall*

Das gerichtliche Verfahren im Fall Distomo scheiterte in Deutschland vor dem LG Bonn[133] und dem OLG Köln[134]. In Griechenland begann es vor dem Polymeles Protodikeio Livadeia (LG Levadia). Die erste Instanz entsprach der Klage.[135] Sie wurde von der zweiten Instanz und in dritter Instanz vom Areios Pagos[136] bestätigt. Allerdings ergab sich dann die erste große Komplikation: Vielleicht funktionell dem Vorlageverfahren unter Art. 100 Abs. 2 GG vergleichbar entscheidet in Griechenland ein eigenständiges Oberstes Sondergericht, das Anotato Eidiko Dikastirio, verbindlich über völkerrechtliche Fragen. Dieses Anotato Eidiko Dikastirio entschied 2002 im Immunitätspunkt dem Areios Pagos diametral zuwider und billigte der

---

132 Blutbad im Bergstädtchen, Der Spiegel 1/1998, 43, 45 f.; *Kämmerer,* AVR 37 (1999), 283 f.

133 *LG Bonn* 23.6.1997 – 1 O 358/95.

134 *OLG Köln*, OLGR Köln 1999, 5.

135 Polymeles Protodikeio Livadeia 30.10.1997; dazu *Bantekas,* 92 Am. J. Int'l. L. 765 (1998).

136 *Areios Pagos*, Dike Int. 2002, 722 = 95 Am. J. Int'l. L. 98 (2001) = KJ 2000, 472; dazu *Hobe,* IPRax 2001, 368; *Schminck-Gustavus,* KJ 2001, 111; *Georgilis,* RHDI 54 (2001), 590.

Bundesrepublik Deutschland Immunität zu.[137] Zu einer förmlichen Aufhebung der zivilgerichtlichen Verurteilungen aber kam es nicht. Das Urteil des Areios Pagos war und ist daher weiterhin in der Welt.

Der BGH versagte der verurteilenden Entscheidung die Anerkennung in Deutschland:[138] Die Verurteilung habe dem Grundsatz der Staatenimmunität widersprochen. Dagegen wurde Verfassungsbeschwerde erhoben. Das BVerfG bestätigte jedoch die Entscheidung des BGH.[139] Die Urteilsgläubiger unternahmen in Belgien einen weiteren Versuch. Aber auch das Tribunal de Bruxelles versagte die Anerkennung, weil es die Anerkennung eines Urteils, das Immunität missachtet, als gegen den belgischen ordre public verstoßend bewertete.[140] Unterstützend argumentierte es, dass eine Anerkennung eventuell geeignet sei, eine eigene Haftung des anerkennenden Zweitstaates gegenüber jenem Staat auszulösen, dessen Immunität im Erststaat verletzt worden sei.[141] Im Frühjahr 2007 ging der Distomo-Fall in eine weitere Runde: Nun wird die Vollstreckbarerklärung der griechischen Entscheidung in Italien begehrt. Das Augenmerk richtet sich wiederum auf Immobilien als mögliches Vollstreckungsobjekt, genauer: die Villa Vigoni am Comer See.[142] Das entsprechende Verfahren ist in Firenze inzwischen in zweiter Instanz ausgeurteilt.[143]

Gleichsam ein Zwischenspiel war eine Beschwerde der Kläger vor dem EGMR, mit der sie eine Verletzung des Rechtes auf ein faires Verfahren aus Art. 6 Abs. 1 EMRK rügten, soweit der Bundesrepublik Deutschland Immunität gewährt wurde. Der EGMR gab dem indes in einer knappen, auf verfahrensrechtliche Aspekte gestützten Entscheidung nicht statt, allerdings ohne näher auf die Immunitätsfragen einzugehen.[144]

---

137 Anotato Eidiko Dikastirio, RHDI 56 (2003), 56 = Dike Int. 2002, 1282; dazu *Panezi*, RHDI 56 (2003), 199.

138 BGHZ 155, 279 = NJW 2003, 3488; dazu *Geimer*, LMK 2003, 215; *Handl*, ILM 42 (2003), 1027; *Pittrof*, German L. J. 5 (2004), 15; *Chueca Sancho*, REDI 2004, 508.

139 *BVerfG*, NJW 2006, 2542; dazu *Rau*, German L. J. 7 (2006), 701.

140 *Trib. Bruxelles 12ème ch.* 26.10.2005 – 05-3092B.

141 *Trib. Bruxelles 12ème ch.* 26.10.2005 – 05-3092B.

142 Neueste Informationen „Zwangsvollstreckung in die Villa Vigoni“, IPRax 4/2007, VII.

143 App. Firenze 6.2./22.3.2007 – n. 486/2007, demnächst Foro it. 2008 m. Anm. *Stürner*.

144 *EGMR* 12.12.2002, EHCR Reports 2002-X, 415 = NJW 2004, 273, *Kalogeropoulou/Griechenland u. Bundesrepublik Deutschland*.

c) *Das Verfahren im Kalavrita-Fall*

Einen anderen, aber kaum weniger spektakulären Verlauf nahm der Kalavrita-Fall. Es begann vor dem Polymeles Protodikeio Kalavriton. Die Kläger begehrten die Verurteilung der Bundesrepublik Deutschland zum Schadensersatz für den materiellen Schaden und zur finanziellen Widergutmachung des immateriellen Schadens und des seelischen Leids. Das Polymeles Protodikeio Kalavriton wies die Klage 1998 erstinstanzlich mangels Gerichtsbarkeit ab, da die Bundesrepublik Deutschland Immunität genieße. Die Kläger gingen in Berufung vor dem Epheteio Patron (OLG Patras). Dieses erklärte die Berufung 2001 für förmlich zulässig. Zugleich setzte es aber aus, um die Entscheidung des Anotato Eidiko Dikastirio über die Immunität der Bundesrepublik Deutschland aus dem Distomo-Verfahren abzuwarten. Eine Entscheidung des Anotato Eidiko Dikastirio ist nach Art. 54 Abs. 1 des Gesetzes über das Anotato Eidiko Dikastirio für alle Gerichte Griechenlands erga omnes bindend und ist in ihrer Bindungswirkung nicht auf das konkret vor dem Anotato Eidiko Dikastirio anhängige Verfahren beschränkt. Die Kläger im Kalavrita-Fall versuchten dies zu umgehen, indem sie sich auf Art. 5 Nr. 3 und 4 EuGVÜ beriefen, denn diese Normen hätten die Staatenimmunität für alle Fälle rechtswidriger Handlungen aufgehoben. Das Epheteio Patron legte dem EuGH die Frage vor, wie sich Immunitätsprobleme in die EuGVVO einpassten und welche Bedeutung sie für Art. 1 Abs. 1 EuGVVO haben. Die Entscheidung des EuGH[145] ist der vorläufige Höhepunkt des Verfahrens.

5. *Illustration: Der Fall Ferrini vor italienischen Gerichten*

Weniger bekannt ist in Deutschland ein anderes Verfahren wegen Kriegsverbrechen aus dem 2. Weltkrieg. Es nahm allerdings auch keinen vergleichbar spektakulären Verfahrensverlauf und beschäftigte Gerichte nur in einem Staat, nämlich in Italien. Trotzdem hat auch der Fall Ferrini international erhebliche Prominenz erlangt. Er kann gut zur weiteren Illustration dienen. Luigi Ferrini wurde 1944 in das Arbeitslager Kahl deportiert und war dort als

---

145 *EuGH* 15.2.2007 – Rs. C-292/05, Slg. 2007, I-1519 - *Irini Lechouritou u. a./Bundesrepublik Deutschland* = ZZP Int. 11 (2006), 202 m. Anm. *Dutta* = EuLF 2007, I-91 m. Anm. *Magniez* = Foro it. 2007 IV col. 262 m. Anm. *Armone/Gandini*; dazu *Gärtner,* German L. J. 8 (2007), 417; *Stürner,* GPR 2007, 300; *ders.*, IPRax 2008, 197; *Feraci,* Riv. dir. int. priv. proc. 2007, 657; *Leandro,* Riv. dir. int. 2007, 759; *Geimer,* IPRax 2008, 225.

Zwangsarbeiter im Flugzeugbau eingesetzt. Die Corte di Cassazione[146] entschied, dass die Bundesrepublik Deutschland keine Immunität genieße. Immunität bestehe nicht bei Handlungen, welche ihrerseits die Souveränität eines anderen Staates verletzten.[147] Dies tendiert also zu einer sogenannten Forumstaatsausnahme, wenn das inkriminierte Verhalten sich im Forumstaat ereignet oder sich gegen dessen Angehörige richtet.[148] Entscheidend sei aber die Schwere der Verbrechen, wie sie hier schon das Nürnberger Tribunal festgestellt habe.[149] Verbrechen gegen die Menschlichkeit, sogenannte „internationale Verbrechen",[150] verdienten keine Immunität.[151] Immunität zu gewähren stünde in Widerspruch zum Schutz der vom Völkerrecht reklamierten Werte.[152] Eine Durchsetzung der Forderungen aus dem italienischen Urteil in Deutschland scheiterte, wiederum mit dem Segen des BVerfG,[153] allerdings an Partikularitäten des ins Auge gefassten Durchsetzungsweges.

---

146 *Cassaz.*, Riv. dir. int. 2004, 539; dazu *Gianelli,* Riv. dir. int. 2004, 643; *Ronzitti,* Guida al dir. 10.4.2004, S. 40; *Baratta,* Giust. civ. 2004 I 1203; *Ciampi,* Cass. pen. 2004, 2656; *Iovane,* 2004 It. Yb. Int. L. 165; *De Sena/De Vittor,* (2005) 16 Eur. J. Int. L. 89; *Bianchi,* 99 Am. J. Int'l. L. 242 (2005); *Gattini,* (2005) 3 J. Int. Crim. Justice 224; *Focarelli,*_(2005) 54 ICLQ 951; *Eleonora Ballarino,* <http://www.iudicium.it/news/ins_14_05_04/ballarino.html>.

147 *Cassaz.*, Riv. dir. int. 2004, 539, 541.

148 Dazu z. B. *De Sena/De Vittor,* (2005) 16 Eur. J. Int. L. 89, 95-97.

149 *Cassaz.*, Riv. dir. int. 2004, 539, 545.

150 Zur Fragwürdigkeit und Offenheit dieser Klassifizierung *De Sena/De Vittor,* (2005) 16 Eur. J. Int. L. 89, 97-100.

151 *Cassaz.*, Riv. dir. int. 2004, 539, 546 f.

152 *Cassaz.*, Riv. dir. int. 2004, 539, 547.

153 *BVerfG,* NJW 2004, 3257.

III. Sachliche Anwendbarkeit der EuGVVO: Inwieweit geht es um Zivil- und Handelssachen im Sinne von Art. 1 Abs. 1 EuGVVO?

1. Staaten als Beklagte

a) Haftung wegen acta iure imperii ist keine Zivil- und Handelssache

Der EuGH tenorierte in seiner Lechouritou-Entscheidung: „Art. 1 Abs. 1 S. 1 EuGVÜ ist dahin auszulegen, dass Klagen, die natürliche Personen in einem Vertragsstaat gegen einen anderen Vertragsstaat erheben und die auf Ersatz des Schadens gerichtet sind, den die Hinterbliebenen der Opfer des Verhaltens von Streitkräften im Rahmen von Kriegshandlungen im Hoheitsgebiet des erstgenannten Staates erlitten haben, keine „Zivilsachen" im Sinne dieser Bestimmung sind."[154] Der EuGH entschied also, dass Immunitätsfragen außerhalb der EuGVVO liegen und dass Streitigkeiten, die acta iure imperii zum Gegenstand haben, nicht in den sachlichen Anwendungsbereich der EuGVVO fallen. Operationen von Streitkräften seien ein typischer Ausdruck staatlicher Souveränität, schon deshalb, weil sie von den zuständigen staatlichen Stellen einseitig und zwingend beschlossen würden und sich als mit der Außen- und Sicherheitspolitik von Staaten untrennbar verknüpft zeigten.[155] Dies sei nicht davon beeinflusst, ob der betreffende Akt rechtmäßig oder rechtswidrig sei.[156] In der Tat kann die Prüfung der Rechtswidrigkeit keine Vorfrage für die Anwendbarkeit der EuGVVO sein, weil darunter die Rechtssicherheit zu stark litte.[157] Zudem ist die Feststellung der Rechtmäßigkeit oder Rechtswidrigkeit gerade zentraler Gegenstand des gesamten Verfahrens.[158] Dass ein Anspruch seinen Ursprung in einem hoheitlichen Akt habe, reicht nach Auffassung des EuGH aus, um diesen Anspruch nicht mehr als Zivilsache qualifizieren zu können, unabhängig davon, in welches Gewand ihn die lex fori kleide und ob

---

154 *EuGH* 15.2.2007 – Rs. C-292/05, Slg. 2007, I-1519, I-1557 Rn. 46 - *Irini Lechouritou u. a./Bundesrepublik Deutschland.*

155 *EuGH* 15.2.2007 – Rs. C-292/05, Slg. 2007, I-1519, I-1554 Rn. 37 - *Irini Lechouritou u. a./Bundesrepublik Deutschland.*

156 *EuGH* 15.2.2007 – Rs. C-292/05, Slg. 2007, I-1519, I-1556 Rn. 43 - *Irini Lechouritou u. a./Bundesrepublik Deutschland*; *Dutta*, ZZP Int. 11 (2006), 202, 215.

157 *Dutta*, ZZP Int. 11 (2006), 202, 215.

158 *EuGH* 15.2.2007 – Rs. C-292/05, Slg. 2007, I-1519, I-1556 Rn. 43 - *Irini Lechouritou u. a./Bundesrepublik Deutschland*; *Geimer*, IPRax 2008, 225.

ihn die lex fori als zivilrechtlich ansehe oder nicht.[159] Z. B. hat für Art. 1 Abs. 1 EuGVVO keine Bedeutung, dass Art. 14 Abs. 3 S. 4 GG per aufdrängender Sonderzuweisung Entschädigungs- und Staatshaftungssachen den Zivilgerichten zuweist. Das europäische Recht orientiert sich nicht an der Einordnung im nationalen Recht und erst recht nicht an Sonderregeln oder historisch gewachsenen Zufälligkeiten einzelner nationaler Rechte. Auf die Art der vom nationalen Recht berufenen Gerichte, also in der Terminologie des deutschen Prozessrechts: auf den konkret einschlägigen Rechtsweg, kommt es der EuGVVO nicht an. Dies gilt im Negativen wie im Positiven. Aufdrängende Sonderzuweisungen des nationalen Rechts zu Gunsten der Zivilgerichte machen die erfassten Sachen also keineswegs automatisch zu Zivil- und Handelssachen im Sinne von Art. 1 Abs. 1 EuGVVO.

Staatshaftungssachen können im Prinzip also durchaus unter die EuGVVO fallen. Die Qualifikation als Zivil- und Handelssache und die daraus folgende Anwendbarkeit der EuGVVO korrespondieren grundsätzlich mit den bei der Immunität anzulegenden Maßstäben: Amtshaftungsansprüche sind von der EuGVVO nur ausgeschlossen, soweit für spezifisch hoheitliches Handeln gehaftet wird.[160] Hoheitlich ist eben auch militärisches Handeln der Streitkräfte.[161] Immunität greift bei acta iure imperii, und acta iure imperii sind keine Zivilsachen. Staatshaftung wegen rechtswidriger Inanspruchnahme oder Ausübung hoheitlicher Befugnisse ist etwas Spezifisches und wird speziell vom hoheitlichen Charakter des inkriminierten Verhaltens geprägt.[162] Die rationes für die jeweiligen Ausnahmen, im ersten Bereich von der Gerichtsbarkeit, im zweiten vom sachlichen Anwendungsbereich der EuGVVO, mögen zwar un-

---

159 *EuGH* 15.2.2007 – Rs. C-292/05, Slg. 2007, I-1519, I-1554 Rn. 37 - *Irini Lechouritou u. a./Bundesrepublik Deutschland.*

160 *EuGH* 21.4.1993 - Rs. C-172/91, Slg. 1993, I-1963, I-1996 Rn. 19 - Volker *Sonntag/Hans Waidmann*; *Czernich/Tiefenthaler/Kodek(-Czernich),* Europäisches Gerichtsstands- und Vollstreckungsrecht (2. Aufl. 2003), Art. 1 EuGVO Rn. 9; *Geimer,* IPRax 2003, 512, 514; *Dutta,* ZZP Int. 11 (2006), 202, 214 sowie BGHZ 155, 279 = NJW 2003, 3488 - *Distomo.*
Ungenau *Neumayr,* ERA-Forum 2005, 172, 181 f. unter Hinweis auf *östOGH* 14.5.2001 – 4 Ob 97/01w.

161 *Geimer,* Dike Int. 33 (2002), 882; *ders.,* LMK 2003, 215, 216; *ders.,* IPRax 2003, 512, 514; *Mankowski,* RIW 2004, 587, 596; *Rauscher/Mankowski,* Europäisches Zivilprozessrecht (2. Aufl. 2006), Art. 1 Brüssel I-VO Rn. 4a.

162 *Dutta,* ZZP Int. 11 (2006), 202, 215.

terschiedliche Wurzeln haben.[163] Ihre Ausprägungen und insbesondere ihre Tatbestandsmerkmale laufen aber parallel. Es gibt keine fundamental unterschiedlichen Maßstäbe, was acta iure imperii sind, je nach betroffenem Bereich. Weder ist eine wirklich überzeugende Rechtfertigung für eine Differenzierung ersichtlich noch überhaupt eine Möglichkeit, für den sachlichen Anwendungsbereich der EuGVVO eigene, von den völkerrechtlichen Maßstäben abweichende Kriterien zu entwickeln. Dass die EuGVVO ein Instrument zur Erleichterung von Zivilrechtsstreitigkeiten im Binnenmarkt ist und deshalb die anders strukturierten öffentlichrechtlichen Streitigkeiten nicht erfassen will,[164] ist zutreffend, erlaubt aber keinen Schluss auf einen je unterschiedlichen Zuschnitt des Bereichs der acta iure imperii. Ebenso zutreffend ist es, dass Immunität negativ eine Ausnahme von der Gerichtsbarkeit begründet, während es bei Art. 1 EuGVVO positiv um die Anwendbarkeit der EuGVVO geht.[165] Trotzdem ist nicht ersichtlich, welche substanziellen Differenzen dies zeitigen soll. Freilich bleibt theoretisch die Möglichkeit, dass die lex fori für Immunität bei der Gerichtsbarkeit andere Maßstäbe anlegen könnte als Art. 1 Abs. 1 EuGVVO für die Anwendbarkeit der EuGVVO.[166]

b) *Einheitlicher europäischer Begriff der Zivil- und Handelssache und ausdrücklicher Ausschluss von acta iure imperii in jüngeren Gemeinschaftsrechtsakten*

In anderen Verordnungen ist die Ausnahme vom sachlichen Anwendungsbereich für acta iure imperii ausdrücklich benannt. Dies gilt sowohl für die EuVTVO[167] (dort Art. 2 Abs. 1 S. 2) als auch für die EuMahnVO[168] (dort Art. 2 Abs. 1) als auch für die Rom II-VO (dort Art. 1 Abs. 1 S. 2). Generell wird der ausdrücklichen Benennung nur deklaratorischer Charakter ohne kon-

---

163 *Gärtner,* German L. J. 8 (2007), 417, 438.

164 *Gärtner,* German L. J. 8 (2007), 417, 438.

165 *Stürner,* IPRax 2008, 197, 203.

166 *Dutta,* ZZP Int. 11 (2006), 202, 216.

167 VO (EG) Nr. 805/2004 des Europäischen Parlaments und des Rates vom 21.4.2004 zur Einführung eines europäischen Vollstreckungstitels für unbestrittene Forderungen, ABl. EU 2004 L 143/15.

168 VO (EG) Nr. 1896/2006 des Europäischen Parlaments und des Rates vom 12.12.2006 zur Einführung eines Europäischen Mahnverfahrens, ABl. EU 2006 L 399/1.

stitutive Bedeutung zugeschrieben.[169] Art. 2 Abs. 1 EuVTVO war der Prototyp, die erste Norm, die einen ausdrücklichen Ausschluss enthält. Dieser ausdrückliche Ausschluss von acta iure imperii geht auf einen Wunsch der Bundesrepublik Deutschland[170] zurück, der seinerseits wieder aus den Fällen Distomo und Kalavrita[171] herrührt: Die Bundesrepublik Deutschland wollte sichergestellt sehen, dass Entscheidungen über die Staatshaftung für deutsche Kriegsverbrechen nicht als Europäischer Vollstreckungstitel bestätigt werden können.[172] Zugleich bestätigt dies, dass es kein eigenes europäisches Verständnis von acta iure imperii gibt, sondern dass sich Art. 2 Abs. 1 EuVTVO inhaltlich an den im Völkerrecht gebräuchlichen Maßstäben zu orientieren beabsichtigt.[173] Von der EuVTVO fand der ausdrückliche Ausschluss dann seinen Weg in die EuMahnVO, die sich hinsichtlich ihres allgemeinen Anwendungsbereichs gezielt an die EuVTVO anlehnt.

Dass jene Rechtsakte sich auch ohne die ausdrückliche Ausnahme nicht auf acta iure imperii erstrecken, ließe sich indes bereits aus ihrer Beschränkung auf Zivil- und Handelssachen unter Ausschluss verwaltungsrechtlicher Streitigkeiten entnehmen. Denn der Begriff der „Zivil- und Handelssachen" zieht sich per se aus dem Bereich hoheitlichen Handels zurück und grenzt diesen Bereich aus.[174] Zivilsachen sind Sachen zwischen potenziellen Jedermanns ohne Sonderrechte. Verwaltungsrechtliche Streitigkeiten aber sehen per definitionem einen Akteur mit Sonderrechten, der Befugnisse mobilisieren kann,

---

169 *Kropholler,* Europäisches Zivilprozessrecht (8. Aufl. 2005), Art. 2 EuVTVO Rn. 2; *Münch,* FS Walter H. Rechberger (2005), S. 395, 402; *Wagner,* EuZW 2006, 424, 427 Fn. 48; *Rauscher(-Rauscher/Pabst)* (Fn. 161), Art. 2 EG-VollstrTitelVO Rn. 5; *Zilinsky,* NILR 2006, 471, 476; *TschütscherWeber,* ÖJZ 2007, 303, 306 sowie *EuGH* 15.2.2007 – Rs. C-292/05, Slg. 2007, I-1519, I-1557 Rn. 45 - *Irini Lechouritou u. a./Bundesrepublik Deutschland.*
Anderer Ansicht *Geimer/Schütze/Knöfel,* Internationaler Rechtsverkehr in Zivil- und Handelssachen (Losebl. 1954 ff.) Art. 1 EuBewVO Rn. 14 (Nov. 2007).

170 Rat der Europäischen Union, Vermerk des Vorsitzes vom 30.6.2003, 10660/03 JUSTCIV 92 S. 2; Rat der Europäischen Union, Vermerk der deutschen Delegation vom 28.7.2003, 11813/03 JUSTCIV 122 S. 2.

171 Dazu II 5.

172 *Kropholler* (Fn. 169), Art. 2 EuVTVO Rn. 2; *Rauscher(-Rauscher/Pabst)* (Fn. 161), Art. 2 EG-VollstrTitelVO Rn. 5; *Requejo,* EuLF 2007, I-206, I-209.

173 Siehe *Dörr* (Fn. 107), S. 175, 190.

174 *Cass. 1re civ.*, Rev. crit. dr. int. pr. 94 (2005), 80.
Anderer Ansicht allerdings *Kessedjian,* Trav. Com. Fr. dr. int. pr. 2002-2004, 151, 159, 162; *Halfmeier,* RabelsZ 68 (2004), 653, 670 f.

die anderen und damit dem potenziellen Jedermann nicht zu Gebote stehen. Insoweit bestärken die neueren Rechtsakte die Auslegung des Begriffs „Zivil- und Handelssachen" in Art. 1 Abs. 1 S. 1, 2 EuGVVO, dessen Interpretation durch den EuGH ihrerseits wieder das Verständnis von „Zivil- und Handelssachen" in den anderen Rechtsakten bekräftigt. Hier liegt eine starke Wechselwirkung vor. Der Begriff „Zivil- und Handelssachen" ist in allen einschlägigen Rechtsakten gleich zu verstehen. Dies gilt z. B. auch für Art. 1 Abs. 1 EuZustVO[175] oder Art. 1 Abs. 1 EuBewVO.[176] In allen jüngeren Rechtsakten orientiert sich dieser Begriff nämlich an dem bewährten Vorbild des Art. 1 Abs. 1 EuGVÜ und an dessen Interpretation durch den EuGH.[177] Umgekehrt dürfte der EuGH heute bei der Auslegung von Art. 1 Abs. 1 EuGVVO ein waches Auge auf die Fassungen und Formulierungen in den späteren Rechtsakten haben.[178]

c) Konsequenz als Folge einer völkerrechtlichen Immunitätsausnahme

Letztendlich muss man Konsequenz walten lassen: Soweit man für das Völkerrecht eine Immunitätsausnahme anerkennt, um dadurch die effektive Rechtsverfolgung erst herzustellen, muss man dieses einengende Verständnis der Immunität auch bei Art. 1 Abs. 1 EuGVVO zugrunde zu legen. Was völkerrechtlich keine Immunität genießt, kann auch für die Zwecke der EuGVVO kein Immunität heischendes Verhalten sein.

---

175 Siehe nur *Burgstaller,* in: *Burgstaller/Neumayr,* Internationales Zivilverfahrensrecht (Losebl. 2001 ff.), Art. 1 EuZustVO Rn. 4 (Mai 2001); *Schlosser,* EU-Zivilprozessrecht (2. Aufl. 2003), Art. 1 EuZVO Rn. 2; *Rauscher/Heiderhoff* (Fn. 161), Art. 1 EG-ZustellVO Rn. 1; *Zöller/Geimer,* ZPO (27. Aufl. 2008), Art. 1 EuZustVO Rn. 1; vgl. auch *Hoge Raad,* NIPR 2005 Nr. 447 = Ned. Jur. 2005 Nr. 347 m. Anm. *Vlas.*

176 Siehe nur *Berger,* IPRax 2001, 522; *Hess/Müller,* ZZP Int. 6 (2001), 149, 152; *Mogenot,* J. trib. 2002, 17, 18; *Lebau/Niboyet,* Gaz. Pal. 2003 doctr. 221, 223; *Bonatti,* Riv. trim. dir. proc. 2004, 211, 217; *Schoibl,* FS Herbert Batliner (Vaduz 2004), S. 75, 76; *Nuyts/Sepulchre,* (2004) 5 J. Bus. L. 305, 309; *Burgstaller/Neumayr(-Neumayr/Kodek)* (Fn. 175), Art. 1 EuBewVO Rn. 3 f. (Dez. 2004); *Neut/Demeyere,* R.W. 2004-05, 361, 373; *Freudenthal/Van Ooik,* NIPR 2005, 381, 385; *McGuire/Rechberger,* ZZP Int. 10 (2005), 81, 86; *Rauscher/v. Hein* (Fn. 161), Art. 1 EG-BewVO Rn. 1.

177 *Rauscher(-Rauscher/Pabst)* (Fn. 161), Art. 2 EG-VollstrTitelVO Rn. 5.

178 *Requejo,* EuLF 2007, I-206, I-208.

d) Gerichtsbarkeit vor Zuständigkeit im Fallaufbau

Wenn man auf den Fallaufbau blickt, könnte sich übrigens ein Paradox ergeben:[179] Die Gerichtsbarkeit steht vor der internationalen Zuständigkeit, und die EuGVVO kommt erstmals für die internationale Zuständigkeit ins Spiel. Bejaht man auf der vorgelagerten Stufe der Gerichtsbarkeit, dass nach völkerrechtlichen Maßstäben ein actum iure imperii vorliegt und deshalb Immunität eingreift, so kommt man daher gar nicht mehr zu der nachgelagerten Frage, ob die EuGVVO einschlägig sein könnte. Wenn der völkerrechtliche Filter auf der vorlagerten Stufe der Gerichtsbarkeit im konkreten Fall nicht passiert wird, spielt die EuGVVO keine Rolle, und der in ihr enthaltene Ausschluss für acta iure imperii spielt erst recht keine Rolle. Der europäische Ausschlusstatbestand könnte für die internationale Zuständigkeit überhaupt nur dann relevant werden, wenn er weiter gefasst wäre als die Immunität nach völkerrechtliche Maßstäben, also auch solche Fälle erfassen würde, welche nach völkerrechtlichen Maßstäben keine acta iure imperii darstellen. Dies würde sich nur dann anders verhalten, wenn die EuGVVO insoweit Vorrang vor der Immunität beanspruchen würde. Das ist aber nicht der Fall,[180] erst recht nicht im Verhältnis zu Drittstaaten.[181] Der effet utile der EuGVVO wird dadurch nicht eingeschränkt.[182] Denn die EG stellt sich nicht über das Völkerrecht, sondern versteht sich als Akteur im Völkerrecht. Ihre eigenen Kompetenzen möchte sie im Rahmen des Völkerrechts wahrnehmen. Dies gilt auch für ihre legislativen Kompetenzen.

2. Behörden, formell eigenständige staatliche Einrichtungen oder beliehene Unternehmer als Beklagte

An der Qualifikation und an den Qualifikationsmaßstäben ändert sich nichts, wenn nicht der Staat als solcher, sondern eine einzelne seiner Behörden verklagt wird. Behörden sind Teile der Staatsorganisation. In ihrer Gesamtheit bilden sie die Exekutive als einen der drei Teile der Staatsgewalt. Sie sind

179 GA *Ruiz-Jarabo Colomer,* Schlussanträge vom 8.11.2006 in der Rs. C-292/05, Slg. 2007, I-1521, I-1539 Rn. 77 f. sowie entfernt *Gärtner,* German L. J. 8 (2007), 417, 441.

180 *OGH* 14.5.2001, SZ 74/86 S. 561; *Grovit v. De Nederlandsche Bank* [2006] 1 Lloyd's Rep. 636, 644 (Q.B.D., *Tugendhat* J.).

181 *Dutta,* ZZP Int. 11 (2006), 202, 217.

182 Skeptisch indes *Dutta,* ZZP Int. 11 (2006), 202, 218 f.

gleichsam der Staat. Daran ändert sich nichts durch eventuelle prozessuale Pflichten, sie gesondert zu bezeichnen. Auf das Formelle kommt es nicht an. Vielmehr kommt es auf das Materielle an. Dies gilt auch dann, wenn der Staat hoheitliche Aufgaben auf formell eigenständige Einrichtungen ausgelagert hat. Dass solche Einrichtungen formell eigenständig sind und formell eigene Rechtspersönlichkeiten haben, macht sie zu den richtigen Beklagten – aber es ändert nichts daran, dass die wahrgenommene Aufgabe eine hoheitliche ist und keine in das Zivilrecht fallende. Ob eine Behörde oder eine staatliche Agentur eine bestimmte Aufgabe wahrnimmt, ändert nichts an der Natur der Aufgabe. Dies setzt sich sogar dann fort, wenn der Träger einer hoheitlichen Aufgabe ein vom Staat formell unabhängiger beliehener Unternehmer ist. Allerdings nehmen beliehene Unternehmer zwar stellvertretend für den Staat Aufgaben wahr, haben aber in der Regel keine hoheitlichen Befugnisse und Sonderrechte.[183] Wer indes mit hoheitlichen Aufgaben betraut ist, handelt für den Staat. Der Staat kann sich nicht aus der Verantwortung stehlen, gleich ob er selbst handelt oder ob er handeln lässt. Umgekehrt bleibt es der Staat, der durch einen Agenten, Beliehenen oder Vertreter handelt, wenn er hoheitliche Aufgaben formell delegiert oder ausgelagert hat.

IV. Internationale Zuständigkeit deutscher Gerichte unter der EuGVVO

1. Allgemeiner Gerichtsstand nach Art. 2 Abs. 1 EuGVVO

Unter der EuGVVO können deutsche Gerichte eine allgemeine Zuständigkeit nach Art. 2 Abs. 1 EuGVVO haben, wenn der Beklagte seinen Wohnsitz im Inland hat.[184] Diese Zuständigkeit kann im hier relevanten Kontext nur gegen den deutschen Staat und gegen Einzelpersonen oder Unternehmen bestehen. Denn gegen ausländische Staaten kann sie sich nicht richten. Ausländische Staaten haben ihren Wohnsitz nicht in Deutschland. Der einzige Staat in Deutschland ist die Bundesrepublik Deutschland. Nur die Bundesrepublik Deutschland kann ihren Wohnsitz in Deutschland haben, kein anderer Staat. Gegen ausländische Staaten kann es daher keine allgemeine Zuständigkeit in Deutschland geben. Typischerweise haben auch Täter ihren Wohnsitz nicht in

---

183 *Rauscher/Mankowski* (Fn. 161), Art. 1 Brüssel I-VO Rn. 4a; vgl. *Hoge Raad*, NIPR 2001 Nr. 203, S. 344 f. (Vorlagebeschluss).

184 Vgl. *Rombouts/Sardaro/Vandeginste* (Fn. 112), S. 345, 437.

Deutschland.[185] Indes kann sich dies ausnahmsweise anders verhalten, wie insbesondere einige serbische und kroatische Militärführer belegt haben, die nach dem Bosnien-Konflikt in Deutschland lebten. Dass diese Ausländer, keine Staatsangehörigen des Forumstaates sind, spielt keine Rolle.[186] Auf Menschenrechtsverletzungen gestützte Haftungsklagen können gegen sie in ihrem allgemeinen Gerichtsstand anhängig gemacht werden, wenn sie in Deutschland leben und hier ihren Wohnsitz (im Sinne von Art. 59 Abs. 1 EuGVVO i.V.m. §§ 7 ff. BGB) haben.[187]

Gegen Nicht-EU-Staaten oder deren Staatsorgane können in der notwendigen Konsequenz auch alle jene anderen Gerichtsstände der EuGVVO nicht zum Zuge kommen, die voraussetzen, dass sich der allgemeine Gerichtsstand des Beklagten in einem Mitgliedstaat befindet. Art. 5 wie Art. 6 EuGVVO setzen beide voraus, dass der Beklagte in einem EuGVVO-Mitgliedstaat ansässig ist. Sie scheiden daher aus, sofern es sich um einen Nicht-EU-Staat handelt. Vielmehr kommt gegen Nicht-EU-Staaten immer das nationale Zuständigkeitsregime des Forums zum Einsatz. Gegen sie gelten Art. 4 EuGVVO und der dadurch eröffnete Rückgriff auf die Gerichtsstände des nationalen Rechts.[188]

2. Besonderer Gerichtsstand für Adhäsionsverfahren nach Art. 5 Nr. 4 EuGVVO

Gegen Einzelpersonen, die ihren Wohnsitz in einem anderen EU-Staat haben, kann der Gerichtsstand des Adhäsionsverfahrens sehr interessant sein.[189] Allerdings setzt er, damit in Deutschland ein besonderer Gerichtsstand für die Zivilsache besteht, voraus, dass in Deutschland ein Strafverfahren gegen die betreffende Person anhängig gemacht werden könnte. Ohne die Möglichkeit eines Strafverfahrens kein Adhäsionsverfahren und damit auch kein Gerichtsstand des Adhäsionsverfahrens. In Deutschland muss man sogar noch einen Schritt weiter gehen. Das deutsche Strafverfahrensrecht kennt nämlich kein

185 *Wilhelmi*, Das Weltrechtsprinzip im internationalen Privat- und Strafrecht (2007), S. 336.

186 *Rombouts/Sardaro/Vandeginste* (Fn. 112), S. 345, 443.

187 Vgl. *Rombouts/Sardaro/Vandeginste* (Fn. 112), S. 345, 443 f.

188 *Hof's-Gravenhage* 27.7.2007 – rolnr. 06/863, NIPR 2007 Nr. 301, S. 408; *Hof's-Gravenhage* 27.7.2007 – rolnr. 04/1724 KG, NIPR 2007 Nr. 302, S. 410.

189 Ebenso *Wautelet,* JMLB 2006, 977, 978; *Wilhelmi* (Fn. 185), S. 336 f.

isoliertes Adhäsionsverfahren. Es kennt keine Möglichkeit, dass ein zivilrechtliches Verfahren vor einem Strafgericht eingeleitet werden könnte, um aus einer Straftat resultierende Folgen zivilrechtlich zu ahnden, ohne dass ein Strafverfahren eingeleitet worden wäre. In Deutschland gilt daher noch strenger: Ohne Strafverfahren kein Adhäsionsverfahren und damit auch kein Gerichtsstand des Adhäsionsverfahrens.

a) Anbindung an das Strafverfahrensrecht

Art. 5 Nr. 4 EuGVVO dekretiert nicht originär qua autonomer Festlegung in der EuGVVO die Zuständigkeit des Gerichts; diese ist vielmehr indirekt von den Gerichtsständen und der Zuständigkeit in Strafsachen gemäß dem nationalen Strafverfahrensrecht des Forums abhängig.[190] Welche Verbindung das nationale Recht auch immer als ausreichend ansehen mag, um die Zuständigkeit in Strafsachen zu begründen – sie wird von Art. 5 Nr. 4 EuGVVO akzeptiert. Offensichtlich will sich die EuGVVO nicht in das Strafverfahrensrecht (das nicht in ihren sachlichen Anwendungsbereich fällt[191]) einmischen und erachtet es nicht für lohnend, Voraussetzungen aufzustellen, die eine eventuell ausufernde Zuständigkeit für Adhäsionsverfahren begrenzen würden.[192] Wenn das nationale Strafverfahrensrecht beispielsweise die Gerichte an dem Ort für zuständig erklärt, an dem der Angeklagte festgenommen wurde, so ist dies ausreichend.[193] Sogar Gerichtsstände, die – wie beispielsweise die Anknüpfung an die Staatsangehörigkeit des Opfers – im Lichte des Art. 3 Abs. 2 EuGVVO in einem reinen Zivilverfahren unhaltbar wären, erhalten Zutritt

190 Siehe nur *Calvo Caravaca/Blanco-Morales Limones,* Comentario al convenio de Bruselas relativo a la competencia judicial y a la ejecución de resoluciones judiciales en materia civil y mercantil (1994), Art. 5.4 CB Rn. 10; *Piekenbrock,* IPRax 1998, 177; *Prinz v. Sachsen Gessaphe,* ZZP Int. 5 (2000), 225, 231; *Burgstaller/Neumayr* (Fn. 175), Art. 5 EuGVO Rn. 60 (Oktober 2002); *Mankowski,* in: *Magnus/Mankowski,* Brussels I Regulation (2007), Art. 5 Brussels I Regulation Rn. 263.

191 Den Art. 1 Abs. 1 EuGVVO eben konsequent auf Zivil- und Handelssachen begrenzt.

192 *Wieczorek/Schütze/Hausmann,* ZPO, Bd. I/1: §§ 1-49 ZPO; EuGVÜ (3. Aufl. 1994), Art. 5 EuGVÜ Rn. 65, 68; *Gottwald,* in: Münchener Kommentar zur ZPO, Bd. III (2000), Art. 5 EuGVÜ Rn. 36, 38; *Schoibl,* FS Rainer Sprung (2001), S. 321, 327; *Magnus/Mankowski(-Mankowski)* (Fn. 190), Art. 5 Brussels I Regulation Rn. 263.

193 Bericht *Jenard* ABl. 1979 C 59/26. Siehe *Kohler,* in: *Will* (Hrsg.), Schadensersatz im Strafverfahren (1990), S. 74, 76; *Schoibl,* FS Rainer Sprung (2001), S. 321, 328.

durch die Hintertür der Art. 5 Nr. 4 EuGVVO.[194] Einschränkungen, wie sie insoweit in Art. 5 Nr. 2 Var. 2 EuGVVO für Unterhaltssachen vorgesehen sind, enthält Art. 5 Nr. 4 EuGVVO nicht.[195]

b) *forum legis und Weltrechtsprinzip für die Verfolgung von Menschenrechtsverletzungen*

Die Akzessorietät gegenüber dem Strafverfahren kann bei Menschenrechtsverletzungen eine ausgesprochen wichtige Konsequenz haben: Für bestimmte Arten von Verbrechen kennt das deutsche Internationale Strafrecht in § 6 StGB das Weltrechtsprinzip, auch Universalitätsprinzip genannt. Die Bundesrepublik Deutschland erklärt diese Verbrechen für nach deutschem Recht strafbar, egal wo sie begangen wurden, von wem sie begangen wurden und gegen wen sie begangen wurden. Das deutsche Strafrecht betreibt insoweit gleichsam stellvertretende Rechtspflege für die Völkergemeinschaft. Das Internationale Strafverfahrensrecht[196] koppelt nach herkömmlichem Verständnis[197] die internationale Zuständigkeit der deutschen Strafgerichte[198] an die Anwendbarkeit deutschen Strafrechts. Ist deutsches Strafrecht dagegen nicht anwendbar, so soll dies ein Verfahrenshindernis nach sich ziehen (und nicht etwa einen auf der Begründetheitsebene anzusiedelnden Freispruch).[199] Die internationale Zuständigkeit für Adhäsionsverfahren folgt jener für eröffnete Strafverfah-

---

194 Siehe *Prinz v. Sachsen Gessaphe,* ZZP Int. 5 (2000), 225, 231 ff., 234 ff.; *Geimer/Schütze(-Geimer),* Europäisches Zivilverfahrensrecht (2. Aufl. 2004), Art. 5 Rn. 284; *Geimer,* Studia in honorem Németh János (2003), S. 229, 231 f.; *Magnus/Mankowski(-Mankowski)* (Fn. 190), Art. 5 Brussels I Regulation Rn. 263 sowie *Idot,* Europe 157 (2000), 22.

195 *Schoibl,* FS Rainer Sprung (2001), S. 321, 324; *Magnus/Mankowski(-Mankowski)* (Fn. 190), Art. 5 Brussels I Regulation Rn. 263.

196 Dieser Terminus wird nur selten und wohl erst in jüngerer Zeit überhaupt gebraucht; siehe beispielsweise *Walther,* FS Albin Eser (2005), S. 925, 932.

197 Am besten, konzisesten und systematischsten dargestellt bei *OLG Saarbrücken*, NJW 1975, 506, 509.

198 Dazu eingehend *Mankowski/Bock,* JZ 2008.

199 Siehe nur BGHSt 34, 1, 3; *OLG Saarbrücken*, NJW 1975, 506, 509; *LG Frankfurt/Main*, NJW 1977, 508, 509; *Baumann/Weber(- Weber),* Strafrecht Allgemeiner Teil (11. Aufl. 2003), S. 90; *Ambos,* in: Münchener Kommentar zum StGB, Bd. I: §§ 1-51 StGB (2003), Vor § 3 StGB Rn. 4; *Schönke/Schröder/Eser,* StGB (27. Aufl. 2006), Vor § 3 StGB Rn. 2; *Lackner/Kühl,* StGB (26. Aufl. 2007), Vor § 3 StGB Rn. 10.

ren auch, soweit diese sich auf das Weltrechtsprinzip stützt, und folgt insoweit indirekt selber dem Weltrechtsprinzip.[200]

3. *Besonderer Gerichtsstand am Deliktsort nach Art. 5 Nr. 3 EuGVVO*

Menschenrechtsverletzungen durch Staaten oder deren Organe sind bereits ihrer eigenen Definition nach unerlaubte Handlungen. Sie fallen jedenfalls unter den weiten Begriff der unerlaubten Handlungen in Art. 5 Nr. 3 EuGVVO.[201] Dieser verlangt nur Haftungs- oder Unterlassungsansprüche nicht-vertraglichen Charakters.[202]

a) Handlungsort

Unter Art. 5 Nr. 3 EuGVVO gilt das Ubiquitätsprinzip. Handlungs- und Erfolgsort sind prinzipiell gleichwertige Anknüpfungspunkte. Handlungsort ist derjenige Ort, an welchem der Schädiger physische Aktivitäten entfaltet.[203] Es kommt insoweit nur auf das Handeln und auf die Aktivität des Schädigers

---

200 *Cour d'assises Bruxelles*, JLMB 2006, 973, 974; *Rombouts/Sardaro/Vandeginste* (Fn. 112), S. 345, 445; vgl. auch *Wautelet*, JMLB 2006, 977, 978-980.

201 Siehe nur BGE 131 III 153; *Wilhelmi* (Fn. 185), S. 336.

202 *EuGH* 27.9.1988 - Rs. 189/87, Slg. 1988, 5565, 5585 Rn. 18 - *Anastasios Kalfelis/Bankhaus Schröder Münchmeyer Hengst & Cie.*; *EuGH* 26.3.1992 - Rs. C-261/90, Slg. 1992, I-2149, I-2180 Rn. 16 - *Mario Reichert/Dresdner Bank AG*; *EuGH* 27.10.1998 - Rs. C-51/97, Slg. 1998, I-6511, I-6543 Rn. 22 - *Réunion européenne SA/Spliethoff's Bevrachtingskantoor BV u. Kapitän des Schiffes „Alblasgracht 002"*; *EuGH* 11.7.2002 - Rs. C-96/00, Slg. 2002, I-6367, I-6398 Rn. 33 - *Rudolf Gabriel*; *EuGH* 1.10.2002 - Rs. C-167/00, Slg. 2002, I-8111, I-8139 Rn. 36 - *Verein für Konsumenteninformation/Karl-Heinz Henkel*. Dem folgend z. B. *Source Ltd. v. TÜV Rheinland Holding AG* [1997] 3 WLR 365, 371 (C.A., per *Staughton* L. J.); *OLG Stuttgart*, IPRax 1999, 103, 104; *Constance Short and others v. Ireland, The Attorney General and British Nuclear Fuels plc* [1996] 2 I.R. 188, 202 (H.C., *O'Hanlon* J.); *HG Zürich*, SZIER 1996, 74, 75 m. Anm. *Volken*.

203 BGE 125 III 346, 350; *Chronos Containers NV v. Palatin* [2003] I.L.Pr. 283, 293 f. (Q. B. D., *Morrison* J.); *Hohloch*, Das Deliktsstatut (1984), S. 104; *Wolf*, Deliktsstatut und internationales Umweltrecht (1995), S. 163; *Mankowski*, RabelsZ 63 (1999), 203, 257; *ders.*, in: *Spindler/Wiebe* (Hrsg.), Internet-Auktionen und Elektronische Marktplätze (2. Aufl. 2005), Kap. 12 Rn. 63; *ders.*, in: *Magnus/Mankowski* (Fn. 190), Art. 5 Brussels I Regulation Rn. 214; *v. Hinden*, Persönlichkeitsverletzungen im Internet (1999), S. 54.

an, nicht auf Schädigungserfolge. Ausreichend ist die Verwirklichung einzelner handlungsbezogener Tatbestandselemente des in Rede stehenden Delikts.[204] Mindestvoraussetzung ist eine aus dem forum internum des Täters in die Außenwelt hinaustretende Emanation.[205] Damit der Gerichtsstand des Handlungsortes in Deutschland für die zivilrechtliche Verfolgung von Menschenrechtsverletzungen besteht, muss der Täter also seine menschenrechtsverletzende Handlung in Deutschland begangen haben oder zumindest Teile davon. Dies kann der Fall sein, dürfte aber eher selten vorkommen.[206] Typischerweise wird man bei Menschenrechtsverletzungen an physische Verletzungen insbesondere durch Folter, Schläge oder Vergewaltigung denken. Es ist schwer vorstellbar, dass sich dieses in Deutschland durch Personen, die ihren Wohnsitz in einem anderen EU-Staat haben, vollzieht.

Allerdings kann Aktivität auch in Befehlen bestehen. Schreibtischvorgänge und ausgehende Kommunikation können eine Kette in Gang setzen, die dann in eine physische Misshandlung „vor Ort“ mündet. Auch im Bereich der unternehmerischen Profiteure kann die Entscheidung, eine Menschenrechtsverletzung auszunutzen, die in einem anderen Staat begangen wird, durchaus in Deutschland fallen. Sofern sie in der Zentrale eines deutschen Unternehmens fällt, ist der richtige Gerichtsstand allerdings der allgemeine Gerichtsstand nach Art. 2 Abs. 1 i.V.m. Art. 60 lit. b EuGVVO. Im Staat des allgemeinen Gerichtsstands kann Art. 5 EuGVVO keinen besonderen Gerichtsstand begründen, wie bereits seine Eingangsworte deutlich machen.[207]

b) Erfolgsort

Erfolgsort ist der Ort, an welchem das primär geschützte Rechtsgut verletzt wird.[208] Menschenrechtsverletzungen begründen also nur dann einen Erfolgsortsgerichtsstand in Deutschland, wenn die Verletzung des primär geschützten

---

204 *BGH*, IPRspr. 2002 Nr. 107 S. 108; *Magnus/Mankowski(-Mankowski)* (Fn. 190), Art. 5 Brussels I Regulation Rn. 214.

205 *Magnus/Mankowski(-Mankowski)* (Fn. 190), Art. 5 Brussels I Regulation Rn. 214.

206 *Wilhelmi* (Fn. 185), S. 336.

207 Siehe nur BGE 131 III 76, 80 = EuLF 2005, II-48, II-50; CA Paris [2000] I. L. Pr. 799, 804; *Slonina,* SZZP 2005, 313, 323; *Magnus/Mankowski(-Mankowski)* (Fn. 190), Art. 5 Brussels I Regulation Rn. 10.

208 Siehe nur *Mari,* Mélanges Fritz Sturm (1999), S. 1573, 1583 et passim; *Magnus/Mankowski(-Mankowski)* (Fn. 190), Art. 5 Brussels I Regulation Rn. 229.

Rechtsguts in Deutschland eintritt. Bei Menschenrechtsverletzungen geht es um Schädigungen der Gesundheit, um Schädigungen der physischen oder psychischen Integrität. Finanzielle Folgeschäden stehen nicht in Rede. Typischerweise werden bei Menschenrechtsverletzungen durch physische Gewaltanwendung die Gesundheitsschäden sofort, an Ort und Stelle als unmittelbare Folge der direkten physischen Einwirkung; entstehen.[209] Allerdings können sich Folgeschäden an Leib und Seele auch noch später und erstmals an einem anderen Ort ergeben, an dem sich das Opfer dann aufhält. Ein Trauma etwa mag erst später aufbrechen, wenn das Opfer schon lange in einem Fluchtstaat und in Sicherheit vor direkten Angriffen lebt. Oder physische Spätschäden können erst später erwachsen, mögen sie auch schon in der Erstschädigung angelegt sein. Zählt auch der Ort, an welchem solche Spätschäden erstmals auftreten, noch als Erfolgsort?[210] Richtigerweise ist dies zu bejahen.[211] Es geht um das primär geschädigte Rechtsgut, die Gesundheit. Der Schaden frisst sich gleichsam fort. Es geht um Schädigungen, die sich von der Erstschädigung deutlich unterscheiden lassen. Es geht nicht um eine bloße Erhöhung des bereits primär entstandenen Schadens, sondern um etwas Neues.[212] Trotzdem erwächst es aus der ursprünglichen Schädigung und wird nicht durch Zwischenschritte vermittelt.[213] Dadurch gewinnt zwar der Geschädigte Möglichkeiten, Gerichtsstände zu seinen Gunsten herbeizuführen, indem er dafür Sorge trägt, wo der weitere Schaden eintritt. Jedoch ist dieses Potenzial eher gering zu veranschlagen, da insoweit hohe faktische Hürden und Aufwendungen für einen Ortswechsel in Rede stünden. Seinen Lebensmittelpunkt verlegt man nicht ohne weiteres.

Allerdings ist als gegenläufiges Gewicht die Vorhersehbarkeit des Ortes, an welchem der relevante Schaden und in der Folge die Gerichtspflichtigkeit eintritt, aus der Sicht des Schädigers einzubeziehen. Zum einen könnte man hier

---

209 *Rombouts/Sardaro/Vandeginste* (Fn. 112), S. 345, 444.

210 Dafür *Rombouts/Sardaro/Vandeginste* (Fn. 112), S. 345, 444 f.

211 *Cassaz.*, Riv. dir. int. priv. proc. 1999, 966, 972-975; *Magnus/Mankowski(-Mankowski)* (Fn. 190), Art. 5 Brussels I Regulation Rn. 235.
Anderer Ansicht *Henderson v. Jaouen* [2002] 1 WLR 2971, 2976 (C.A., per *Wall* J.); *Briggs*, (2002) 73 BYIL 453, 459.

212 *Henderson v. Jaouen* [2002] 1 WLR 2971, 2976 (C.A., per *Wall* J.); *Magnus/Mankowski(-Mankowski)* (Fn. 190), Art. 5 Brussels I Regulation Rn. 235.

213 *Magnus/Mankowski(-Mankowski)* (Fn. 190), Art. 5 Brussels I Regulation Rn. 235. Insoweit differenziert *Henderson v. Jaouen* [2002] 1 WLR 2971, 2976 (C.A., per *Wall* J.) nicht hinreichend.

darauf abstellen, dass der Schädiger das Opfer so nehmen müsse, wie das Opfer sei, also einschließlich dessen Mobilität. Abstrakt ist vorhersehbar, wo physische oder psychische Schäden ausbrechen: immer genau dort, wo der Geschädigte ist und sich aufhält. Zum anderen mag man auf die Wertungen verweisen, wie sie im Internationalen Produkthaftungsrecht ventiliert werden. Spätestens Art. 5 Rom II-VO macht klar, wie schwierig es sein kann, einen angemessenen Interessenausgleich zu finden. Dessen System ist aber partikulär und in seiner vollen Schärfe nicht verallgemeinerungsfähig. Hinter der Anknüpfung der Produkthaftung stehen spezifische Interessen an Marktpenetrationen und Verbreitungskontrolle sowie Interessen am Fortbestehen einer Möglichkeit für Versicherungsschutz, die sich nicht verallgemeinern und erst recht nicht auf die gänzlich anders gelagerten Fälle von Menschenrechtsverletzungen übertragen lassen, auch nicht cum grano salis. Hinter Art. 5 Rom II-VO stehen Industrieinteressen und nicht unerhebliche Lobbyarbeit. Dort haben die potenziellen Deliktsschuldner sich in besonderem Maße in die Gesetzgebungsarbeit eingebracht. Generell sollte man nicht gleich hohe, sondern verringerte Maßstäbe an die Vorhersehbarkeit anlegen, denen hier genügt sein dürfte.

4. *Gerichtsstand für dingliche Immobilienrechte aus Art. 22 Nr. 1 Var. 1 EuGVVO*

Ausnahmsweise kann selbst der dingliche Gerichtsstand aus Art. 22 Nr. 1 Var. 1 EuGVVO greifen, nämlich für Feststellungsklagen, dass bestimmte dingliche Rechte an entsetzten Immobilien bestehen.[214] Freilich kann dieser Gerichtsstand nicht nach Deutschland hin führen, soweit die betreffende Immobilie nicht in Deutschland liegt. Allerdings kann er deutschen Gerichten eine anderweitig begründete Zuständigkeit nehmen, denn er ist ein ausschließlicher Gerichtsstand und verdrängt allgemeine wie besondere Gerichtsstände. Indes setzt Art. 22 Nr. 1 Var. 1 EuGVVO voraus, dass das betroffene Grundstück in einem Mitgliedstaat der EuGVVO belegen ist.[215] Wiederum ist es also sehr unwahrscheinlich, dass sich Konsequenzen im Zusammenhang mit

---

214 *Hess,* BerDGesVR 40 (2003), 107, 160.

215 Siehe nur *Mankowski,* EuZW 1996, 177; *Coester-Waltjen,* FS Hideo Nakamura (1996), S. 89, 103 f.; *Gaudemet-Tallon,* Liber amicorum Georges A. L. Droz (1996), S. 85, 89; *Geimer,* IPRax 1999, 152, 154; *Rauscher/Mankowski* (Fn. 161), Art. 22 Brüssel I-VO Rn. 2a.

Menschenrechtsverletzungen ergeben, denn die anderen EuGVVO-Mitgliedstaaten werden ebenfalls kaum je Menschenrechtsverletzungen mit Bezug auf in ihnen belegene Grundstücke begehen.

V. Internationale Zuständigkeit deutscher Zivilgerichte unter autonomem IZPR

1. Beklagtenwohnsitz analog §§ 12; 13; 17 ZPO

Unter autonomem deutschem IZPR können deutsche Gerichte zunächst dann analog §§ 12; 13; 17 ZPO international zuständig sein, wenn der Beklagte seinen Wohnsitz in Deutschland hat. Dies kommt natürlich bei ausländischen Staaten als Beklagten nicht in Betracht, denn diese haben ihren Wohnsitz nachgerade per definitionem nie in Deutschland. Dagegen ist es durchaus denkbar, dass eine natürliche Person, die für einen anderen Staat als Amtsträger fungiert oder fungiert hat, ihren Wohnsitz in Deutschland hat. Allerdings ist Deutschland kein traditionelles Exilland.[216] Zudem dürfte, wenn ein grenzüberschreitender Bezug vorliegt, in aller Regel Art. 2 Abs. 1 EuGVVO i.V.m. Art. 59 Abs. 2 EuGVVO; § 12 ZPO die korrektere Lösung sein (ohne dass sich am Ergebnis etwas ändern würde).

2. Tatort analog § 32 ZPO

Das deutsche IZPR kennt den Deliktsgerichtsstand in § 32 ZPO. Auch § 32 ZPO folgt dem Ubiquitätsprinzip: Die Norm gewährt einen Gerichtsstand sowohl am Handlungs- wie am Erfolgsort.[217] Die Maßstäbe zur Bestimmung von Handlungs- oder Erfolgsort sind sachlich dieselben wie unter Art. 5 Nr. 3 EuGVVO.[218] Einzig fraglich ist, ob der Erfolgsortsgerichtsstand auch unter § 32 ZPO die Einschränkung durch das Mosaikprinzip erfährt. Im Interesse einer möglichst großen Konvergenz von europäischem und autonomem IZPR

---

216 *Fischer,* FS Walter Remmers (1999), S. 447, 458 f.

217 Siehe nur BGHZ 124, 237, 245; BGHZ 132, 105, 111; *BGH,* NJW 1990, 1533; BayObLGZ 1995, 301, 303; *OLG Koblenz,* WM 1989, 622; *Zöller/Vollkommer* (Fn. 175), § 32 ZPO Rn. 16.

218 Siehe nur *Stein/Jonas/Roth,* ZPO, Bd. I: §§ 1-40 ZPO (22. Aufl. 2002); § 32 ZPO Rn. 3.

ist dies zu befürworten.[219] Jedoch gelten mit Blick auf Menschenrechtsverletzungen dieselben Feststellungen wie bei Art. 5 Nr. 3 EuGVVO:[220] Der Erfolgsort liegt nicht in Deutschland, allenfalls kommt ein Handlungsort in Deutschland in Betracht. Der Deliktsgerichtsstand insgesamt wird auch unter autonomem Recht kaum je in Deutschland eröffnet sein.[221]

3. *Adhäsionsverfahren*

Für Adhäsionsverfahren findet sich im deutschen IZPR keine Sondernorm. Art. 5 Nr. 4 EuGVVO hat im deutschen Recht weder einen Vorgänger noch eine Kopie gefunden. Der Gesetzgeber der ZPO hat es auch in der Gerichtsstandsnovelle nicht vermocht, ein Pendant zum seinerzeitigen Art. 5 Nr. 4 EuGVÜ zu schaffen, obwohl er sich generell als Maxime auf die Fahnen geschrieben hatte, das deutsche IZPR dem europäischen Vorbild anzugleichen oder zumindest anzunähern.[222] Auch in der StPO wird nicht abgeholfen. Damit steht man vor einem Dilemma: Entweder man verneint jedwede internationale Zuständigkeit deutscher Gerichte für Adhäsionsverfahren oder man spricht den deutschen Strafgerichten internationale Zuständigkeit für Adhäsionsverfahren zu, soweit sie internationale Zuständigkeit für Strafverfahren besitzen. Sachgerechter erscheint diese zweite Lösung.[223] Das Adhäsionsverfahren schmiegt sich dem Strafverfahren an und für das Strafverfahren prüft man, ob ein hinreichender Bezug zu Deutschland besteht. Die internationale Zuständigkeit deutscher Strafgerichte ist richtigerweise eine eigenständige Kategorie im Fallaufbau. Sie mag sich nach dem Satz ergeben, dass deutsche Strafgerichte international zuständig sind, wenn deutsches Strafrecht anwendbar ist, also der deutsche Staat einen Strafanspruch besitzt, bleibt aber eine

---

219 Ebenso *Löffler,* Mediendelikte im IPR und IZPR (2000); S. 197 f., 218 f.; *Junker,* Anwendbares Recht und internationale Zuständigkeit bei Urheberrechtsverletzungen im Internet (2002); S. 287 f. Anders indes *Coester-Waltjen,* FS Rolf A. Schütze (1999), S. 175, 182 f.; *Stein/Jonas/Herbert Roth* (Fn. 218), § 32 ZPO Rn. 40 mwN.

220 Oben IV 3.

221 Ebenso *Wilhelmi* (Fn. 185), S. 337. Vgl. auch *Rainer Esser,* Klagen gegen ausländische Staaten (1990); S. 131.

222 Siehe Begründung des Bundesrates zum Entwurf eines Gesetzes zur Änderung der ZPO, BT-Drs. 7/268, 1 f.

223 Letztlich offene Diskussion benachbarter Fragen bei *Wilhelmi* (Fn. 185), S. 357-365.

eigenständige, nicht per se mit der Frage nach dem anwendbaren Recht ununterscheidbar zu vermengende; Frage.[224]

4. *Vermögenszuständigkeit nach § 23 ZPO*

Streitentscheidende Bedeutung kann jenseits von Adhäsionsverfahren bei „isolierten" Klagen vor Zivilgerichten der Gerichtsstand des Vermögens nach § 23 S. 1 ZPO erlangen.[225] Unter den objektiven Zuständigkeitstatbeständen der ZPO ist er der einzige, der ausdrücklich für Sachverhalte mit Auslandsbezug formuliert ist. Bei ihm geht es dementsprechend nicht um eine analoge, sondern vielmehr um eine direkte Anwendung. § 23 ZPO setzt voraus, dass der Beklagte keinen allgemeinen Gerichtsstand im Inland hat. Ob ein allgemeiner Gerichtsstand in Deutschland besteht, richtet sich nach § 12 ZPO i.V.m. § 13 bzw. § 17 ZPO. Ein Doppelwohnsitz in Deutschland und im Ausland schadet bereits.[226] Besteht im Inland nur ein besonderer Gerichtsstand (z. B. nach § 32 ZPO), so reicht dies aber nicht hin, um einen allgemeinen Gerichtsstand zu begründen und § 23 ZPO auszuschließen.[227] Auf der anderen Seite ist § 23 ZPO nicht subsidiär gegenüber anderen besonderen Gerichtsständen, die im Inland bestehen[228] (auch wenn aus prozesstaktischer Klugheit dem Kläger anzuraten ist, sich primär auf einen eventuell bestehenden anderen Gerichtsstand zu stützen).[229] Es kommt allein darauf an, ob ein allgemeiner Gerichtsstand im Inland besteht oder nicht. Dagegen spielt die Staatsangehörigkeit der Parteien an dieser Stelle keine Rolle.[230] Die ausländische Staatsangehörigkeit

---

224 Eingehend *Mankowski/Bock,* JZ 2008.

225 *Fischer,* FS Walter Remmers (1999), S. 447, 459; *Lüke* (Fn. 15), S. 288 Fn. 937; *Wilhelmi* (Fn. 185), S. 337 sowie ohne Bezug auf Menschenrechte allgemein für Klagen gegen Staaten *Esser* (Fn. 215), S. 128, 131 unter Hinweis auf *OLG Koblenz,* OLGZ 1975, 379 = IPRspr. 1974 Nr. 1; *LG Frankfurt/Main,* NJW 1976, 1046; *LG Frankfurt/Main,* WM 1976, 1515; *LG Frankfurt/Main,* IPRax 1982, 71.

226 Siehe *OLG Stuttgart,* NJOZ 2007, 716.

227 *BAG*; AP Nr. 23 zu Intern. Privatrecht – Arbeitsrecht; *Stein/Jonas/Roth* (Fn. 218), § 23 ZPO Rn. 6.

228 So aber *Vollkommer,* IPRax 1992, 210, 211 f.; *Zöller/Vollkommer* (Fn. 175), § 23 ZPO Rn. 5.

229 *Mankowski,* AR-Blattei SD 160.5.5 Rn. 296 (Sept. 2007).

230 Siehe nur *Stein/Jonas/Roth* (Fn. 221), § 23 ZPO Rn. 9; *Mankowski,* AR-Blattei SD 160.5.5 Rn. 296 (Sept. 2007).

einer natürlichen Person als Beklagten löst § 23 ZPO nicht aus, wenn der Beklagte seinen Wohnsitz nach § 13 ZPO i.V.m. § 6 ff. BGB im Inland hat.

Vermögen ist im Prinzip jeder geldwerte Vermögensgegenstand. Ein Mindestwert ist grundsätzlich nicht verlangt. Nicht verlangt ist insbesondere, dass der Wert des Vermögensgegenstands ausreichen müsste, um ein Urteil gegen den Beklagten in Höhe des geltend gemachten Streitwerts abzudecken.[231] Nicht selten wird § 23 ZPO ein enger Bezug zur Zwangsvollstreckung unterlegt. Diese vollstreckungsbezogene Auslegung schließt solche Vermögenswerte aus dem Vermögensbegriff aus, die für den Vollstreckungszugriff nicht zur Verfügung stehen, also namentlich unpfändbar sind.[232] Vollstreckungsimmunität führt dazu, dass eine Vollstreckung in bestimmte Gegenstände nicht möglich ist. Daher würde sich jener restriktive Ansatz bereits auf der Zuständigkeitsebene auswirken, wenn Vollstreckungsimmunität besteht. Freilich gibt es gegen die vollstreckungsbezogene Auslegung einige denkbare Einwände.[233]

VI. Weltrechtszuständigkeit und Gerichtsstandsgarantie

1. Umfassende Weltrechtszuständigkeit und Gerichtsstandsgarantie bei schwerwiegenden Menschenrechtsverletzungen?

Bisher lag die Annahme zugrunde, dass die normalen Zuständigkeitstatbestände des deutschen IZPR Anwendung finden. Nicht gefragt wurde bisher nach

---

231 Siehe nur *BGH*, NJW 1988, 966, 967; *BGH*, NJW 1990, 990, 991; BGHZ 115, 90, 93; *BGH*, NJW 1997, 324, 325 = JR 1997, 462 m. Anm. *Mankowski.*

232 So *OLG München*, NJW-RR 1993, 701, 704; *OLG Celle*, IPRax 2001, 338, 339; *Wolfgang Lüke,* ZZP 105 (1992), 314, 321 f., 325; *Geimer,* FS Fritz Schwind (1993), S. 17, 40; *ders.* (Fn. 10), Rn. 1371; *Wieczorek/Schütze/Hausmann* (Fn. 187), § 23 ZPO Rdnr. 21; *Oberhammer,* FS Peter Schlosser (2005), S. 651, 660-667; *Zöller/Vollkommer* (Fn. 175), § 23 ZPO Rdnr. 7. Anders aber RGZ 4, 408; RGZ 6, 400; RGZ 16, 391; RGZ 51, 163; RGZ 75, 47; RGZ 75, 414; *BGH*, IPRax 1992, 164 m. krit. Aufs. *Vollkommer* (207).

233 Näher *Wollenschläger*; IPRax 2001, 320, 321 f.; *Mankowski,* AR-Blattei SD 160.5.5 Rn. 300-305 (Sept. 2007); siehe auch *Bittighofer,* Der internationale Gerichtsstand des Vermögens (1994), S. 158; *Kleinstück*; Due Process-Beschränkungen des Vermögensgerichtsstands durch hinreichenden Inlandsbezug und Minimum Contacts (1994), S. 202.

einer möglichen menschenrechtlichen Überlagerung. Gebieten Menschenrechte ein Abgehen von der üblichen Zuständigkeitsregelung? Gebieten Menschenrechte, dass die Bundesrepublik den Verletzten ein Forum garantiert, gleich wo der Beklagte ansässig ist und wo die Tat begangen wurde? Gebieten Menschenrechte eine universale Zuständigkeit deutscher Gerichte, zumindest als Auffang- oder Notzuständigkeit? Immerhin sperrt sich in der ZPO keine Norm, die Art. 2 Abs. 1 EuGVVO vergleichbar wäre und eine Begrenzung auf die enumerativ benannten Gerichtsstände aussprechen würde, gegen eine solche Durchbrechung der normalen Zuständigkeitsordnung. Man könnte auch versucht sein, eine gedankliche Parallele zur Strafverfolgung zu ziehen: Soweit das deutsche Strafrecht unter § 6 StGB dem Universalitätsprinzip folgt und zugleich ein forum legis anerkennt, würde eine universale Zuständigkeit begründet.[234] Indes ist dies im Internationalen Strafrecht nicht menschenrechtlich begründet.

Eine sehr prononcierte Argumentation besagt: Menschenrechtsverletzungen seien keine normalen unerlaubten Handlungen.[235] Staatlich initiiertes Genozidunrecht sei schreiendes und historisch nie zu rechtfertigendes Unrecht; dieses sei immer und überall zu verfolgen, auch gegen private Mittäter und Profiteure.[236] Remedur schaffe ein Gerichtsstand am Wohnsitz der klagenden Partei, wenn nicht sogar eine weltweite Zuständigkeit in jedem Staat mit einem gewissen Minimalbezug.[237] Jedem Verbraucher werde ein Klägergerichtsstand eingeräumt, wie viel mehr Schutz verdiene doch ein Opfer von Menschenrechtsverletzungen.[238] Dies ist klar eine rein rechtspolitische Argumentation. Die Grenzen des als zu eng und zu formal empfundenen Zuständigkeitssystems werden gesprengt. Mit dem Völkerrecht wäre eine solche universale Zuständigkeit in Zivilsachen wohl vereinbar, jedenfalls wenn man das Universalitätsprinzip im Strafrecht anerkennt.[239] Den Menschenrechten als solchen zu entnehmen, sie würden auch eine

---

234 Oben IV 2 b.

235 *Schwander,* SZIER 2005, 253, 256 f.; *ders.,* (Fn. 49), S. 109, 125; *ders.,* SZIER 2007, 258, 260.

236 *Schwander,* SZIER 2005, 253, 256 f.; *ders.* (Fn. 49), S. 109, 125; *ders.,* SZIER 2007, 258, 260.

237 *Schwander,* SZIER 2005, 253, 256 f.; *ders.* (Fn. 49), S. 109, 125; *ders.,* SZIER 2007, 258, 260.

238 *Schwander,* SZIER 2005, 253, 257; *ders.* (Fn. 49), S. 109, 125.

239 Eingehend *Flauss,* in: *Tomuschat/Thouvenin* (eds.), The Fundamental Rules of the International Legal Order (2006), S. 385, 392-411.

universale Zuständigkeit[240] von Zivilgerichten verlangen, ginge sehr weit. Zivilverfahren haben die Menschenrechte kaum je spezifisch im Blick. Soweit sie ein textliches Gewand haben, gebietet dieses jedenfalls nicht ausdrücklich, aus ihnen so weit gehende zivilprozessuale Konsequenzen zu ziehen.[241]

Bedeutsamer ist aber das Bestehen von Gegengewichten: Das System enumerativ und taxativ aufgeführter Gerichtsstände dient (auch) dem Schutz des Beklagten. Ein Menschenrechtsverletzer als potenzieller Beklagter scheint indes wenig Schutz zu verdienen, ja könnte so gestellt werden, als habe er jeden Anspruch auf Zuständigkeitsschutz und auf Achtung seiner Interessen verwirkt. Jedoch setzt dies voraus, was in vielen Fällen erst noch zu erweisen ist: dass der Beklagte wirklich Menschenrechte verletzt hat. Das rechtsstaatliche Gebot prozessualer Fairness und die in einem Rechtsstaat nicht der Verwirkung unterliegenden prozessualen Grund- und Menschenrechte des Beklagten könnten von daher letztlich ausschlaggebend gegen eine universale Zuständigkeit sprechen.[242] Ob ius cogens wirklich zwingt, die eigenen Gerichte zu eröffnen, kann man beim gegenwärtigen Stand des ius cogens jedenfalls nicht zuverlässig bejahen.[243] Nachweisbar ist eine solche völkerrechtliche Pflicht bisher kaum.[244] Zudem wäre wiederum zu berücksichtigen, dass bereits die Überprüfung von Handlungen forumfremder Staaten oder Amtsträger auf deren Völkerrechtskonformität durch den Forumstaat in Konflikt mit einer Immunität der Beklagten stehen würde.[245] Freilich ist die Immunität als Frage der Gerichtsbarkeit der internationalen Zuständigkeit vorgelagert und wäre eh zu prüfen, gleich, wie das Zuständigkeitsrecht und dessen Tatbestände ausgestaltet sind.

---

240 Zur sogenannten Universalzuständigkeit insbesondere *Reydams,* Universal Jurisdiction – International and Municipal Legal Perspectives (2003).

241 *Rombouts/Sardaro/Vandeginste* (Fn. 112), S. 345, 441.

242 *Hess,* BerDGesVR 40 (2003), 107, 187 sowie *Note,* 114 Harv. L. Rev. 2025, 2043 f. (2001); *Lüke* (Fn. 15), S. 62.

243 *Fox,* Liber memorialis Petar Šarčević (2006), S. 545, 558.

244 *Lüke* (Fn. 15), S. 62.

245 Siehe *Ress,* ZaÖRV 40 (1980), 217, 268; *Appelbaum* (Fn. 50), S. 92 f.

2. *Weltrechtszuständigkeit und Gerichtsstandsgarantie als Notzuständigkeit bei Menschenrechtsverletzungen und ansonsten drohender Versagung effektiven Rechtsschutzes*

Insgesamt wird aber gerade durch die Gegenargumente gegen eine umfassende Weltrechtszuständigkeit und Gerichtsstandsgarantie bei schwerwiegenden Menschenrechtsverletzungen die Crux sichtbar. Denn für behauptete Menschenrechtsverletzungen und die für die Klärung der Behauptung, dass eine Menschenrechtsverletzung geschehen sei, muss effektiver Rechtsschutz bestehen.

a) Zusammenhang mit einer auf Effektivität des Rechtsschutzes gestützten Immunitätsausnahme

Wenn man schon eine Immunitätsausnahme auf die gebotene Effektivität des Rechtsschutzes stützt, um eine eigene Menschenrechtsverletzung durch den Staat des angerufenen Forums zu vermeiden,[246] muss man jetzt die weitere Konsequenz ziehen und die Effektivität des Rechtsschutzes auch auf der Ebene der Zuständigkeit voranstellen. Es würde der Effektivität des Rechtsschutzes nicht nützen, wenn man zwar eine Immunitätsausnahme bejahte, aber keine Zuständigkeit bereitstellte. Eine solche Immunitätsausnahme wäre nichts wert. Dann könnte man auf die Immunitätsausnahme gleich verzichten und hätte weniger Mühe. Die Immunitätsausnahme gründet sich auf den Gedanken der Notzuständigkeit, wenn weder im Wohnsitzstaat des Beklagten noch in einem anderen Staat noch durch völkerrechtliche Streitbeilegungsmechanismen effektiver Rechtsschutz gewährleistet wäre. Notzuständigkeit aber stammt als Gedanke eigentlich aus dem Zuständigkeitsrecht. Wenn man diesen Gedanken schon in anderen Bereichen durchschlagen lässt, muss man ihn erst recht in seinem Stammgebiet durchschlagen lassen. Die Notzuständigkeit bei anderweitig fehlender Chance zur effektiven Rechtsverfolgung bietet insoweit das am besten geeignete Instrument.

b) Prozessuale Fairness gegenüber dem Beklagten

Die prozessuale Fairness gegen den Beklagten würde abstrakt den als vorrangig bewerteten Belangen des Klägers weichen müssen, soweit insoweit

---

246 Oben II 2 i.

überhaupt ein Konflikt bestehen sollte. Konkret ist zu bedenken, dass zumindest unter Art. 5 Nr. 4 EuGVVO eine universale Zuständigkeit in Deutschland besteht, soweit das deutsche Internationale Strafprozessrecht dem Universalitäts- oder Weltrechtsprinzip folgt.[247] Es gibt also durchaus einen universalen Gerichtsstand, der nicht a priori als unfair zu bewerten ist. Dies gilt schon für das Strafprozessrecht, das noch sensibler sein dürfte als das Zivilprozessrecht. Dann sollte man dessen Wertung auch im Zivilprozessrecht beachten und konsequent eine unfaire Benachteiligung des Beklagten verneinen. Es gibt also zwar nicht per se eine universale Zuständigkeit deutscher Gerichte bei Klagen wegen Menschenrechtsverletzungen; es gibt eine universale Zuständigkeit aber als Notzuständigkeit bei sonst drohender Verweigerung effektiven Rechtsschutzes. Wenn das Weltrechtsprinzip im Straf(prozess)recht legitim ist, kann man seine prinzipielle Legitimität im Zivilprozess nicht schlechterdings in Abrede stellen. Das Prinzip als solches hat seine eigene Legitimität und das Völkerrecht erkennt es im Grundsatz an. Dem sollte das IZPR in Not- und Ausnahmesituationen folgen und sich nicht versperren.

c) Rechtfertigung einer Notzuständigkeit durch Art. 6 Abs. 1 EMRK

Auf einer zweiten Ebene muss sich das Weltrechtsprinzip jedoch im modernen Zuständigkeitsrecht kontinentaleuropäischer Prägung einem System geschriebener Zuständigkeitstatbestände stellen und seinen Platz am Rande dieses Systems finden. Eine Durchbrechung des Systems wäre gerechtfertigt, soweit eine völkerrechtliche Verpflichtung zum Weltrechtsprinzip bestünde. Generell besteht eine solche völkerrechtliche Verpflichtung nicht. Partiell aber kann eine Verpflichtung eben aus der eigenen menschenrechtlichen Verpflichtung Deutschlands aus Art. 6 Abs. 1 EMRK erwachsen. Art. 6 Abs. 1 EMRK überspielt natürlich nicht per se die gesamte Zuständigkeitsordnung. Er nimmt dem Gesetzgeber und den Gerichten nicht die Möglichkeit, eine Klage mangels hinreichender Nähebeziehung zum Forumstaat wegen Fehlens der internationalen Zuständigkeit abzuweisen. Effektives rechtliches Gehör heißt vom Ansatz her zunächst Gehör und Fairness im begonnenen Verfahren. Eine Gerichtsstandsgarantie, dass also ein Gerichtsstand eröffnet sein müsste, und dass ein Staat verpflichtet wäre, seine Gerichte überhaupt ein Verfahren eröffnen zu lassen, ergibt sich daraus keineswegs zwingend und unter allen Umständen.

---

247 Oben IV 2 b.

Allerdings hat sie sich judiziell entwickelt.[248] Eine Rechtsschutzgarantie ist im Prinzip etwas anderes. Aus der Sicht und Welt des deutschen Verfassungsrechts heraus argumentiert: Art. 103 Abs. 1 GG ist eben nicht zugleich Art. 19 Abs. 4 GG. Zudem ist die Schlagrichtung eine gänzlich andere: Wenn man in Art. 6 Abs. 1 EMRK eine Rechtsschutzgarantie nach der Art des Art. 19 Abs. 4 GG hineinliest, kehrt sich dies nur gegen den Forumstaat, verpflichtet den Forumstaat jedoch nicht absolut, ein Forum für Klagen gegen andere Staaten zur Verfügung zu stellen. Die Gerichtsstandsgarantie muss sich Einschränkungen gefallen lassen, wenn diese gerechtfertigt sind,[249] und völkerrechtliche minimum link-Erfordernisse vermöchten durchaus eine solche Rechtfertigung zu bieten. Allerdings ist dies nur der generelle Ansatz, der für Ausnahmesituationen wiederum der Überprüfung und der Frage nach Rückausnahmen bedarf. Wenn Staaten eine auf Menschenrechtsverletzungen gestützte zivilrechtliche Verfolgung ausländischer Staaten oder ausländischer Amtsträger erlauben wollen, so tun sie dies gemeinhin ausdrücklich. Prominentestes Beispiel ist seit 1996[250] § 1605 (a) (7) Foreign Sovereign Immunities Act 1976.[251] Solche Ausdrücklichkeit ist aber keine unabdingbare Voraussetzung. Art. 6 Abs. 1 EMRK wird hier nämlich nicht benutzt, um schlechterdings ein immer zur Verfügung stehendes Forum zu begründen. So weit soll es hier gar nicht gehen. Entscheidend und ausschlaggebend ist vielmehr, dass anderweitig kein effektiver Rechtsschutz besteht und ohne ein Forum in Deutschland Rechtsschutzverweigerung droht. Dies ist der besondere Gedanke. Die *Not*zuständigkeit ist keine generelle und keine umfassende Zuständigkeit. Sie kommt nur in extremen Ausnahmesituationen zum Zuge. Die durch sie bewirkte Durchbrechung des Systems geschriebener Zuständigkeiten ist ein sehr begrenzter, gleichsam ein minimalinvasiver Eingriff.

---

248 Grundlegend *EGMR* [1975] 1 EHRR 524, 536 – *Golder/Vereinigtes Königreich.*

249 *EGMR* [1985] 7 EHRR 528 para. (57) – *Ashingdane/Vereinigtes Königreich*; *EGMR* [1986] 8 EHRR 329 para. 194 – *Lithgow/Vereinigtes Königreich*; *EGMR* [1995] 20 EHRR 442 para. 59 – *Tolstoy Mihalovsky/Vereinigtes Königreich*; *EGMR* [1998] 27 EHRR 249 para. 72 – *Tinnelly & Sons et al./Vereinigtes Königreich.*

250 Eingefügt durch Torture Victim Protection Act 1991, 28 U.S.C.A. § 1350.

251 Näher dazu *Walther,* in: Grenzüberschreitungen – Beiträge zum 60. Geb. von Albin Eser (1995), S. 229.

3. *Weltrechtszuständigkeit und Gerichtsstandsgarantie bei Folter aus Art. 14 Abs. 1 S. 1 UN-Folterkonvention?*

Eine weitere Sonderrolle könnten Fälle von Folter spielen.[252] Für Fälle von Folter könnte sich eine Verpflichtung, zivilrechtliche Gerichtsstände für Schadensersatzprozesse zur Verfügung zu stellen, aus der UN-Folterkonvention[253] ergeben.[254] Art. 14 Abs. 1 S. 1 UN-Folterkonvention verpflichtet die Mitgliedstaaten sicherzustellen, dass das Opfer einer Folterhandlung Wiedergutmachung erhält. Es muss also einen Entschädigungsanspruch gegen den für die Folter verantwortlichen Staat geben.[255] Die Norm ist keine eigene Anspruchsgrundlage, sondern eine Verpflichtung für die Mitgliedstaaten.[256] Daraus folgt aber noch nicht zwingend eine Gerichtsstandsgarantie für das zivilrechtliche Verfolgen fremder Staaten.[257] Wieder geht es um Immunitätsfragen. Denn die UN-Folterkonvention enthält keine ausdrückliche Durchbrechung der allgemeinen Immunitätsregeln, insbesondere keine expliziten Immunitätsausnahmen. Über solche Ausnahmen wurde auch bei der Ausarbeitung der Konvention nicht diskutiert.[258] Andererseits ist Art. 14 Abs. 1 S. 1 UN-Folterkonvention eine gezielte Begünstigung der Opfer. Soll er effektiv sein, so muss der Entschädigungsanspruch auch dann durchsetzbar bleiben, wenn der folternde Staat sich weigert, ihn anzuerkennen und seine Gerichte nicht zur Durchsetzung öffnet. Dann kommen die anderen Vertragsstaaten doch in eine Pflicht, um der Effektivität Genüge zu tun. Sie werden keineswegs selbst Anspruchsverpflichtete, aber eine effektive Entschädigung „si-

252 Vgl. *Rombouts/Sardaro/Vandeginste* (Fn. 112), S. 345, 441 Fn. 350.

253 Convention against Torture and other Cruel, Inhuman or Degrading Treatment or Punishment (Übereinkommen gegen Folter und andere grausame, unmenschliche oder erniedrigende Behandlung oder Strafe) vom 10.12.1984, BGBl. 1990 II 246, 1465 UNTS 85.

254 *Terry,* in: *Scott* (ed.), Torture as Tort (2001), S. 109, 119 f.; *Voyiakis,* (2003) 52 ICLQ 297, 331. Vgl. auch *Jones, Mitchell et al. v. Kingdom of Saudi Arabia* [2006] UKHL 26, [2007] 1 AC 270, [2006] 2 WLR 1424 (H. L.); *Fox,* (2005) 121 LQR 353; *Consolo,* Int'l. Lis 2007, 131, 136-141.

255 Siehe nur *Ambos,* AVR 37 (1999), 318, 319 f., 322 f.; *Cremer,* AVR 41 (2003), 137, 164.

256 *Cremer,* AVR 41 (2003), 137, 164; *Halfmeier,* RabelsZ 68 (2004), 653, 678.

257 Gegen eine Verpflichtung, eine zivilrechtliche Verfolgung fremder Staaten zu garantieren, *Byrnes,* in: *Scott* (ed.), Torture as Tort (2001), S. 537, 542 ff.; *Adams,* ebd., S. 247, 262 ff.; *Tams,* AVR 40 (2002), 331, 348.

258 *Cremer,* AVR 41 (2003), 137, 165.

cherzustellen" heißt eben auch, ihre Durchsetzung sicherzustellen.[259] Dies ist jedoch wiederum mit Art. 2 Abs. 1 UN-Folterkonvention abzugleichen und in Einklang zu bringen. Art. 2 Abs. 1 UN-Folterkonvention verpflichtet jeden einzelnen Mitgliedstaat nämlich nur wirksame Maßnahmen zu treffen, um Folter auf seinem eigenen Gebiet und in allen seiner Hoheitsgewalt unterfallenden Gebieten zu verhindern. Dort geht es um die Prävention. Die Prävention ist auf das eigene Gebiet jedes Mitgliedstaats beschränkt. Man könnte versucht sein, den Anwendungsanspruch der zivilrechtlichen Repression entsprechend zu begrenzen. Immerhin ist Art. 2 Abs. 1 UN-Folterkonvention eine allgemeine Bestimmung, und deren Gedanke könnte auch bei der Auslegung der nachfolgenden speziellen Normen zu berücksichtigen sein.[260] Dies kann allerdings umso weniger gelten, je mehr die spezielle Norm an eigenem Gehalt und eigenen Wertungen enthält. Insoweit kommt der Spezialitätsgrundsatz ins Spiel.[261] Konkret für das Verhältnis von Art. 2 Abs. 1 zu Art. 14 Abs. 1 S. 1 UN-Folterkonvention kommt ein weiterer Gedankengang hinzu, der letztlich den Ausschlag geben sollte, um eine Prägung oder Einschränkung von Art. 14 Abs. 1 S. 1 durch Art. 2 Abs. 1 UN-Folterkonvention abzulehnen: Prävention und reaktive Repression sind zwei verschiedene Dinge. Staaten dazu zu verpflichten Folter überall und wo auch immer zu verhindern, würde Staaten zu präventiven Interventionen auf dem Gebiet anderer Staaten verpflichten. Dies würde direkt mit dem völkerrechtlichen Nichteinmischungsgebot kollidieren, es sei denn, man würde dem Nichteinmischungsgebot eine Durchbrechung in Fällen von Folter einschreiben. Dagegen ist eine reaktive Repression möglich, ohne auf dem Territorium eines anderen Staates zu intervenieren. Die eigenen Gerichte für die zivilrechtliche Verfolgung anderer Staaten zu öffnen und, wenn die Kläger obsiegen, eventuell Zugriff auf Vermögenswerte des der Folter überführten Staates außerhalb von dessen Hoheitsgebiet zu nehmen ist keine Intervention. Es ist mit „zivilen" Mitteln möglich.

Außerdem gebietet Art. 5 UN-Folterkonvention die strafrechtliche Verfolgung auch von Folterungen auf dem Territorium anderer Staaten. Dies zeigt: Reaktive Repression kennt, ja gebietet die UN-Folterkonvention durchaus auch für Taten, die außerhalb des jetzigen Forumstaates begangen wurden. Indes ist dies ambivalent. Zum einen könnte man argumentieren, das weniger scharfe zivilrechtliche Effektivitätsgebot sollte hinter den strafrechtlichen Verfol-

259 *Cremer,* AVR 41 (2003), 137, 166.

260 Vgl. *Cremer,* AVR 41 (2003), 137, 166.

261 *Cremer,* AVR 41 (2003), 137, 166 f.

gungspflichten aber nicht zurückstehen. Aus Art. 2 Abs. 1 UN-Folterkonvention ließe sich dann angesichts von Art. 5 UN-Folterkonvention keine allgemeine Einschränkung auf Inlandstaten ableiten.[262] Zum anderen könnte man aber einen Umkehrschluss ziehen: Extraterritoriale Jurisdiktion zur Verfolgung von Auslandstaten werde für Strafverfahren ausdrücklich angeordnet. Offensichtlich sei die ausdrückliche Anordnung notwendig. An einer ausdrücklichen Anordnung extraterritorialer Jurisdiktion fehlt es aber für Zivilverfahren. Zivilverfahren werden im Sanktionssystem der UN-Folterkonvention nicht eigens angesprochen. Daraus mag man schließen, dass die UN-Folterkonvention die Kompetenzen in Zivilsachen nicht erweitert.[263] Insgesamt sollte man nicht für Folter eine generelle Notzuständigkeit annehmen. Die UN-Folterkonvention jedenfalls gebietet eine solche generelle Notzuständigkeit für Folter nicht deutlich genug.

VII. Beachtlichkeit ausländischer Amnestiegesetze

Keine Frage der Gerichtsbarkeit oder der Zuständigkeit im eigentlichen Sinn ist die Beachtlichkeit ausländischer Amnestiegesetze. Sie steht im Raum, wenn der betreffende Staat ein ihn selbst oder insbesondere seine Amtsträger begünstigendes Amnestiegesetz erlassen hat. Amnestien gehören im Prinzip nicht zur Zulässigkeit einer zivilrechtlichen Klage, sondern zur Begründetheit. Ihre zivilrechtliche Rechtsfolge ist die Anordnung der Nicht-Haftung oder anders ausgedrückt: der Haftungsausschluss, die Haftungsmilderung oder die Haftungsbeschränkung. Der Internationalprivatrechtler würde zuerst nach der Anwendbarkeit fragen: Wann sind solche Gesetze außerhalb ihres Erlassstaates anwendbar? Allerdings sollte man diese Frage hier ausnahmsweise nicht durch kollisionsrechtliche Anknüpfung lösen. Vielmehr sollte man sich Überlegungen des Völkerrechts zunutze machen und Konformität mit dem Völkerrecht und den von Völkerrecht verfolgten Anreizsetzungen suchen.

Im Völkerrecht findet sich weder ein Amnestieverbot noch eine Norm, die Zulässigkeitsvoraussetzungen aufstellen würde. Allerdings bestehen für die *core crimes* – begründet durch völkerrechtlichen Vertrag oder Gewohnheitsrecht – Strafverfolgungspflichten.[264] Ist ein Staat aber gegenüber der internationalen

262 *Cremer,* AVR 41 (2003), 137, 167.

263 *Adams* (Fn. 257), S. 247, 264.

264 Siehe Art. 49; 50 GK I, Art. 50; 51 GK II, Art. 129; 130 GK III, Art. 146; 147 GK IV; Art. 5 UN-Folterkonvention.

Gemeinschaft völkerrechtlich verpflichtet, bestimmte Verbrechen zu bestrafen, so darf er nicht auf die Durchsetzung seines Strafanspruches verzichten. Denn gemäß Art. 27 WVK vermag innerstaatliches Recht – in diesem Fall ein nationales Amnestiegesetz – die Verletzung völkervertraglicher Pflichten nicht zu rechtfertigen.[265] Soweit nicht derogierbare völkerrechtliche Strafverfolgungspflichten bestehen, sind Amnestien grundsätzlich unzulässig.[266]

Auch wenn ein Amnestieverbot für die *core crimes* auf diese Weise juristisch begründbar ist, entspricht es jedoch nicht der im Völkerrecht maßgeblichen Staatenpraxis. Vielmehr wurden verschiedentlich – teilweise unter Billigung durch die Vereinten Nationen – Amnestien auch für Folter und Verbrechen gegen die Menschlichkeit gewährt.[267] Eine allzu pauschale Betrachtung griffe aber auch inhaltlich zu kurz und würde den positiven Effekten, die von einer Amnestie ausgehen können, nicht gerecht. Die nationale Strafrechtspflege wird in der Regel nicht über die erforderlichen Kapazitäten verfügen, sämtliche völkerrechtlichen Verbrechen, die während eines Bürgerkriegs oder einer vergleichbaren Krisensituation begangen wurden, zu verfolgen. So wird beispielsweise angekommen, dass Gerichtsprozesse gegen die bisher inhaftierten

---

265 Siehe auch *IAComHR* 24.9.1992, case 10.287 *Masacre Las Hojas (El Salvador),* Analysis Rn. 12 veröffentlicht im Annual Report of the Inter-American Commission on Human Rights 1992-1993 Chapter III; *Scharf,* 59 L. & Contemp. Probs. 41, 43 (1996); *ders.* 7 Duke J. of Comp. & Int'l Law 375, 397 (1997); *Arsanjani,* 93 ASIL Proceedings 65, 66 (1999).

266 Principle 7 of the Princeton Principles on Universal Jurisdiction; SCSR-Appeals Chamber, 13.3.2004, *Prosecurot v. Morris Kallon and Brima Bazzy Kamara – Decision on Challenge to Jurisdiction: Lomé Accord Amnesty,* Rn. 73; HRC Gen Comm 20, Art. 7 (44. sess. 1992), UN Doc HRI/GEN/1/Rev 1 Rn. 30; IACHR 15.3.1989, *Fairen Gabri and Solis Corrales Case,* Rn. 152; 20.1.1989, *Godinez Cruz Case,* Rn. 187; 29.7.1988, *Velasquez Rodiguez Case,* Rn. 176; 14.3.2001, *Barrios Altos Case,* Rn. 41 und *Concurring Opinion of Judge Sergio Graćia Ramirez,* Rn. 13; 22.11.2004, *Case of Carpio-Nicolle et al. v. Guatemala, Merits Reparations and Costs,* Rn. 130; *Scharf,* 59 L. & Contemp. Probs. 41, 60 (1996); *ders.,* 7 Duke J. Comp. & Int'l. Law 375, 396 (1997); *Roth-Arriaza,* in: *Shelton* (Hrsg.), International Crimes, Peace and Human Rights: the Role of the International Criminal Court (2000), S. 77 f.; *Momtaz,* Die Friedens-Warte 78 (2003), 53, 54; *Bottini,* 36 ILP 503, 553 (2004); *Šimonović,* (2004) 2 JICL 701, 702; *Stahn,* (2005) 3 JICL 693, 701.

267 *Scharf,* 59 L. & Contemp. Probs. 41, 41, 58 (1996); *Meintjes,* in: *Shelton* (Hrsg.), International Crimes, Peace, and Human Rights: the Role of the International Criminal Court (2000), S. 83, 87; *Gavron,* (2002) 51 ICLQ 91, 93.

Täter in Ruanda 113 Jahre in Anspruch nehmen würden.[268] Durch Amnestien können die Justizbehörden entlastet werden. Diese müssten ihrer Ressourcen nicht mehr zur Vergangenheitsaufarbeitung nutzen, sondern könnten sich vielmehr auf aktuelle Kriminalitätsprobleme konzentrieren.[269] Während sich Strafprozesse über Jahre oder Jahrzehnte hinziehen können, zieht die Amnestie einen Schlussstrich unter eine Krisenzeit und schafft Rechtsfrieden. Dies kann die Basis für eine Versöhnung zwischen Tätern und Opfern, einen gesellschaftlichen Neuanfang sein. Amnestien können gezielt als Mittel zur Wiederherstellung von Frieden und Ordnung in einem Staat eingesetzt werden. Auf diese Weise können sie einen Beitrag zur Beilegung einer innerstaatlichen Krise leisten oder auch den Übergang von einer Diktatur zur Demokratie erleichtern.[270] Die Wiederherstellung des Friedens sowie die damit verbundene Stabilisierung der Region liegen auch im Interesse der internationalen Staatengemeinschaft.[271] Insoweit ist eine Amnestie auch bei völkerrechtlichen Verbrechen sinnvoll. Ziel muss sein, einen befriedigenden Ausgleich zwischen Strafverfolgungspflichten und Konfliktbewältigung zu finden.

Pragmatisch ist es, diese völkerrechtlichen Punkte voranzustellen und sich gar nicht erst in die Mühseligkeiten eines eigentlichen Anknüpfungsprozesses hineinzubegeben. Denn gleich ob danach das ausländische Amnestiegesetz grundsätzlich anwendbar wäre oder nicht, es dürfte nicht angewendet werden, soweit das Völkerrecht dies verbietet. Insoweit besteht ein abstrakter Ausschluss. Er ist nicht abhängig vom Ergebnis im konkreten Fall. Dies unterscheidet ein völkerrechtliches Nichtanwendungsgebot maßgeblich vom ordre public. Ein völkerrechtliches Nichtanwendungsgebot ist gleichsam eine negative Kollisionsnorm, ein negativer Anwendungsbefehl, eben ein *Nicht*anwendungs-Befehl. Umgekehrt tragen die Überlegungen, mit denen sich das Völkerrecht gegen ein Amnestieverbot ausspricht, auch die Anwendung ausländischer Amnestiegesetze.

---

268 *Van der Voort/Zwangenburg*, in: *Havemann/Kavran/Nicholls*, Suprainternational Criminal Law: a System Sui Generis (2003), S. 305, 321 Fn. 70.

269 *Limbach*, DtZ 1993, 66, 69.

270 *Limbach*, DtZ 1993, 66, 70; *Reisman*, 59 L. & Contem. Probs. 75, 78-79 (1996); *Sendler*, NJW 1997, 3146, 3148; *Arsanjani*, 93 ASIL Proceedings 65, 65 (1999); *Broomhall* (Fn. 24), S. 93; *Rabkin*, (2002) 15 LJIL 835, 847; *Šimonović*, (2004) JICL 701, 702; *Bartelt*, AVR 43 (2005), 187, 189–191; *Momtaz*, Die Friedens-Warte 78 (2003), 53, 62,

271 Siehe auch *Arsanjani*, 93 ASIL Proceedings 65, 66 (1999); *Meintjes*, in: *Shelton* (Fn. 267), S. 83, 88-89.

VIII. Attraktivität Deutschlands als Forum für die zivilrechtlichen Folgen von Menschenrechtsverletzungen?

Deutsche Gerichte wurden bisher mit Klagen, welche die zivilrechtliche Haftung für Menschenrechtsverletzungen einklagen, kaum befasst. Andere Staaten sind aus Klägersicht deutlich attraktiver. Dies mag damit zusammenhängen, dass kaum je die internationale Zuständigkeit deutscher Gerichte nach hergebrachten Maßstäben gegeben ist. Es mag auch mit der Geschichte zusammenhängen. Denn Deutschland ist der Täterstaat der NS-Verbrechen. Soweit Deutschland mit Menschenrechtsverletzungen in Berührung kommt, sind es in aller Regel deutsche Menschenrechtsverletzungen aus der NS-Zeit. Bei diesen stehen deutsche Gerichte aber aus der Sicht ausländischer Opferangehöriger unter dem Generalverdacht, als Organe des Täterstaates zum Vertuschen und zum Abwiegeln zu neigen. Kein Grieche würde auf die Idee kommen, Ansprüche wegen des Distomo-Massakers ausgerechnet in Deutschland zu verfolgen. Kein Italiener würde auf die Idee kommen, Ansprüche wegen SS-Massakern in den Apenninen ausgerechnet in Deutschland zu verfolgen.

Auf der Basis deutschen materiellen Rechts ausgeurteilte Haftungssummen sind im internationalen Vergleich nicht hoch und viel versprechend, sondern ausgesprochen moderat, wenn nicht gar niedrig.[272] Das deutsche Haftungsrecht ist dem Reparationsprinzip verpflichtet und selbst nach den spürbaren Anhebungen in den letzten Jahren sind Schmerzensgeldbeträge, die deutsche Gerichte zusprechen, ihrer Höhe nach nicht attraktiv. Punitive damages oder exemplary damages sind weit höher und aus Klägersicht weit attraktiver. Auch der Drohwert einer Klage ist andernorts weit größer als in Deutschland. Dies hat unmittelbaren Einfluss auf die Höhe eines prospektiven Vergleichs. Man denke etwa an die angedrohten Klagen der Hereros gegen die Bundesrepublik Deutschland als Rechtsnachfolger des Deutschen Kaiserreichs oder an die angedrohten Klagen ehemaliger Zwangsarbeiter aus der NS-Zeit gegen deutsche Unternehmen. Für beide Klagekomplexe war New York als Forum ins Auge gefasst. Das deutsche Kostenerstattungsrecht ist für hohe Klagen weniger attraktiv als ein System, in welchem zwar jede Partei nahezu immer ihre eigenen Kosten trägt, Anwälte aber gerade in spektakulären Fällen auf Erfolgshonorarbasis arbeiten und das heißt eben auch: nur Geld verlangen, wenn der Mandant obsiegt. Die USA, und dort vor allem New York, sind das attraktivste

---

272 Einen guten Vergleich von Schmerzensgeldbeträgen in Europa bietet *v. Bar*, FS Erwin Deutsch (1999), S. 27.

Deliktsforum weltweit. Deliktskläger werden dorthin gezogen wie Motten zum Licht.[273] Hohe Qualität und Schnelligkeit der deutschen Gerichte und strikte Rechtsstaatlichkeit vermögen diese Faktoren nicht auszugleichen. Die Wahrscheinlichkeit, dass ausgerechnet Deutschland als Forum für die zivilrechtliche Verfolgung von Menschenrechtsverletzungen ausgewählt wird, ist daher gering zu veranschlagen.

IX. Rechtshilfeersuchen an deutsche Zivilgerichte zur Mithilfe bei der Verfolgung von Menschenrechtsverletzungen

Deutschland mag zwar als Forum für Zivilklagen wegen Menschenrechtsverletzungen eher geringe Bedeutung haben. Jedoch können deutsche Gerichte auch auf andere Weise als durch Klagerhebung vor ihnen mit Menschenrechtsverletzungen ausländischer Staaten oder Amtsträger befasst sein. Dies kann sich namentlich ergeben, wenn Deutschland um Rechtshilfe gebeten wird, um Zivilprozessen vor den Gerichten anderer Staaten Fortgang zu leisten. Es mögen sich Zeugen oder sonstige Beweismittel in Deutschland befinden und an Deutschland richtet sich dann ein entsprechendes Rechtshilfeersuchen. Ein weiteres Mal ist danach zu differenzieren, ob es sich um einen europäischen oder um einen nicht-europäischen Fall handelt. Ein „europäischer" Fall wird von der EuBeweisVO regiert, die sogar eine eigene Beweisaufnahme des Gerichts im Ausland ermöglicht. Nun enthält auch Art. 1 Abs. 1 EuBeweisVO eine Einschränkung auf Zivil- und Handelssachen und damit zugleich eine implizite Bereichsausnahme für acta iure imperii.[274] Der Begriff der Zivil- und Handelssachen ist derselbe wie in Art. 1 EuGVVO.[275] Insoweit schlägt die Natur des anhängigen Falles durch und beschränkt die Möglichkeiten zur Beweisaufnahme nach gemeinschaftsrechtlichem System in anderen Mitgliedstaaten als dem Forumstaat. Dies erfasst auch Staatshaftungssachen, soweit Immunität greift.[276] Die EuBeweisVO ist Teil eines Gesamtsystems und steht nicht isoliert. Vielmehr entfaltet sie ihre besondere Kraft im Zu-

---

273 So das berühmte Dictum von Lord *Denning* M.R. in *Smith Kline & French Laboratories Ltd. v. Bloch* [1983] 2 All ER 72., 74 = [1983] 1 WLR 729, 733 (C.A.).

274 Anderer Ansicht *Geimer/Schütze/Knöfel* (Fn. 169), Art. 1 EuBewVO Rn. 14 (Nov. 2007).

275 Siehe nur *Rauscher/v. Hein* (Fn. 161), Art. 1 EuBewVO Rn. 1.

276 Anderer Ansicht *Geimer/Schütze/Knöfel* (Fn. 169), Art. 1 EuBewVO Rn. 14 (Nov. 2007).

sammenspiel mit den anderen Gemeinschaftsrechtsakten im IZPR. Daher sollten gleichlautende Begriffe auch parallel ausgelegt werden. Für ein Ausbrechen gerade der EuBeweisVO und eine Orientierung statt an den Schwesterverordnungen partout an Art. 6 Abs. 1 EMRK[277] fehlen die hinreichend eindeutigen Gegenbelege. Art. 47 Grundrechte-Charta und Art. II-107 EUVerf sehen ein einheitliches Justizgrundrecht für Zivil- und Verwaltungssachen vor; dies rechtfertigt jedoch keinen Schluss auf eine Einbeziehung der Haftung für acta iure imperii gerade in die EuBeweisVO, zumal wenn man anderenfalls die Eigenart gerade dieser VO betont.[278] Zudem erkennt der EGMR Immunität, die nur auf acta iure imperii gründen kann, als eine Grenze für Art. 6 Abs. 1 EMRK an,[279] so dass selbst eine an Art. 6 Abs. 1 EMRK angelehnte Auslegung eine solche Ausnahme anerkennen müsste.

Räumlich-international ist die EuBeweisVO anwendbar, wenn die Klage vor einem mitgliedstaatlichen Gericht anhängig ist.[280] Dies ist eine rein formelle Abgrenzung, die sich einfach, aber auch strikt handhaben lässt. Sachlich sollte man für die Immunität die völkerrechtlichen Maßstäbe walten lassen. Wer eine Immunitätsausnahme für Verstöße gegen ius cogens oder (schwere) Menschenrechtsverletzungen gutheißt, muss auch beweishilferechtlich konsequent bleiben und entsprechenden Beweishilfeersuchen etwa auf Einvernahme in Deutschland lebender Zeugen oder Täter von Menschenrechtsverletzungen stattgeben.[281] Im Ergebnis verläuft dies parallel zu einer Art antizipierter Anerkennungsprüfung für die Entscheidung des ersuchenden ausländischen Spruchkörpers.

X. Anerkennung und Vollstreckbarerklärung ausländischer Urteile

Eine weitere Möglichkeit, wie deutsche Gerichte mit Menschenrechtsverletzung befasst werden können, ist die Anerkennung oder Vollstreckbarerklärung ausländischer Entscheidungen, die über Ansprüche aus Menschenrechtsverlet-

277 Dafür *Geimer/Schütze/Knöfel* (Fn. 169), Art. 1 EuBewVO Rn. 9 (Nov. 2007).

278 Gegen *Geimer/Schütze/Knöfel* (Fn. 169), Art. 1 EuBewVO Rn. 9 (Nov. 2007).

279 Zuletzt *EGMR* 8.6.2006, ECHR Reports 2006-VI § 103 = NJOZ 2007, 2327, 2333 f. – *Wos/Polen*.

280 *De Vareilles-Sommières*, in: *Nuyts/Watté* (eds.), International Civil Litigation in Europe and Relations with Third States (2005), S. 381, 384 f.; *Rauscher/v. Hein* (Fn. 169), Art. 1 EuBewVO Rn. 6.

281 *Knöfel*, EuZW 2008, 267.

zungen geurteilt haben. Deutschland gehört zwar nicht zu den bevorzugten Fluchtstaaten für das Kapital der Mitglieder von Unrechtsregimes, aber trotzdem kann es sich ergeben, dass sich Vermögenswerte der Menschenrechtsverletzer in Deutschland befinden und dass ein Zugriff darauf aus einem ausländischen Titel versucht wird.

1. Anwendbarkeit der EuGVVO oder des LugÜ

Rechtstechnisch ist wieder zwischen dem europäischen und dem autonomen deutschen Regime zu unterscheiden. Die Unterscheidungslinie ist einfach: Das europäische Regime, also EuGVVO, EuGVÜ oder LugÜ, ist anwendbar, wenn die zur Anerkennung oder Vollstreckbarerklärung anstehende Entscheidung aus einem Mitgliedstaat stammt. Dabei kommt es nicht darauf an, wo der Beklagte ansässig ist und ob das erststaatliche Gericht die internationale Zuständigkeit der Gerichte des Forumstaates aus dem europäischen oder aus seinem nationalen Regime hergeleitet hat oder ob es dies richtig oder nicht zutreffend getan hat.[282] Allein ausschlaggebend ist die formale Qualität der Entscheidungsherkunft: Kommt sie aus einem Mitgliedstaat, so fällt sie dessen Anspruch nach im Prinzip unter das europäische Regime.

Allerdings ist zu fragen, ob das europäische Regime sachlich überhaupt einen Anwendungsanspruch erhebt, wenn und soweit Entscheidungen gegen Staaten, Amtsträger oder Soldaten ergangen sind. Anders gefragt: Wie wirkt sich die Ausnahme für hoheitliches Handeln im Bereich der Anerkennung und Vollstreckbarerklärung aus? Auch hier ist die Antwort auf der ersten Stufe einfach: Das europäische Regime findet nur dann Anwendung, wenn es sich selber sachlich für anwendbar erklärt. Art. 32-55 EuGVVO stehen gleichsam unter dem Vorbehalt, dass es sich um eine Zivil- und Handelssache im Sinne von Art. 1 EuGVVO handelt. Soweit also hoheitliches Handeln angenommen wird, befindet man sich außerhalb der EuGVVO. Dies gilt auch für die Anerkennung und Vollstreckbarerklärung.[283] Indes bleibt auf der zweiten Stufe die Frage, wem die Beurteilungskompetenz zukommt: dem erststaatlichen oder dem zweitstaatlichen Gericht? Wer beurteilt letztlich, ob die EuGVVO sachlich anwendbar ist oder nicht? Insbesondere: Darf das zweitstaatliche Gericht

282 Siehe nur *CA Aix*, Clunet 107 (1980), 335; *Rauscher/Leible* (Fn. 161), Art. 32 Brüssel I-VO Rn. 20; *Magnus/Mankowski/Wautelet* (Fn. 190), Art. 35 Brussels I Regulation Rn. 14.

283 *Magnus/Mankowski(-Mankowski)* (Fn. 190), Art. 35 Brussels I Regulation Rn. 65.

kontrollieren, ob das erststaatliche Gericht zu Recht oder zu Unrecht hoheitliches Handeln verneint und deshalb eine Zivil- und Handelssache angenommen hat?[284] Im Katalog der Anerkennungsversagungsgründe findet sich dazu nichts Explizites. Dies ist kaum verwunderlich, setzt der Katalog doch für seine eigene Anwendbarkeit die Anwendbarkeit der EuGVVO voraus. Daraus ergibt sich zugleich, dass Art. 35 Abs. 3 EuGVVO einer Prüfung von Immunitätsfragen nicht entgegensteht.[285] Schließlich geht es hier um den sachlichen Anwendungsbereich der EuGVVO, nicht um die internationale Zuständigkeit. Gerichtsbarkeit und internationale Zuständigkeit sind zwei auch hier strikt getrennt zu haltende Kategorien.

2. *Anerkennung und Vollstreckbarerklärung unter EuGVVO oder LugÜ*

Die EuGVVO kennt in ihren Art. 34; 35 Abs. 1 nur einen engen Katalog von Anerkennungsversagungsgründen. Eine Fehlbeurteilung, ob über hoheitliches Handeln zu entscheiden war, lässt sich nach der Struktur der EuGVVO nicht unter Art. 34 Nr. 1 EuGVVO subsumieren.[286] Das Völkergewohnheitsrecht der Immunität mag durchaus zum zweitstaatlichen ordre public zählen können[287] – allein: die Frage, ob die EuGVVO überhaupt sachlich anwendbar ist, ist vorgelagert. Den zweitstaatlichen ordre public kann man erst dann über Art. 34 Nr. 1 EuGVVO ins Spiel bringen, wenn die EuGVVO nach ihrem Art. 1 überhaupt anwendbar ist. Ist die EuGVVO sachlich nicht anwendbar, so ist auch Art. 34 Nr. 1 EuGVVO nicht anwendbar. Eine eventuelle Fehlbeurteilung der Immunität berührt also rechtstechnisch und systematisch hier nicht den zweitstaatlichen ordre public. Vielmehr steht man vor der Anwendbarkeitsfrage und der Folgefrage, wem insoweit die Beurteilungskompetenz zustehen soll.[288]

---

284 Dafür *Magnus/Mankowski(-Mankowski)* (Fn. 190), Art. 35 Brussels I Regulation Rn. 65; vgl. auch *Dörr* (Fn. 107), S. 175, 187 f. (allerdings im Rahmen des ordre public-Vorbehalts).

285 *Zöller/Geimer* (Fn. 175), Art. 35 EuGVVO Rn. 32; *Geimer/Schütze/Tschauner* (Fn. 169), Art. 35 EuGVVO Rn. 3 (Sept. 2005); *Magnus/Mankowski(-Mankowski)* (Fn. 190), Art. 35 Brussels I Regulation Rn. 65.

286 Anders *Trib. Bruxelles 12ème ch.* 26.10.2005 – 05-3092B; *Dörr* (Fn. 107), S. 175, 189, die indes die Probleme bei Art. 1 Abs. 1 EuGVVO nicht sehen.

287 Insoweit zutreffend *Dörr* (Fn. 107), S. 175, 189.

288 Dazu soeben IX 1.

Nach einem wieder anderen Ansatz sollen die völkerrechtlichen Immunitätsregeln ein neben der EuGVVO zu beachtender Anerkennungsversagungsgrund sein.[289] Dieser Ansatz setzt sich jedoch nicht mit Art. 1 Abs. 1 EuGVVO auseinander. Sein richtiger Kern dürfte indes die Vollstreckungsimmunität sein, also die Immunität im eigentlichen Zwangsvollstreckungsverfahren. Selbst wenn man nämlich die vorherigen Filter des Art. 1 Abs. 1 EuGVVO und gegebenenfalls des Art. 34 Nr. 1 EuGVVO passiert haben sollte, kann sich Immunität noch in Beschränkungen und Limitierungen der eigentlichen Zwangsvollstreckung niederschlagen. Die eigentliche Zwangsvollstreckung aber liegt hinter dem Vollstreckbarerklärungsverfahren und ist von diesem deutlich zu trennen,[290] denn das Vollstreckbarerklärungsverfahren ist ein – wenn auch kupiertes – Erkenntnisverfahren und wirkt im Zweitstaat titelschaffend.[291] Im Übrigen ist völkerrechtlich noch nicht hinreichend deutlich, ob die Tatsache, dass der betreffende Staat aus Menschenrechtsverletzungen zivilrechtlich haftet, auch eine Einschränkung der Vollstreckungsimmunität nach sich zieht.

3. Anerkennung und Vollstreckbarerklärung unter §§ 328; 722; 723 ZPO

Sofern das europäische Regime sachlich oder räumlich nicht anwendbar sein sollte (letzteres ist bei Entscheidungen aus Nichtmitgliedstaaten der Fall), so steht eine Anerkennung oder Vollstreckbarerklärung nach autonomem deutschem Recht im Raum.

a) Sachliche Anwendbarkeit der ZPO?

Wiederum ist eine intrikate Frage nach der sachlichen Anwendbarkeit vorgelagert: Kann die ZPO überhaupt Anwendung finden, wenn und soweit aus

289 So *Bülow,* RabelsZ 38 (1974), 262, 274; *Geimer,* WM 1976, 139, 146; *ders.*, IPRax 2008, 225, 226 f.; *Kropholler* (Fn. 169), Vor Art. 33 EuGVO Rn. 5.

290 Siehe nur *OLG Frankfurt*, RIW 1993, 944; *OLG München*, FamRZ 2002, 408; *Esteban de la Rosa,* La Ley Unión Europea 4239 (28 de febrero de 1997), 1; *Arenas García,* La Ley Unión Europea 4994 (17 de febrero de 2000), 3; *ders.*, AEDIPr 2002, 550, 555; *Jiménez Blanco,* AEDIPr 2000, 773 f.; *Lara Aguardo,* AEDIPr 2002, 696, 697; *Layton/Mercer,* European Civil Practice (2. Aufl. 2004), Rn. 27.008; *Rauscher/Mankowski* (Fn. 161), Art. 38 Brüssel I-VO Rn. 3.

291 Näher *Mankowski,* ZZP Int. 4 (1999), 276–279; *Rauscher/Mankowski* (Fn. 161), Art. 38 Brüssel I-VO Rn. 3.

deutscher Sicht hoheitliches Handeln vorlag? Oder steht man dann außerhalb der ZPO und kann mangels internationalöffentlichrechtlicher Anerkennungsregeln a priori gar nicht anerkennen oder für vollstreckbar erklären? Anders als die EuGVVO enthält die ZPO selbst keine Norm, die ihren sachlichen Anwendungsbereich umreißen würde. Jedoch finden sich entsprechende Abgrenzungsnormen im GVG. Dort wird geklärt, die Gerichte welchen Gerichtszweig welche Sachen zu entscheiden haben. Dort werden die Rechtswegzuständigkeiten geklärt. Dies gilt jedoch nur für die – in internationalzivilprozessrechtlicher Terminologie gesprochen – direkte Rechtswegzuständigkeit. Über die Zuweisung der Anerkennung ausländischer Entscheidungen an einzelne deutsche Gerichtszweige nebst entsprechender Unterstellung unter einzelne Verfahrensrechtsregimes ist dort nichts direkt gesagt. Die Frage ist viel zu speziell und im Gesamtkonzert zu unbedeutend, weil zu selten, als dass das GVG ihr Aufmerksamkeit geschenkt hätte.

b) Ordre public bei Anwendbarkeit der ZPO

Sofern man sich um die sachliche Anwendbarkeit der ZPO nicht scheren (und im Ergebnis die entsprechende Vor-Stufe überspringen) möchte oder sofern man die ZPO sachlich für anwendbar hält, kann man die völkerrechtlichen Immunitätsregeln mit gutem Recht zum deutschen ordre public zählen und § 328 Abs. 1 Nr. 4 ZPO zuschlagen.[292] Denn soweit sie Völkergewohnheitsrecht sind, genießen sie als allgemeine Grundsätze des Völkerrechts im Sinne von Art. 25 GG einen Rang über dem einfachen Gesetzesrecht und nur unter dem deutschen Verfassungsrecht.[293] Diese hohe Position in der Normenhierarchie würde sie dem ordre public zufallen lassen.[294] Allgemeine Regeln des Völkerrechts sind hochrangiger Bestandteil der deutschen Rechtsordnung und auch im Rahmen der Anerkennung zu schützen.[295] Wenn man § 328 Abs. 1 Nr. 4 ZPO nicht direkt anwenden will, so steht zumindest dessen ana-

---

292 BGHZ 155, 279, 282 – *Distomo*; *Hess,* FS Rolf A. Schütze (1999), S. 269, 277; *Gavouneli,* Rev. hell. dr. int. 1997, 603, 606; *Schminck-Gustavus,* KJ 2001, 111, 115 f.; *v. Hein,* (2001) 3 Yb. PIL 185, 220; *Dörr* (Fn. 107), S. 175, 186.

293 Siehe nur *Geimer* (Fn. 10), Rn. 495; *Schack,* Internationales Zivilverfahrensrecht (4. Aufl. 2006), Rn. 147.

294 *Dörr* (Fn. 107), S. 175, 186 f.

295 BGHZ 155, 279, 282 – *Distomo*; *Rosenberg/Schwab/Gottwald,* Zivilprozessrecht (16. Aufl. 2004), § 156 Rn. 33; *Dörr* (Fn. 107), S. 175, 187.

loge Anwendung in Rede.[296] Eine solche Analogie würde allerdings Friktionen aufwerfen, denn dieser Weg wäre im EuGVVO/EuGVÜ/LugÜ-System mit seinem abschließenden und analogiefeindlichen Katalog von Anerkennungsversagungsgründen versperrt.[297]

XI. Zusammenfassung

1. Nach allgemeinen Grundsätzen genießen Staaten und deren Amtsträger Immunität für hoheitliches Handeln. Dies gilt auch bei militärischen Aktionen.

2. Im gegenwärtigen Völkergewohnheitsrecht hat sich eine umfassende Immunitätsausnahme für (sei es auch schwerwiegende) Menschenrechtsverletzungen noch nicht etabliert. Die für eine generelle Immunitätsausnahme angeführten Argumente vermögen zum großen Teil nicht zu überzeugen und haben bisher keine durchschlagende Kraft entfaltet. Namentlich die neuere Rechtsprechung internationaler Gerichte erkennt eine solche Immunitätsausnahme bisher nicht an.

3. Allerdings gebietet die eigene menschenrechtliche Verpflichtung des Forumstaats, seine Gerichtsbarkeit prinzipiell zu öffnen, soweit Menschenrechtsverletzungen nicht im Tatortstaat oder vor internationalen Gerichten effektiv zivilrechtlich verfolgt werden können.

4. Im europäischen Gerichtsstandssystem wird sich die internationale Zuständigkeit deutscher Gerichte für Klagen wegen Menschenrechtsverletzungen nur ganz ausnahmsweise ergeben können. Art. 2 Abs. 1 EuGVVO eröffnet sie, wenn ein Täter jetzt in Deutschland lebt. Ein Erfolgsortsgerichtsstand aus Art. 5 Nr. 3 EuGVVO kann bestehen, wenn weitere Schädigungen an den primär geschützten Rechtsgütern erst in Deutschland eintreten. Art. 5 Nr. 4 EuGVVO lehnt sich für Adhäsionsverfahren an die Zuständigkeitstatbestände des Internationalen Strafprozessrechts an; dies gilt auch, soweit dieses dem Weltrechtsprinzip folgt.

5. Im autonomen IZPR eröffnet § 23 ZPO bei Tätervermögen in Deutschland die mit Abstand größte Chance auf einen Gerichtsstand in Deutschland.

---

296 *Geimer,* Zur Prüfung der Gerichtsbarkeit und der internationalen Zuständigkeit bei der Anerkennung ausländischer Entscheidungen (1966), S. 77; *ders.,* LMK 2003, 215, 216.

297 *Geimer,* LMK 2003, 215, 216; *Mankowski,* RIW 2004, 587, 596.

6. Erkennt man eine Immunitätsausnahme an, um eine effektive Rechtsverfolgung zu ermöglichen, so muss man konsequenterweise einc cntsprechende Notzuständigkeit nach dem Weltrechtsprinzip eröffnen. Dies ist eine echte, subsidiäre Notzuständigkeit.

7. Deutschland ist im internationalen Vergleich, namentlich mit den USA, kein besonders attraktives Forum für Haftungsklagen wegen Menschenrechtsverletzungen.

8. Deutsche Gerichte können auch über Rechtshilfeersuchen mit Haftungsklagen wegen Menschenrechtsverletzungen befasst sein.

9. Bei der Anerkennung und Vollstreckbarerklärung stellen sich Fragen nach der Anwendbarkeit der EuGVVO und nach dem ordre public wegen eventueller Immunitätswidrigkeit.

DISKUSSION

Im Vortrag Mankowskis vermisste *von Hoffmann* – bewusst übertreibend – die Leidenschaft für die Menschenrechte. Eine solch nüchterne Analyse auf diesem emotionsgeladenen Gebiet habe er nicht erwartet.

Bei aller Leidenschaft, die auch er in gewissem Umfang habe, dürfe man nicht darüber hinwegsehen, dass es durchaus und mit gutem Grund ein System geschriebener Zuständigkeiten gebe, so *Mankowski*.

Nichtsdestotrotz sei jedoch zu fordern, erwidert *von Hoffmann*, dass man sich in der Frage der Zuständigkeiten und Immunitätsregelungen nicht auf den Standpunkt zurückziehe, das Völkerrecht habe noch keine Lösungsmechanismen entwickelt. Vielmehr komme es darauf an, ob man sich mit der Beantwortung dieser Fragen in Richtung Zukunft oder in Richtung Vergangenheit orientiere.

Tomuschat weist dann darauf hin, dass sowohl eine Unterscheidung von straf- und zivilrechtlicher Immunität als auch eine Unterscheidung der Immunität von Individualpersonen und der von Staaten unabdingbar sei. Das Fehlen dieser notwendigen Unterscheidung sei gerade die große Schwachstelle des viel diskutierten Ferrini-Urteils, das *Tomuschat* auch insgesamt für nicht tragbar hält.

Als Gründe für die Immunität von Staaten nennt er insbesondere das positive Recht, das im Gewohnheitsrecht eine ständige Staatspraxis kenne, die sich bei Massenunrecht der bewährten Ausgleichverfahren nach Prinzipien der Staatenverantwortlichkeit bedient habe. Als Beispiel führt er die Reparationszahlungen Deutschlands nach dem Zweiten Weltkrieg an. Diese Tradition der bewährten völkerrechtlichen Entschädigungspraxis habe aber einen Bruch erlitten durch die in den letzten Jahren erhobenen Forderungen einzelstaatlicher Gerichte, die das individuelle Opfer entschädigt sehen wollen. Solche Urteile kämen oftmals aufgrund nationalen Drucks der öffentlichen Meinung zustande, da sich die nationalen Richter selbstverständlich solidarisch mit den Opfern ihres Heimatstaates zeigten und es leicht sei, auf den fremden Staat „einzuschlagen". Hierin liegt nach seiner Ansicht das stärkste Argument gegen eine Durchbrechung der Staatenimmunität.

Ein weiteres Argument sei das ius cogens. So gebe es zweifellos Verbote des Völkermords und der Folter – die sog. Primärregeln. Nach der Tatbegehung des Unrechts greife aber die sog. Sekundärregel, mit der das Unrecht wieder gut gemacht werden müsse. Das ius cogens aber sage nichts darüber aus, was geschehen solle, wenn gegen die Primärregel verstoßen worden sei, zumal eine Vielzahl denkbarer Folgen möglich sei. Statt des pauschalen „Totschlagarguments", dem Verweis auf einen Verstoß gegen ius cogens, sei eine sorgfältige Reflektion nötig, die auch die Frage stelle, welchen Sinn lediglich symbol-politische Urteile gegen fremde Staaten haben, die nicht vollstreckbar seien. Diesen Ausführungen pflichtet *Mankowski* bei. *Tomuschat* äußert größte Vorbehalte gegen die Ausuferung einer solchen Rechtsprechung und gibt noch den Hinweis auf derzeitige Bestrebungen der Bundesregierung, den italienischen Kassationshof in anhängigen Verfahren umzustimmen. Es zeichne sich aber ab, dass es wohl zu einem Verfahren Bundesrepublik Deutschland gegen Italien vor dem IGH kommen werde.

Auch *Kotzur* betont, wie wichtig eine Differenzierung hinsichtlich der Immunität zwischen Staaten, der von Staatschefs und einer solchen z. B. von Angehörigen internationaler Organisationen auch im Hinblick auf die unterschiedliche dogmatische Begründung sei.

Das Argument, die Feststellung einer Immunitätsausnahme bei „gross violations" bedürfe zunächst einmal der Feststellung einer gross violation, deren Vorliegen es aber erst zu belegen gebe, hält er nicht wegen eines Zirkelschlusses für unbrauchbar. Vielmehr weist er darauf hin, dass in Verfahren, in denen es um die Feststellung der Geschäftsfähigkeit einer Person gehe, doch zunächst auch mit einer unterstellten Geschäftsfähigkeit operiert werde, es sich also bei der Vorgehensweise um eine gängige Praxis im Zivilprozess handele. Dies sei nicht bloß eine rechtslogische Überlegung, sondern es gehe in der Rechtspraxis wohl nur um Verfahren, in denen solche gross violations und die unmittelbare Verantwortung dafür relativ stark auf der Hand liegen werden. Dass die Unterstellung dessen, was es zu belegen gibt, dem internationalen Zivilprozess zwar nicht fremd sei, bestreitet *Mankowski* nicht, denke man etwa an die Theorie der doppelrelevanten Tatsachen. Doch weder vertrete er diese[1] noch möchte er konsequenterweise in den angesprochenen Fällen der Menschenrechtsverletzungen unterstellen, was es zu beweisen gelte.

Des Weiteren führt *Kotzur* aus, es sei zu überlegen, ob hinsichtlich der Immunitätsfrage nicht ein sektorspezifisches Vorgehen sinnvoll sein könne, indem man sich die einzelnen Konventionen genauer anschaue. Beispielsweise werde bei der bereits angesprochenen Folterkonvention das interessante Argument vorgebracht, schon in der Definition der Folter sei enthalten, dass sie durch

1 *Mankowski,* IPRax 2006, 454.

Hoheitsträger vorgenommen worden sein müsse, woraus sich gleichzeitig ein implizierter Souveränitätsverzicht ergebe. Eine sektorspezifische Betrachtungsweise ist auch nach Meinung von *Mankowski* anzustellen, wobei Folter in diesem Zusammenhang sicherlich eine besondere Rolle spielt. Es gebe durchaus eine Differenzierung einzelner Immunitätsausnahmen, die auch in der Praxis nationaler Gerichte ein System erkennen lasse.

Die Fallkonstellation eines Staatshaftungsprozesses hält *Kotzur* für nicht so unwahrscheinlich, wie es von Mankowski für die internationale Zuständigkeit deutscher Gerichte bei Menschenrechtsverletzungen dargestellt worden sei. Eine Staatshaftung gegen den Forumstaat, so *Mankowski*, sei sicherlich kein Problem, dafür gebe es schließlich die Rechtsweggarantie.

Wilhelmi weist darauf hin, dass man auch unter Wertungsgesichtspunkten ein Weltrechtsprinzip im Zivilrecht bejahen müsse. Im Vergleich zum Strafrecht sei das Zivilrecht das mildere Eingriffsmittel, weshalb dort aufgrund eines Erst-Recht-Schlusses keine strengeren Grenzen gelten könnten als im Strafrecht. Ein weiteres Argument sei ferner die präventive Wirkung von Zivilprozessen, die Staaten davon abhalten könne Menschenrechtsverletzungen zu begehen, weil sie dann eben unter Umständen ihr ausländisches Vermögen als gefährdet ansehen. Es stelle sich insoweit auch die Frage nach der Errichtung eines Internationalen Zivilgerichtshofes. *Mankowski* stimmt insoweit zu, dass das Strafrecht durchaus weiter wie strenger sei und eine Präventionsfunktion mithin bestünde. Doch sei nicht aus den Augen zu verlieren, wie selten das Weltrechtsprinzip tatsächlich zur Anwendung käme. Zudem sollte man auch die Unbeliebtheit von Adhäsionsverfahren in der Praxis mit bedenken.

Kohler rückt die Europäische Gemeinschaft in den Mittelpunkt seiner Betrachtungen der Frage nach der Anerkennung von Immunitätsausnahmen. Gerade im Unionskontext stelle sich die Frage, ob die Berufung auf die Immunität der Mitgliedsstaaten im Zivilverfahren immer angemessen sei, da die Gemeinschaft besondere Beistands- und Solidaritätspflichten mit sich bringe. Es stelle sich ihm die Frage, ob es nicht Konstellationen gebe, in denen die Berufung auf die Immunität den „effet utile" des Gemeinschaftsrechts aushebele. Auch wenn dieses Argument vor dem EuGH bislang nicht zum Durchbruch kam, so sei es durchaus denkbar, so die Prognose Kohlers für eine zukünftige Entwicklung, dass es in bestimmten Konstellationen greifen könnte.

Mit Blick auf den „effet utile" des Gemeinschaftsrechts stelle sich zunächst die Frage, welches Gemeinschaftsrecht materiell betroffen sei, so *Mankowski*, der zu Bedenken gibt, dass es insofern ein materielles Gemeinschaftsrecht geben müsse, das durch die Solidaritäts- und Beistandspflichten gefördert werden solle. Er merkt außerdem an, dass gerade Deutschland dafür gesorgt habe, dass die Ausnahme für acta iure imperii in alle neueren internationalverfahrens- und in alle neueren kollisionsrechtlichen Verordnungen aufgenommen wurde. Dass der EuGH diese Ausnahme auch auf die EuGVVO übertragen habe, solle man respektieren.

Von Hoffmann verweist im Zusammenhang mit der Frage nach der Zulässigkeit einer Immunitätseinrede eines Mitgliedsstaates im Verfahren vor dem EuGH auf das den mitgliedstaatlichen Gerichten entgegengebrachte Vertrauen, deren Urteile bisweilen ohne weitere Sachprüfung vollstreckt würden. Mit dieser Entwicklungstendenz ginge aber die Ratio der Immunitätseinrede verloren, da die Urteile damit nicht weniger seien als ein inländisches Urteil. Das angesprochene Vertrauen jedoch scheine ihm nicht immer gerechtfertigt, denke man beispielsweise an das viel zitierte Ferrini-Urteil.

Tomuschat erwidert, dass das fehlende Vertrauen eine besondere Problemlage kennzeichne. Das Ferrini-Urteil sei aber auch in Italien selbst stark kritisiert worden. Grundsätzlich erfordert aber gerade das Vertrauen gegenseitiger Art im Gemeinschaftsrahmen Solidaritätsregeln und Abmilderungen gegenüber den traditionellen völkerrechtlichen Zuständigkeitsregeln, die noch aus Zeiten der Weltkriege stammen, in denen ein gegenseitiges Vertrauen nun mal nicht bestand.

Kohler kommt schließlich auch auf die Bedeutung des § 23 ZPO zu sprechen, der als nationale Zuständigkeitsvorschrift durchaus durch die Regeln der EuGVVO verdrängt werden könne, wenn man diese multilateralisiere. Dies allerdings führe zum Erfordernis der Schaffung einer Auffangvorschrift. Eine Abschaffung des § 23 ZPO hält *Mankowski* hingegen nicht für sinnvoll, denn der Vermögensgerichtsstand sei gegen viele ausländische Vertragspartner eine wichtige Maßnahme, um einen Rest an Durchsetzungspotenzial beizubehalten.

Stumpf schneidet eine Fallgruppe von Menschenrechtsverletzungen im Besonderen an, bei denen Immunität keine große Rolle spiele, namentlich die Gruppe der Investitionsstreitigkeiten. Zum einen beruhen diese Streitigkeiten prozessual auf der Basis des Weltbankübereinkommens und materiell auf den bilateralen Investitionsschutzabkommen. Ihm stelle sich die Frage, ob diese Abkommen vollstreckbar seien, wie diese Vollstreckbarkeit aussehe und ob sich ausländische Unternehmen zum Schutz ihrer Rechte eine deutsche Rechtshülle zulegen sollten, weil Deutschland das Land mit den meisten Investitionsschutzabkommen weltweit sei.

Birk gibt in diesem Kontext zu Bedenken, dass Menschenrechtsverletzungen nicht alle gleich seien und stellt die Frage, ob man nicht bei individuellen Menschenrechtsverletzungen großzügiger sein sollte? Man könne vielleicht nach Fallgruppen differenzieren, um den Unterschieden der einzelnen Menschenrechtsverletzungen gerecht zu werden, wobei im Hinblick auf die Immunität erneut zu differenzieren sein könnte. Der Notwendigkeit einer Differenzierung stimmt *Mankowski* zu, doch bestehe die Schwierigkeit darin, zu sagen, wo genau etwa schwerwiegende Menschenrechtsverletzungen anfangen, für die beispielsweise über Immunitätsausnahmen diskutiert wird. Doch eine Immunitätsausnahme helfe ohnehin nicht, wenn kein Forum eröffnet werde, das heißt, wenn keine Zuständigkeit bestehe. Insoweit kollidierten materieller Impetus und das formelle Regelwerk und müssten miteinander in Einklang gebracht werden.

Claudia Hailer

DIE US-AMERIKANISCHE HUMAN RIGHTS LITIGATION

Die US-amerikanische Human Rights Litigation (HRL) stellt ein System des zivilrechtlichen Rechtsschutzes dar, über das Verletzungen des Völkerrechts innerstaatlich eingeklagt werden können.[1] In nahezu allen Fällen zielen die Klagen auf die Zahlung von Schadensersatz, wobei nahezu ausnahmslos, entsprechend der US-amerikanischen Rechtstradition, neben dem Ersatz des entstandenen Schadens auch sog. *punitive damages*, das heißt Strafschadensersatzzahlungen, begehrt und auch gewährt werden. Die Besonderheit der HRL liegt darin, dass – sofern die Zuständigkeit eines US-amerikanischen Forums begründet werden kann[2] – auch solche Rechtsverletzungen einklagbar sind, die keinen Bezug zu den USA aufweisen, namentlich im Ausland zwischen Ausländern vorgefallene Delikte. Bei der großen Mehrheit der im Rahmen der HRL ergehenden Entscheidungen handelt es sich um Versäumnisurteile[3], die sich bislang – nahezu ausnahmslos – als nicht vollstreckbar erwiesen, da der Beklagte entweder über keine oder jedenfalls keine in den USA belegenden Finanzmittel verfügte und der Staat, in dem sich die Vermögenswerte des Beklagten befanden, eine Anerkennung der US-amerikanischen Urteile verweigerte.[4] Es wäre gleichwohl verfehlt, die HRL vor diesem Hintergrund als bedeutungslos anzusehen, da die Kläger in der

1 Ausführlich hierzu: *Hailer*, Menschenrechte vor Zivilgerichten – die Human Rights Litigation in den USA (jur. Diss.), 2006, Berlin.

2 Das US-amerikanische Recht stellt hierbei jedoch keine hohen Anforderungen. Neben den klassischen Anknüpfungspunkten, wie z. B. dem Wohnsitz, genügt es für Belange des US-Rechts, wenn dem sich vorübergehend in den USA aufhaltenden Beklagten in den USA eine Klageschrift wirksam zugestellt wird (sog. tag oder transient jurisdiction) oder er regelmäßig Geschäftskontakte zu den USA unterhält, vgl. hierzu *Hay*, US-amerikanisches Recht, 3. Auflage 2005, München, S. 42 ff.

3 *Chibundu*, Making Customary International Law Through Municipal Adjudication: A Structural Inquiry, 39 Va. J. Int'l L. 1069, 1104 (1999).

4 *Ratner/Stephens*, International Human Rights Litigation in U.S. Courts, 1996, Irvington-on-Hudson, S. 218 f. Eines der wenigen teilweise vollstreckten Urteile ist das gegen den philippinischen Ex-Diktator Marcos. Hier wurden von einem 1,2 Milliarden US-Dollar zusprechenden Urteil eine Million Dollar vollstreckt, *Ratner/Stephens*, ebd., S. 219, Fn. 46.

Regel allein den Umstand, dass ein Gericht das von ihnen erlittene Leiden autoritativ anerkennt und verurteilt, für gewinnbringend erachten.[5]

Im Folgenden sollen zunächst die gesetzlichen Grundlagen der HRL dargestellt werden. Sodann soll untersucht werden, ob es sich bei der HRL in der Tat – wie insbesondere in den USA propagiert – um einen innovativen Beitrag zum universellen Menschenrechtsschutz oder vielmehr – wie außerhalb der USA vielfach beklagt[6] – lediglich um eine Erscheinungsform US-amerikanischer Rechtshegemonie handelt.

I. Die gesetzlichen Grundlagen der Human Rights Litigation

Die HRL stützt sich im Wesentlichen auf drei, ihrer Natur nach unterschiedliche, gesetzliche Grundlagen, den Alien Tort Claims Act (ATCA)[7], den Torture Victim Protection Act (TVPA)[8] und den Foreign Sovereign Immunities Act (FSIA)[9], die nachfolgend kurz dargestellt werden.

1. Der Alien Tort Claims Act (ATCA)

Der bereits im Jahr 1789 erlassene ATCA stellt das Kernstück der HRL dar. Sein Wortlaut beschränkt sich auf nur einen Satz: "The district courts shall have original jurisdiction of any civil action by an alien for a tort only, committed in violation of the law of nations or a treaty of the United States". Dies lässt sich damit übersetzen, dass die erstinstanzlichen Bundesgerichte der USA (*district courts*) für deliktische Klagen von Ausländern zuständig sind, die Verletzungen des „*law of nations*" oder eines völkerrechtlichen Vertrages der USA geltend machen.

---

5 *Stephens*, Conceptualizing Violence Under International Law: Do Tort Remedies Fit the Crime?, 60 Alb. L. Rev. 579, 604 f. (1997).

6 So z. B. *Heß*, Entschädigung für NS-Zwangsarbeit vor US-amerikanischen und deutschen Zivilgerichten, AG 1999, S. 145, 149: „In der Sache geht es hier nicht um die Durchsetzung von Menschenrechten, sondern vor allem um die extraterritoriale Durchsetzung amerikanischer Verhaltensstandards […]."

7 28 U.S.C. § 1350.

8 Pub. L. No. 102-256, kodifiziert als Anmerkung zu 28 U.S.C. § 1350.

9 28 U.S.C. §§ 1602 ff.

a) Rechtstechnische und geschichtliche Hintergründe

Die durch den ATCA bewirkte Zuständigkeitszuweisung erklärt sich vor dem Hintergrund des US-amerikanischen Rechtssystems, welches die Gerichtsbarkeit des Bundes und jene der Bundesstaaten unterscheidet. Die Gerichte des Bundes sind dabei nur zuständig, wenn ihnen eine Zuständigkeit – wie durch den ATCA geschehen – durch Gesetz ausdrücklich zugewiesen wird.[10] Anlass für die durch den ATCA vollzogene Zuständigkeitszuweisung war, dass die USA Ende des 18. Jahrhunderts in außenpolitische Konflikte verwickelt waren, die sich daraus ergeben hatten, dass ausländischen Staatsbürgern, die in den USA Opfer tätlicher Übergriffe geworden waren, seitens der jeweils zuständigen Staatengerichte kein angemessener Rechtschutz gewährt worden war.[11] Durch den Erlass des ATCA wollte der Gesetzgeber, der sich von den Bundesgerichten ein Mehr an außenpolitischer Sensibilität versprach, dies für die Zukunft verhindern.

b) Klagegegenstand

Der Kläger einer ATCA-Klage muss die Verletzung des „law of nations" oder eines Vertrages der USA geltend machen.

Der Begriff des „law of nations" entspricht im Wesentlichen dem deutschen Begriff des Völkergewohnheitsrechts und wurde von den US-Gerichten im Rahmen der ATCA-Rechtsprechung als die Summe all jener Normen definiert, die „universal, definable and obligatory" sind.[12] Die Gerichte wenden diesen Standard in der Regel großzügig an und vermeiden

---

10 *Friedenthal/Kane/Miller*, Civil Procedure, 3. Auflage 1999, St. Paul, S. 11 f.

11 *Casto*, The Federal Courts' Protective Jurisdiction over Torts Committed in Violation of the Law of Nations, 18 Conn. L. Rev. 467 (1986); *D'Amato,* The Alien Tort Statute and the Founding of the Constitution, 82 Am. J. Int'l L. 62 (1988). Ausschlaggebend war insoweit die sog. *Marbois*-Affaire. Der französische Diplomat *Marbois* war auf US-amerikanischem Staatsgebiet von einem französischen Adeligen verletzt worden. Frankreich bedrängte daraufhin die USA, zum Schutz des Diplomaten tätig zu werden. Die Möglichkeiten der USA waren in dieser Situation jedoch darauf beschränkt, eine Belohnung für das Ergreifen des Täters auszuloben und das zuständige Staatengericht zu einem Einschreiten aufzufordern. Dieses wurde erst tätig, als der Fall die USA international bereits negativ in die Schlagzeilen gebracht hatte. Der Vorfall war von großer Bedeutung, da in jener Zeit die schlechte Behandlung von Ausländern einer der geläufigsten Vorwände für einen Krieg war.

12 Forti v. Suarez-Mason, 672 F. Supp. 1531, 1539 f. (N. D. Cal. 1987).

völkergewohnheitsrechtliche Analysen, indem sie die Frage, ob eine bestimmte Norm dem Völkergewohnheitsrecht angehört, pauschal unter Hinweis auf die diesbezügliche Liste des US-amerikanischen Restatement of the Law[13] klären.[14] Bislang wurden von den Gerichten Delikte wie Völkermord, Sklaverei, die außergerichtliche Tötung, das Verschwindenlassen von Personen, Folter, grausame, unmenschliche oder erniedrigende Behandlung, länger andauernde willkürliche Inhaftierung oder systematische Diskriminierung aus Gründen der Rassenzugehörigkeit als Verstöße gegen das Völkergewohnheitsrecht anerkannt. Vereinzelt sind auch die Diskriminierung aus Gründen der Religionszugehörigkeit, ein Recht der friedlichen Versammlung und der freien Meinungsäußerung sowie ein Verbot der rechtswidrigen Enteignung dem Völkergewohnheitsrecht zugeordnet worden.[15]

Die völkervertragliche Alternative des ATCA ist bislang bedeutungslos geblieben. Zurückzuführen ist dies darauf, dass ein völkerrechtlicher Vertrag in den USA nur geltend gemacht werden kann, wenn er self-executing ist, er also ohne vorangehende Implementierungsgesetzgebung vor den innerstaatlichen Gerichten anwendbar ist und dem Einzelnen einklagbare Rechte verleiht.[16] Viele völkerrechtliche Verträge werden diesen Anforderungen bereits von Natur aus nicht gerecht. Regelmäßig nämlich wird die innerstaatliche Einklagbarkeit eines völkerrechtlichen Vertrags an seine vorangehende Implementierung geknüpft. Sofern ein völkerrechtlicher Vertrag ausnahmsweise doch eine unmittelbare innerstaatliche Wirkung vorsieht, wird diese innerhalb der USA dadurch neutralisiert, dass der Präsident und der Senat dem Vertrag bei Ratifizierung eine so genannte non-self-executing-Erklärung beifügen, die dessen innerstaatliche Wirkung unterbindet oder beschränkt.[17]

---

13 Das Restatement of the Law ist eine vom American Law Institute herausgegebene Kommentarserie zum Stand des common law. Es ist die bedeutendste sekundäre Rechtsquelle des US-amerikanischen Rechts, vgl. *Blumenwitz*, Einführung in das anglo-amerikanische Recht, 6. Auflage 1998, München, S. 58.

14 *Hailer*, a.a.O. (Fn. 1), S. 66.

15 *Hailer*, ebd.

16 *Vazquez*, The Four Doctrines of Self-Executing Treaties, 89 Am. J. Int'l L. 695 (1995).

17 *Sloss*, The Domestication of International Human Rights: Non-self-executing Declaration and Human Rights Treaties, 24 Yale J. Int'l L. 129 (1999).

c) Rechtsnatur

Der ATCA ist seinem Wortlaut nach ein rein prozessuales Gesetz. Es war lange Zeit unklar, welches materielle Recht im Rahmen einer ATCA-Klage zur Anwendung kommen sollte. Die Gerichte konnten dabei an der an sich nahe liegenden Lösung, dem Rekurs auf nationales Deliktsrecht, keinen Gefallen finden. Sie gingen vielmehr davon aus, dass die besondere Schwere der im Rahmen der HRL thematisierten Übergriffe nur bei der Anwendung völkerrechtlicher Normen angemessen zum Ausdruck käme.[18] Die Richter sahen sich dabei mit dem Problem konfrontiert, dass das Völkergewohnheitsrecht keine Anspruchsgrundlagen für Individuen enthält, lösten dieses jedoch, indem sie das materielle Recht eines ATCA-Falles stückelten: Die Primärnorm wurde dem Völkergewohnheitsrecht, die Haftungs- bzw. Sekundärnorm dem nationalen Recht, nämlich dem ATCA, entnommen.[19] Die Gerichte gingen dabei – in letztlich nicht nachvollziehbarer Weise – davon aus, dass sich aus dem Passus „commited in violation of the law of nations" ergebe, dass der ATCA selbst eine entsprechende Anspruchsgrundlage bereitstelle und mithin neben einer prozessualen Funktion auch eine materiellrechtliche habe.[20] Mittlerweile ist diese Auslegung des ATCA obsolet. Im Jahr 2004 entschied der Supreme Court in dem Verfahren Sosa v. Alvarez-Machain[21], dem ersten umfassenden Urteil zur Auslegung des ATCA, dass letzterer lediglich ein prozessuales Gesetz ist. Auch der Supreme Court ging jedoch davon aus, dass über das nationale Recht eine

---

18 Xuncax v. Gramajo, 886 F. Supp. 162, 183 (D. Mass. 1995): "[L]ooking to domestic tort law to provide the cause of action mutes the grave international law aspect of the tort, reducing it to no more (or less) than a garden-variety municipal tort." Vgl. auch bereits die Entscheidung des Bezirksgerichts in *Filártiga v. Peña-Irala*, nach der Rückverweisung durch das Appellationsgericht, 577 F. Supp. 860, 862 ff. (E.D.N.Y. 1984).

19 *Hailer*, a.a.O. (Fn.1), S. 217 f.

20 In re Estate of Ferdinand Marcos, Human Rights Litigation, 25 F.3d 1467, 1475 (9th Cir. 1994): "We thus join the Second Circuit in concluding that the [ATCA] creates a cause of action [...]"; Handel v. Artukovic, 601 F. Supp. 1421, 1427 (C.D. Cal. 1985): "[T]he 'violation' language of section 1350 may be interpreted as explicitly granting a cause of action [...]"; Paul v. Avril, 812 F. Supp. 207, 212 (S.D. Fla. 1993): "The plain language of the statute and the use of the words 'committed in violation' strongly implies that a well pled tort if committed in violation of the law of nations, would be sufficient [to give rise to a cause of action]."

21 124 S. Ct. 2739 (2004).

Anspruchsgrundlage bereitgestellt werden müsse. Dies geschehe jedoch nicht über den ATCA, sondern – im Einzelfall – über einen Rekurs auf das Richterrecht des Bundes.[22] Das Gericht kann also im Einzelfall die Anspruchsgrundlage richterrechtlich schaffen bzw. auf eine bereits richterrechtlich etablierte Anspruchsgrundlage zurückgreifen.

d) Entwicklung der Rechtsprechung zwischen dem Jahr 1789 und der Entscheidung in Filártiga v. Peña-Irala

Kurz nach seinem Erlass geriet der ATCA weitestgehend in Vergessenheit.[23] Grund hierfür war ein Wandel in der Völkerrechtskonzeption.[24] Noch bei Erlass des ATCA herrschte das Konzept *Blackstones* vor, welcher das law of nations als heterogenen, naturrechtlich fundierten Rechtskörper verstand, dessen Rechtssubjekte neben den souveränen Staaten auch die Individuen waren. Neben dem internationalen Handelsrecht und dem Seehandelsrecht erfasste das law of nations insbesondere an das Individuum gerichtete Straftatbestände wie Piraterie, Angriffe auf ausländische Diplomaten, die Missachtung von Geleitbriefen und Sklavenhandel.[25] Insbesondere die letzteren Delikte sollten über den ATCA einklagbar sein.[26] Mit Beginn des 19. Jahrhunderts wurde dieses Völkerrechtsverständnis jedoch aufgegeben und durch einen rein positivistischen Ansatz ersetzt. Da die Völkergemeinschaft, deren Wille nunmehr für den Inhalt des Völkergewohnheitsrechts allein maßgeblich war, das Individuum nicht länger als Rechtssubjekt des law of

---

22 Ausführlich hierzu *Hailer*, Die US-amerikanische Human Rights Litigation nach der Entscheidung des Supreme Court im Fall Sosa v. Alvarez-Machain, AVR 44 (2006), 76, 82 ff.

23 Zwischen 1789 und 1980 gab es gerade einmal 21 Fälle, in denen der ATCA geltend gemacht wurde. Nur zwei Klagen waren erfolgreich, näher hierzu *Randall*, Federal Jurisdiction Over International Law Claims: Inquiries into the Alien Tort Claims Statute, 18 N.Y.U. J. Int'l L. & Pol. 1, 15 ff. (1985).

24 *Hailer*, a.a.O. (Fn. 1), S. 36 ff.

25 *Blackstone*, Commentaries on the Laws of England, Band IV, 4. Auflage 1876, London; *Dickinson*, The Law of Nations as Part of the National Law of the United States, 101 U. Penn. L. Rev. 26, 27 (1952).

26 *Burley*, The Alien Tort Statute and the Judiciary Act of 1789: A Badge of Honor, 83 Am. J. Int'l L. 461, 475 ff. (1989).

nations ansah,[27] war es für den Einzelnen im Rahmen einer ATCA-Klage schwer bzw. nicht möglich, sich erfolgreich auf die Verletzung von Normen zu berufen, die allein die Rechtsbeziehungen zwischen souveränen Staaten regelten.

Wieder entdeckt wurde der ATCA erst im Jahr 1980 im Fall Filártiga v. Peña-Irala[28], der gemeinhin als die Geburtsstunde der modernen ATCA-Rechtsprechung angesehen wird. Hintergrund des Verfahrens war, dass der aus Paraguay stammende Joelito Filártiga von dem ebenfalls paraguayischen Polizisten Peña-Irala in Paraguay zu Tode gefoltert worden war und gerichtliche Verfahren der Familie des Verstorbenen in Paraguay erfolglos geblieben waren. Nachdem Peña-Irala sich in die USA abgesetzt hatte, verklagte ihn die Familie des Opfers mit Unterstützung einer US-amerikanischen Nichtregierungsorganisation, des Center for Constitutional Rights in New York, unter Berufung auf den ATCA vor einem New Yorker Bezirksgericht, welches sich jedoch für unzuständig befand und die Klage abwies.[29] In Anlehnung an frühere Urteile des ihm übergeordneten Appellationsgerichts für den 2. Circuit begründete es seine Entscheidung damit, dass das Völkerrecht lediglich zwischenstaatliche Beziehungen erfasse, nicht jedoch das Verhalten eines Staates gegenüber eigenen Staatsangehörigen.[30] Eine Völkerrechtsverletzung, die seine Zuständigkeit begründen würde, liege folglich nicht vor. Das Appellationsgericht indes wandte sich in 2. Instanz unter Verweis auf eine seiner Meinung nach zwischenzeitlich erfolgte Veränderung des Völkergewohnheitsrechts von seiner bisherigen Rechtsprechung ab und gab der Klage statt.[31] Es traf in diesem Zusammenhang drei Feststellungen, die für den nachfolgenden Erfolg der ATCA-Rechtsprechung entscheidend werden sollten:

(1) Die Menschenrechtsverletzung, die ein Staat gegenüber eigenen Staatsangehörigen begehe, stelle keine innere Angelegenheit dar.

(2) Das Völkerrecht berechtige und verpflichte den Einzelnen unmittelbar.

---

27 *Ratner/Slaughter,* Appraising The Methods of International Law: A Prospectus for Readers, 93 Am. J. Int'l L. 291, 293 (1999).

28 630 F.2d 876, 890 (2d Cir. 1980).

29 Filártiga v. Peña-Irala, No. 79 C 917 (E.D.N.Y. 1979).

30 Das Bezirksgericht verwies auf die Entscheidungen des Appellationsgerichts in den Fällen Dreyfus v. Von Finck, 534 F.2d 24, 31 (2d Cir. 1976) und ITT v. Vencap. Ltd., 519 F.2d 1001, 1015 (2d Cir. 1975).

31 Filártiga v. Peña-Irala, 630 F.2d 876 (2d. Cir. 1980).

(3) Bestimmte schwerwiegende Menschenrechtsverletzungen könnten auch dann in den USA geahndet werden, wenn der jeweilige Fall keine substantiellen Bezüge zu den USA aufweise.

Diese Feststellungen des Appellationsgerichts führten im Folgenden zu einer wahren Flut von ATCA-Klagen[32] und veränderten zugleich die Natur des ATCA grundlegend, da dieser sich von einem Gesetz, das ursprünglich außenpolitische Spannungen hatte verhindern sollen, in ein Gesetz wandelte, über welches das hoheitliche Handeln ausländischer Hoheitsträger beurteilt wurde und dessen Anwendung folglich geeignet war, internationale Spannungen hervorzurufen, statt sie zu vermeiden.

e) Potentielle Beklagte

Mit der Entscheidung im Fall Filártiga v. Peña-Irala wurde zugleich die erste Gruppe der möglichen Beklagten einer ATCA-Klage modernen Zuschnitts etabliert: die individuellen staatlichen Akteure. Die Frage, wer im Einzelfall dem Kreise der staatlichen Akteure zuzurechnen ist, wurde in der Folgerechtsprechung dahingehend beantwortet, dass dies unter Rückgriff auf das nationale Staatshaftungsrecht, namentlich die dort etablierte under-color-of-law-Rechtsprechung zu 42 U.S.C. § 1983[33], zu bestimmen sei, wonach neben dem Beamten und dem Beliehenen auch Privatpersonen, die gemeinsam mit staatlichen Bediensteten handeln, dem Kreis der staatlichen Akteure zuzurechnen sind.[34]

Im Jahr 1997 wurde sodann in dem Verfahren Kadic v. Karadzic[35], in dem der Serbenführer Karadzic wegen Völkermords und Kriegsverbrechen verklagt wurde, festgestellt, dass der ATCA auch Klagen gegen Privatpersonen

32 *Hailer*, a.a.O. (Fn. 1), S. 46.

33 [E]very person who, under color of any statute, ordinance, regulation, custom or usage, of any state or territory or the District of Columbia, subjects (any) other person [...] to the deprivation of any rights, privileges or immunities secured by the Constitution and laws shall be liable to the party injured.

34 Ausführlich hierzu *Hailer*, a.a.O. (Fn. 1), S. 70 f. Belange des Immunitätsschutzes wurden in diesem Zusammenhang regelmäßig nicht angesprochen, ebd., S. 130.

35 70 F.3d 232 (2d Cir. 1995).

erfasse.[36] Dies sei möglich, da zwischenzeitlich etabliert sei, dass auch diese Adressaten bestimmter Normen des Völkergewohnheitsrechts, so unter anderem der im konkreten Fall verfahrensgegenständlichen, sein könnten.

Die bislang letzte Ausdehnung des Kreises der möglichen Beklagten einer ATCA-Klage erfolgte im Jahr 1997 im Fall Doe v. Unocal[37], in dem der ATCA auf eine juristische Person des Privatrechts angewendet wurde, wobei die Entscheidung weniger rechtlich,[38] als vielmehr insofern von Bedeutung war, als durch sie bei den im Bereich der HRL aktiven Nichtregierungsorganisationen die Möglichkeit einer Klage gegen multinationale Konzerne ins Bewusstsein gerufen wurde, was sodann zu einer wahren Flut entsprechender Klagen führte. In Deutschland bekannt sind insoweit vor allem die Fälle, in denen deutsche Unternehmen wegen ihrer Involvierung in die Verbrechen des Zweiten Weltkrieges vor US-amerikanischen Gerichten zur Verantwortung gezogen wurden.[39] Soweit ersichtlich wurde bislang noch keiner der Klagen gegen multinationale Unternehmen rechtskräftig statt-

---

36 Diese Feststellung war erforderlich, da es nicht gelang, den Beklagten Karadzic als staatlichen Akteur zu qualifizieren, da das von ihm vertretene Serbien zum damaligen Zeitpunkt keinen Staat im Sinne des Völkerrechts darstellte.

37 963 F. Supp. 880 (C.D. Cal. 1997). Dem Fall lag zugrunde, dass das Unternehmen Unocal mit der Regierung von Myanmar zwecks Ausbeutung der dortigen Erdgasreserven ein Joint Venture eingegangen war, wobei es die Aufgabe der Regierung war, die Arbeitskräfte für das Projekt bereitzustellen und zu überwachen. Die Regierung soll dabei auf Zwangsarbeit rekurriert und Misshandlungen begangen haben. Im Rahmen der in den USA eingereichten Klage wurde dem Unternehmen Unocal vorgeworfen, durch Eingehung und Fortführung des Joint Ventures der Regierung von Myanmar als state actor im Sinne der under-color-of-law-Rechtsprechung (siehe oben Fn. 33 und 34) Beihilfe (aiding and abetting) zu den fraglichen Menschenrechtsverletzungen geleistet zu haben.

38 In rechtlicher Hinsicht war die Entscheidung keine Neuheit, da der ATCA bereits in früheren Fällen auf juristische Personen des Privatrechts angewendet worden war, siehe z. B. Benjamins v. British European Airways, 572 F.2d 913 (2d Cir. 1978) und Amlon Metals, Inc. v. FMC Corp., 775 F. Supp. 668 (S.D.N.Y. 1991).

39 Siehe insbesondere Iwanowa v. Ford Motor Company, 67 F. Supp. 2d 424 (D.N.J. 1999); Burger-Fischer v. Degussa, 57 F. Supp. 2d 248 (D.N.J. 1999); In re Austrian and German Bank Holocaust Litigation, 2001 WL 228107 (S.D.N.Y.). Allgemein zu den Klagen gegen deutsche Unternehmen: *Bayzler*, Nuremberg in America: Litigating the Holocaust in United States Courts, 34 U. Rich. L. Rev. 1, 192 ff. (2000).

gegeben.[40] Es kam lediglich vereinzelt zu Vergleichen. Die Klagen gegen Unternehmen sind derzeit das am heftigsten diskutierte Thema im Rahmen der HRL. Insbesondere die US-Regierung verlangt beständig von den Gerichten, die entsprechenden Klagen abzuweisen, da sie befürchtet, dass durch sie der Wirtschaftsstandort USA geschwächt werden könne.

US-Amerikaner können über den ATCA nicht verklagt werden. Zwar enthält der ATCA insoweit keine Beschränkung. Die Gerichte haben jedoch entsprechende Klagen bislang immer mit der Begründung abgewiesen, dass eine Entscheidung im konkreten Fall politische Fragen involviere, die die Klage als für eine richterliche Entscheidung ungeeignet erscheinen ließen.[41] Den Betroffenen bleibt insoweit lediglich die Möglichkeit, die potentiellen Täter nach nationalem Staatshaftungsrecht zu verklagen, wobei die Immunität der Beklagten insoweit – anders als bei ausländischen Hoheitsträgern, die über den ATCA verklagt werden – ein wesentliches Hindernis darstellt.[42]

Der TVPA

Der TVPA[43] ist, anders als der ATCA, ein materiellrechtliches Gesetz. Er begründet eine Anspruchsgrundlage für Fälle, in denen ein US-Bürger oder ein

40 Auch die Klagen gegen deutsche Unternehmen wurden sämtlich abgewiesen. Der durch sie entstandene öffentliche Druck führte jedoch dazu, dass die Bundesrepublik und eine Reihe deutscher Unternehmen eine Stiftung schufen, die unter anderem der Entschädigung der Betroffenen dient.

41 Die Gerichte beriefen sich insoweit auf die sog. political-questions-Doktrin, näher hierzu *Hailer*, a.a.O. (Fn. 1), S. 145 ff.

42 *Hailer*, ebd., S. 146 ff.

43 Die wesentlichen Bestimmungen des TVPA lassen sich dessen § 2 entnehmen. Dort heißt es:
Sec. 2. Establishment of civil action.
(a) Liability.--An individual who, under actual or apparent authority, or color of law, of any foreign nation--
(1) subjects an individual to torture shall, in a civil action, be liable for damages to that individual; or
(2) subjects an individual to extrajudicial killing shall, in a civil action, be liable for damages to the individual's legal representative, or to any person who may be a claimant in an action for wrongful death.

Ausländer durch einen ausländischen Hoheitsträger außergerichtlich getötet oder gefoltert wurde. Der TVPA wurde erlassen, um die Vorteile, die der ATCA Ausländern gewährt, auch US-Bürgern zukommen zu lassen. Da TVPA und ATCA sich gegenseitig nicht ausschließen, können in Menschenrechtsklagen von Ausländern beide Gesetze parallel geltend gemacht werden.

3. Der FSIA

Der FSIA hat eine doppelte Funktion: Zum einen weist er den Bundesgerichten im Bereich von Klagen gegen ausländische Staaten eine exklusive Zuständigkeit zu, zum anderen legt er fest, dass ausländische Staaten vor US-Gerichten grundsätzlich immun sind.[44] Nach der herrschenden Meinung in der Rechtsprechung unterfallen dem Anwendungsbereich des FSIA, und damit auch der durch ihn begründeten Immunität, grundsätzlich auch individuelle Hoheitsträger, insbesondere ehemalige Staatsoberhäupter und Regierungschefs. Dies soll jedoch nur gelten, sofern diese für ein hoheitliches Handeln verklagt werden.[45] In den wenigen HRL-Fällen, in denen die Gerichte eine mögliche Immunität des verklagten Hoheitsträgers bislang thematisierten, wurde insoweit davon ausgegangen, dass Menschenrechtsverletzungen jedenfalls kein hoheitliches Handeln darstellten und deshalb ein Immunitätsschutz über den FSIA nicht in Betracht komme.[46]

Der FSIA begründet zugleich eine Reihe von Immunitätsausnahmen, von denen jedoch keine den Bereich der Menschenrechtsverletzungen ausdrücklich berührt. Versuche der Kläger, eine Immunitätsausnahme aus völkerrechtlichen Strukturprinzipien, wie insbesondere dem ius-cogens-Prinzip, abzuleiten,

---

(b) Exhaustion of remedies.--A court shall decline to hear a claim under this section if the claimant has not exhausted adequate and available remedies in the place in which the conduct giving rise to the claim occurred.

(c) Statute of limitations.-- No action shall be maintained under this section unless it is commenced within 10 years after the cause of action arose.

44 Das materielle Recht eines Falles ist über eine ihrem Inhalt nach im Einzelnen höchst umstrittene kollisionsrechtliche Analyse zu ermitteln, näher hierzu *Hailer*, a.a.O. (Fn. 1), S. 95, S. 119 ff.

45 Ausführlich zur entsprechenden Rechtsprechung sowie dem Meinungsstand *Hailer*, a.a.O. (Fn. 1), S. 97 ff., insbes. Fn. 415.

46 Siehe insoweit insbesondere In re Estate of Ferdinand Marcos, Human Rights Litigation, 25 F.3d 1467, 1469 ff. (9th Cir. 1994).

waren bislang erfolglos.[47] Im Rahmen des FSIA konnten Menschenrechtsverletzungen bislang mithin nur geltend gemacht werden, sofern sie zufällig unter eine seiner Ausnahmen, wie z. B. jene für Inlandsdelikte, fielen.[48]

Lediglich im Kontext terroristischen Handelns existiert eine Immunitätsausnahme mit Bezug zu völkerrechtlichen Delikten. Durch den sog. AEDPA (Antiterrorism and Effective Death Penalty Act)[49] wurde im Jahr 1996 in Ergänzung des FSIA festgelegt, dass bei den Delikten der Folter, der außergerichtlichen Tötung, der Flugzeugsabotage und der Geiselnahme eine Immunitätsausnahme existiert, sofern die Taten von bestimmten, durch das Außenministerium als „state sponsors of terrorism" qualifizierten Staaten begangen wurden und der Kläger oder das Opfer der Tat US-Bürger sind. Grund für den Erlass dieses bereits in zahlreichen Fällen[50] erfolgreich in Anspruch genommenen Gesetzes waren jedoch weniger Belange des universellen Menschenrechtsschutzes, als vielmehr das Bestreben, über entsprechende zivilrechtliche Klagen Druck auf unliebsame „Schurkenstaaten" auszuüben.[51]

II. Die HRL als Vorreiterin eines universellen Menschenrechtsschutzes oder Ausdruck US-amerikanischer Rechtshegemonie?

Angesichts der nahezu ausschließlich extraterritorialen Ausrichtung der HRL stellt sich die Frage, ob es sich bei dieser – wie in den USA propagiert – tatsächlich um einen progressiven Beitrag zum universellen Menschenrechtsschutz oder eher – wie im Ausland beklagt – um eine Spielart US-

47 Siderman de Blake v. Republic of Argentina, 965 F.2d 699, 718 (9th Cir 1992); Princz v. Federal Republic of Germany, 26 F.3d 1166, 1181 (D.C. Cir 1994) (abweichendes Votum der Richterin *Wald*).

48 So z. B. Letelier v. Republic of Chile, 488 F. Supp. 665 (D.D.C. 1980); Liu v. Republic of China, 892 F.2d 1419, 1434 (9th Cir 1989).

49 Pub. L. 104-132, § 221, kodifiziert in 28 U.S.C §§ 1605 (a) (7), 1610 (f).

50 Flatow v. Islamic Republic of Iran, 999 F. Supp. 1, 25 (D.D.C. 1998); Alejandre v. Republic of Cuba, 996 F. Supp. 1239 (S.D. Fla. 1997); Cicippio v. Islamic Republic of Iran (Cicippio II), 18 F. Supp. 2d 62 (D.D.C. 1998); Smith v. Socialist People's Libyan Arab Jamahiriya, 886 F. Supp. 306 (E.D.N.Y. 1995); Rein v. Socialist People's Libyan Arab Jamahiriya, 995 F. Supp. 325 (E.D.N.Y. 1998).

51 *Bucci,* Breaking Through the Immunity Wall? Implications of the Terrorism Exception to the Foreign Sovereign Immunities Act, 3 J. Int'l Legal Stud. 293, 317 (1997).

amerikanischer Rechtshegemonie handelt. Die US-Gerichte weisen den Vorwurf rechtshegemonialen Verhaltens regelmäßig mit dem Argument zurück, dass es nicht entscheidend sei, dass sie über Fälle befänden, die keine oder nur geringe Bezüge zu den USA aufwiesen, da sie letztlich nur Normen anwendeten, die ohnehin „universal“ seien und mithin überall auf der Welt Geltung besäßen, wodurch die Frage, wer die entsprechenden Vorschriften zur Anwendung bringe, an Bedeutung verlöre. Bedenken an der Legitimität der großzügigen Annahme nationaler Zuständigkeiten wird im Übrigen unter Verweis auf ein zivilrechtlich verstandenes Universalitätsprinzip entgegengetreten.[52] Die dargelegten Argumente der US-Gerichte sollen im Folgenden auf ihre Stichhaltigkeit hin untersucht werden.

1. Werden im Rahmen der HRL nur universell geltende Normen angewendet?

Dem Anspruch der US-Gerichte, im Rahmen der HRL nur universell geltende Normen anzuwenden, ist in zweifacher Hinsicht entgegenzutreten.

Zum einen entspringt jedenfalls die Sekundärnorm eines Falles nicht dem Völkerrecht, sondern dem nationalen Richter- (so im Rahmen des ATCA) bzw. Gesetzesrecht (so im Rahmen des TVPA).[53] Im Zusammenhang mit diesen Anspruchsgrundlagen findet regelmäßig auch das US-amerikanische Schadensrecht Anwendung, welches unter anderem das Institut der punitive damages kennt, das weltweit höchst umstritten ist und keinesfalls als universell anerkannt angesehen werden kann.

Zum anderen kann auch von einer universellen Gültigkeit der im Rahmen der HRL angewendeten Primärnormen nur eingeschränkt ausgegangen werden. So werden insbesondere im Rahmen der ATCA-Rechtsprechung – entgegen dem anders lautenden Anspruch der Gerichte – nur in Teilbereichen Primärnormen des Völkergewohnheitsrechts unmittelbar angewendet. Eine nähere Betrachtung erfordert insoweit insbesondere der Ansatz der ATCA-Rechtsprechung zum Adressaten der von ihr vermeintlich unmittelbar angewendeten völkergewohnheitsrechtlichen Primärnormen. So erachten die US-Gerichte in Klagen nach dem Filártiga-Modell individuelle staatliche Akteure als unmit-

52 Siehe z. B. Filártiga v. Peña-Irala, 630 F.2d 876, 890 (2d. Cir. 1980); Xuncax v. Gramajo, 886 F. Supp. 162, 192 (D. Mass. 1995).

53 Siehe hierzu bereits oben 1.c) und 2.

telbare Adressaten völkergewohnheitsrechtlicher Normen und gehen dabei davon aus, dass jede Norm, die sich von Völkerrechts wegen an den Staat richtet, auch den individuellen staatlichen Akteur zum Normadressaten habe.[54] Sie unterscheiden mithin zwei Gruppen von völkerrechtlichen Delikten: jene, die sich an den Staat bzw. den staatlichen Akteur im Sinne des ATCA-Rechtsprechung wenden, und jene, die die Privatperson zum Normadressaten haben. Dem Völkergewohnheitsrecht lässt sich eine entsprechende Kategorisierung indes nicht entnehmen. Es wird dort vielmehr zwischen Delikten, die sich nur an den Staat wenden, und Delikten, die auch die natürliche Person – egal ob staatlich oder privat handelnd – zum Normadressaten haben, unterschieden. Der letzteren Deliktsgruppe werden dabei Kriegsverbrechen, Verbrechen gegen die Menschlichkeit, Genozid, Piraterie und zum Teil auch Sklaverei, nicht jedoch der komplette Kreis der über den ATCA einklagbaren Delikte, zugeordnet.[55] Soweit die ATCA-Rechtsprechung mithin außerhalb dieses engen Kreises der sich unmittelbar an Individuen richtenden völkergewohnheitsrechtlichen Normen ATCA-Klagen stattgibt, wendet sie – entgegen ihrem Anspruch – nicht völkergewohnheitsrechtliche Primärnormen an, sondern verändert ebendiese Normen unter

54 Der dogmatische Hintergrund für diesen Ansatz wird in der Entscheidung Tel Oren v. Libyan Arab Republic (726 F.2d 774, 793 (D.C. Cir. 1984)) offenbar. Dort führt Richter *Edwards* in seinem Sondervotum aus, dass das Völkerrecht das Individuum auf zwei verschiedenen Wegen anspreche: zum einen als staatlichen Akteur, zum anderen als Privatperson. Während die individuelle Adressierung der Privatperson derzeit im Entstehen begriffen sei, sei die Adressierung des individuellen staatlichen Akteurs seit den Nürnberger Prozessen völkerrechtlich etabliert. Ausschlaggebend sei insoweit die Erkenntnis des Nürnberger Kriegsverbrechertribunals, dass völkerrechtliche Verbrechen nicht durch abstrakte Einheiten, sondern durch Individuen begangen werden. Aus ihr resultiere der Grundsatz, dass das Individuum zu seiner Verteidigung nicht vorbringen könne, es habe als staatlicher Akteur gehandelt. Richter *Edwards* leitet aus dieser Feststellung ab, dass der individuelle staatliche Akteur pauschal durch das Völkerrecht angesprochen sei. Hierbei handelt es sich indes um eine Fehlinterpretation. Aus dem Richterspruch des Tribunals kann nicht der Schluss gezogen werden, dass jede Norm, die sich an den Staat wendet, auch den staatlichen Akteur zum Normadressaten hat. Die Entscheidung des Tribunals besagt allein, dass das Individuum, das bereits *als Individuum* durch das Völkerrecht angesprochen *ist*, sich – bezogen auf seine völkerrechtliche Verpflichtung – nicht mit dem Argument rechtfertigen kann, lediglich als staatlicher Agent gehandelt zu haben.

55 Näher hierzu *Hailer*, a.a.O. (Fn. 1), S. 220.

Einbindung nationaler Konzepte wie z. B. der under-color-of-law-Rechtsprechung[56] hinsichtlich ihres Adressaten und bringt letztlich nationales Recht zur Anwendung.

Probleme hinsichtlich des Normadressaten ergeben sich auch bei Klagen gegen multinationale Unternehmen. Hier legt die ATCA-Rechtsprechung – ohne hierauf jemals einzugehen – konkludent zugrunde, dass auch die juristische Person des Privatrechts Adressatin völkergewohnheitsrechtlicher Normen ist. Sie überträgt dabei wohl den innerstaatlichen Grundsatz, wonach jede Norm, die sich an eine natürliche Person wendet, auch die juristische Person des Privatrechts zum Normadressaten hat, auf das Völkergewohnheitsrecht.[57] Dort lässt sich indes ein entsprechender Gleichlauf der Verantwortlichkeit von natürlicher und juristischer Person nicht erkennen. Normen, welche die natürliche Person zum Normadressaten haben, wenden sich nicht zugleich auch an die juristische Person des Privatrechts. Ebenso ist eine punktuelle, normbezogene Adressierung der juristischen Person des Privatrechts dem Völkergewohnheitsrecht – jedenfalls derzeit – noch nicht entnehmbar.[58]

Letztlich ist festzuhalten, dass die ATCA-Rechtsprechung – entgegen ihrem Anspruch – nicht lediglich universell geltende Normen zur Anwendung bringt. Im Rahmen der ATCA-Klage wird der Beklagte vielmehr mit US-amerikanischen Primär- und Sekundärnormen konfrontiert, die entweder komplett gesetzlich oder richterrechtlich geschaffen oder zumindest hinsichtlich ihres Normadressaten innerstaatlich modifiziert wurden.

2. Gelingt eine Legitimierung der extraterritorialen Zuständigkeitserstreckung der US-Gerichte über ein zivilrechtliches Universalitätsprinzip?

Im Folgenden soll ferner das Argument der US-Gerichte, die im Rahmen der HRL erfolgende transnationale Zuständigkeitserstreckung sei jedenfalls über

56 Siehe oben bei Fn. 33 und 34.

57 Siehe insoweit Fletcher Encyclopedia of the Law of Private Corporations, *Fletcher et al.* (Hrsg.), Bd. X, Section 4877, S. 337 f., 2001, St. Paul, sowie *Stephens,* Corporate Accountability: International Human Rights Litigation Against Corporations in US Courts, in: *Kamminga/Zia-Zarifi* (Hrsg.), Liability of Multinational Corporations Under International Law, S. 209, 220, 2000.

58 Näher hierzu *Hailer*, a.a.O. (Fn. 1), S. 223 ff.

das völkerrechtliche Universalitätsprinzip gerechtfertigt, auf seine Stichhaltigkeit hin überprüft werden. Zu diesem Zweck sollen zunächst Inhalt und Natur des vorgenannten Prinzips kurz dargestellt werden.

Das Universalitätsprinzip ist zu verstehen vor dem Hintergrund des völkerrechtlichen Grundsatzes, wonach Staaten ihre Rechtsprechungs- und Rechtsetzungsgewalt nur ausüben dürfen, wenn der in Rede stehende Fall einen *genuine link*, das heißt eine substantielle Verbindung, zu ihrem Staatsgebiet aufweist.[59] Das Universalitätsprinzip begründet für den strafrechtlichen Bereich im Hinblick auf eine Reihe schwerwiegender Delikte eine Ausnahme von diesem Grundsatz, indem es den Staaten auch in Fällen, in denen der vorgenannte *genuine link* nicht gegeben ist, eine Rechtsetzungs- bzw. Rechtsprechungsbefugnis zuweist.[60]

Die US-Gerichte übertragen diesen Grundsatz – ohne jedwede diesbezügliche Erläuterung – auf den Bereich des Zivilrechts[61], wogegen jedoch – im Ergebnis – keine grundlegenden Bedenken bestehen, da nicht ersichtlich ist, warum für den – im Vergleich zum Strafrecht – weniger eingriffsintensiven Bereich des Zivilrechts strengere Anforderungen zu stellen wären.[62]

Problematisch erscheint jedoch die Reichweite eines in dieser Weise auf den zivilrechtlichen Bereich erstreckten Universalitätsprinzips. Dieses nämlich kann nur jene Normen umfassen, die auch im strafrechtlichen Bereich dem Universalitätsprinzip zugeordnet werden. Die US-Rechtsprechung geht dabei davon aus, dass sämtliche Normen, für die ein universeller Konsens bestehe, auch dem Universalitätsprinzip unterliegen und sieht die HRL mithin vollumfänglich über ein entsprechendes Prinzip gerechtfertigt.[63] Dies entspricht indes nicht dem Ansatz des Völkergewohnheitsrechts, welches nur einen engen Kreis von Delikten, namentlich Kriegsverbrechen, Verbrechen

---

59 Siehe hierzu *Heß*, Staatenimmunität bei Distanzdelikten (jur. Diss.), S. 369, 1992, München.

60 *Ipsen* (ders.), Völkerrecht, 5. Auflage 2004, München, 9. Kapitel, § 42, Rn. 5.

61 Vgl. insoweit auch das Restatement (Third) of Foreign Relations Law (1987) § 404, comment b: "In general, states have exercised jurisdiction on the basis of universal interests in the form of criminal law, but international law does not preclude the application of non-criminal law on the basis, for example, by providing a remedy in tort or restitution for victims of piracy."

62 Näher hierzu *Hailer*, a.a.O. (Fn. 1), S. 208 ff.

63 Richter *Edwards* in Tel Oren v. Libyan Arab Republic, 726 F.2d 774, 781 (D.C. Cir. 1984); Xuncax v. Gramajo, 886 F. Supp. 162, 192 (D. Mass. 1995).

gegen die Menschlichkeit und Völkermord sowie gegebenenfalls Folter dem Universalitätsprinzip zuordnet.[64] Eine Legitimierung der durch die US-Gerichte im Rahmen der HRL praktizierten Zuständigkeitserstreckung kann mithin nur in diesem engen Teilbereich erfolgen.

III. Ergebnis und Ausblick

Zusammenfassend lässt sich feststellen, dass es sich bei der HRL um eine einzigartige Form des individuellen Rechtsschutzes handelt, die einen Beitrag zum universellen Menschenrechtsschutz leistet, indem sie Lücken bei der Verfolgung völkerrechtlicher Delikte schließt und zugleich den typischerweise trägen Prozess der Fortentwicklung des Völkergewohnheitsrechts um einen individuellen, unmittelbar betroffenen Akteur ergänzt und dadurch dynamisiert.

Zugleich ist der Vorwurf, die HRL stelle eine Form US-amerikanischer Rechtshegemonie dar, nicht von der Hand zu weisen. Problematisch ist insoweit insbesondere, dass die US-Gerichte vorgeben, im Rahmen der HRL, legitimiert über ein zivilrechtliches Universalitätsprinzip und damit namens und im Auftrag der internationalen Gemeinschaft, lediglich universell gültige Normen des Völkergewohnheitsrechts anzuwenden. Sie machen sich damit die besondere Legitimität und Symbolik zueigen, über die ein Urteil verfügt, das nicht lediglich nationales Deliktsrecht, sondern Völkergewohnheitsrecht anwendet. Zugleich werden sie jedoch der Verantwortung, die sich aus der Anwendung der entsprechenden Normen und einem Handeln namens und im Auftrag der Völkergemeinschaft ergibt, nicht gerecht, da sie sich nicht hinreichend mit dem tatsächlichen Stand des Völkergewohnheitsrechts auseinandersetzen und in weiten Bereichen unter dem Deckmantel der Anwendung internationalen Rechts faktisch US-amerikanischen Normen zu einem transnationalen Anwendungsbereich verhelfen. Der Umstand, dass die USA und US-amerikanische Beklagte von der HRL systematisch ausgeschlossen werden, schadet dabei der Glaubwürdigkeit des Systems zusätzlich.

---

64 Vgl. insoweit z. B. Democratic Republic of the Congo v. Belgium, Judgment, ICJ Reports 2002, Prosecutor v. Anto Furundzija, IT-95-17/1-T, Urteil vom 10.12.1998, Rn. 155, abgedruckt in 38 I.L.M. 317 (1999) sowie auch das deutsche Völkerstrafgesetzbuch, BGBl. 2002 I, 2254.

Die HRL sollte daher nach hier vertretener Ansicht auf eine dogmatisch sauberere Grundlage gestellt werden. Zwei Lösungsansätze kommen insoweit in Betracht. Zum einen könnte die HRL unter Beibehaltung des Anspruchs, lediglich universell gültige völkerrechtliche Primärnormen im Rahmen des Universalitätsprinzips anzuwenden, auf jene Bereiche beschränkt werden, in denen das Völkergewohnheitsrecht tatsächlich das Individuum verpflichtende Normen enthält und eine extraterritoriale Kompetenzerstreckung über das Universalitätsprinzip gestattet. Es könnten dann Kriegsverbrechen, Verbrechen gegen die Menschlichkeit, Genozid, Piraterie und unter Umständen der Tatbestand der Sklaverei im Rahmen der HRL geltend gemacht werden. Klagen gegen multinationale Unternehmen wären gänzlich ausgeschlossen.

Zum anderen könnte der vorgenannte Anspruch der US-Gerichte zugunsten eines offenen Bekenntnisses zur transnationalen Anwendung US-amerikanischer Normen aufgegeben und damit die HRL heutigen Zuschnitts beibehalten werden. Diese HRL sähe sich freilich nach wie vor in vollem Umfang dem Vorwurf der Rechtshegemonie ausgesetzt und würde überdies der besonderen Symbolik und Legitimität entbehren, die sich gerade aus der Berufung auf völkerrechtliche Normen ergibt und die wesentlich dazu beiträgt, die bislang nicht vollstreckbaren HRL-Urteile vor der Bedeutungslosigkeit zu bewahren. Vorzugswürdig erscheint daher die erstere Lösung, zumal diese letztlich dem Ansatz des die heutige HRL begründenden Filártiga-Urteils entspricht, in dem vor nunmehr fast 30 Jahren festgestellt wurde, dass das Völkergewohnheitsrechts im Rahmen des ATCA sorgfältig angewendet werden müsse, *"were this not so, the courts of one nation might feel free to impose idiosyncratic rules upon others, in the name of applying international law."*[65]

65 Filártiga v. Peña-Irala, 630 F.2d 876, 881 (2d Cir. 1980).

THERESA WILHELMI

MENSCHENRECHTSSCHUTZ DURCH UNIVERSALE JURISDIKTION IM INTERNATIONALEN PRIVAT- UND STRAFRECHT

Die gemeinsame Untersuchung des Weltrechtsprinzips im internationalen Privat- und Strafrecht[1] mag auf den ersten Blick verwundern, hat doch *Raape* postuliert: *Strafrecht und Deliktsrecht sind verschiedene Dinge*[2]: Ein Gericht verhänge Strafen nur aufgrund seiner eigenen Rechtsordnung, aber es könne Schadensersatz wegen einer unerlaubten Handlung sehr wohl aufgrund einer fremden Rechtsordnung zuerkennen, ohne dass dadurch die Autorität des eigenen Staates Schaden nehme.

Auch dogmatisch und funktional sind der zivilrechtliche Schadensersatz und die Strafe heute streng voneinander getrennt. Gleichwohl geht beiden Rechtsfolgen regelmäßig ein gemeinsames Unrecht voraus, wobei der Begriff des Unrechts – in einem weiten Sinne – sowohl die unerlaubte Handlung bzw. das zivile Unrecht als auch die Straftat erfasst. Es handelt sich bei der öffentlichen Strafe und dem privaten Schadensersatz um „zwei Rechtsfolgen eines und desselben Tatbestandes“[3].

Dieser gemeinsame Rechtsgüterschutz erweist sich als wichtiger Berührungspunkt zwischen öffentlichem Strafrecht und privatem Deliktsrecht.

Engstes Bindungsglied zwischen Strafverfahren und Zivilprozess ist das Adhäsionsverfahren[4]: Der Strafrichter kann hier über einen aus der Straftat entstandenen zivilrechtlichen Schadensersatzanspruch mitentscheiden, sodass dem Opfer der Gang vor ein Zivilgericht erspart wird. Es handelt sich insoweit um *stellvertretende Zivilrechtspflege* durch Strafgerichte.

---

1 Siehe hierzu *Wilhelmi*, Das Weltrechtsprinzip im internationalen Privat- und Strafrecht, 2007.

2 *Raape*, in: J. von Staudingers Kommentar zum BGB und EGBGB, VI. Band, Einführungsgesetz, 2. Teil: Art. 7-31 (Internationales Privatrecht), 9. Auflage 1931, S. 196. Siehe hierzu *v. Hoffmann*, Festschrift für Henrich, 2000, S. 283, 287.

3 *Graf zu Dohna*, Die Privatgenugtuung, in: Vergleichende Darstellung des deutschen und ausländischen Strafrechts, Allgemeiner Teil, I. Band, hrsg. v. *Birkmeyer u. a.*, Berlin 1908, S. 225, 248.

4 Hierzu eingehend: *Wilhelmi*, Weltrechtsprinzip aaO, S. 355 ff.; *dies.* IPRax 2005, 236 ff.; *Krey/Wilhelmi*, Festschrift für Otto, 2007, S. 933 ff.

Dies zeigt bereits, dass eine strenge Trennung von Privat- und Strafrecht nicht stattfindet[5].

Zu bedenken gilt es auch, dass der zivile Schadensersatz gegenüber der Strafe grundsätzlich das mildere Mittel darstellt, und zwar sowohl im Hinblick auf ausländische Souveränitätsinteressen als auch mit Blick auf die Interessen des Betroffenen (Täters).

Das im Strafrecht anerkannte Weltrechtsprinzip sollte daher im Zivilrecht keinen höheren Hürden ausgesetzt sein. Im Gegenteil: Im Hinblick auf einen effektiven Opferschutz und zum Schutz elementarer Menschenrechte erscheint es sogar als unbillig, einerseits den Anspruch zu erheben, die Täter bestrafen zu wollen, andererseits aber den Opfern den Zugang zu den Gerichten zu verweigern und sie zurück zum Tatort oder zum Wohnsitz des Täters zu schicken, um dort möglicherweise vergebens um Recht zu suchen. Unter Wertungsgesichtspunkten müsste also ein privatrechtliches Weltrechtsprinzip erst recht zulässig sein.

Bei einer vergleichenden Untersuchung des Weltrechtsprinzips im Strafrecht einerseits und im Privatrecht andererseits ist jedoch der von *Raape* angesprochene Unterschied zwischen internationalem Privatrecht und internationalem Strafrecht zu beachten[6]:

Im internationalen Privatrecht findet eine strikte Trennung zwischen internationaler Zuständigkeit und anwendbarem Recht statt. Beide Aspekte unterstehen eigenen Regeln. Erst wenn feststeht, dass deutsche Gerichte international zuständig sind, bestimmt das zuständige Gericht nach den einschlägigen Kollisionsnormen das anwendbare materielle Recht, welches zur Lösung des Falles heranzuziehen ist. Dabei kommt es in vielen Fällen zur Anwendung ausländischen Sachrechts als räumlich beste Rechtsordnung.

Anders ist dies im Strafrecht: Deutsche Strafgerichte wenden nur deutsches materielles Strafrecht an und das deutsche Strafgesetzbuch regelt demgemäß in seinen §§ 3 ff. auch nur die Anwendbarkeit deutschen materiellen Strafrechts. Vorschriften zur internationalen Zuständigkeit deutscher Strafgerichte fehlen. Das strafrechtliche Weltrechtsprinzip bedeutet in Deutschland also unmittelbar nur, dass deutsches Strafrecht auf die dem Weltrechtskatalog (§ 6 StGB, § 1 Völkerstrafgesetzbuch) zugeordneten Straftaten ohne Rücksicht auf

5 Zu weiteren Parallelen, Divergenzen und Interdependenzen siehe *Wilhelmi*, Weltrechtsprinzip aaO, S. 14 ff.

6 Zum Nachfolgenden eingehend: *Wilhelmi*, Weltrechtsprinzip aaO, S. 35 ff.

das Tatortrecht und trotz fehlenden Inlandsbezugs anwendbar ist. Die Anwendbarkeit deutschen Strafrechts indiziert jedoch die internationale Zuständigkeit deutscher Strafgerichte.

Anders als im internationalen Privat- und Zivilverfahrensrecht besteht mithin keine Trennung zwischen internationaler Zuständigkeit und anwendbarem Recht, sondern es herrscht Gleichlauf. Dem Strafanwendungsrecht kommt insoweit also eine doppelte Funktion zu: Es entscheidet *direkt* über die Anwendbarkeit deutschen materiellen Strafrechts und *indirekt* über die internationale Zuständigkeit deutscher Strafgerichte.

Diese doppelte Funktion, die keine deutsche Eigenart, sondern international gebräuchlich ist[7], wirkt sich auf die Erörterung des Weltrechtsprinzips im Privatrecht insoweit aus, als sich die Frage nach einem privatrechtlichen Weltrechtsprinzip nicht nur bei der Bestimmung des anwendbaren Rechts stellt, sondern genauso bei der internationalen Zuständigkeit.

Es kann *im Ergebnis* auch keinen Unterschied machen, ob der Gesetzgeber, wie im deutschen internationalen Strafrecht, die Anwendbarkeit des eigenen materiellen Rechts regelt und die internationale Zuständigkeit an die Anwendbarkeit des eigenen Sachrechts knüpft *(forum legis)* oder ob er umgekehrt zwar Regeln für die internationale Zuständigkeit aufstellt, gleichzeitig aber das „lex fori-Prinzip" zur Anwendung kommt, d. h., die Gerichte im Falle ihrer internationalen Zuständigkeit nur das eigene materielle Recht anwenden.

Im Hinblick auf eine etwaige Beeinträchtigung ausländischer Souveränitätsinteressen kommt dem Aspekt der internationalen Zuständigkeit sogar die entscheidende Bedeutung zu. Denn auch im Bereich des internationalen Strafrechts ist es der Sache nach das *Tätigwerden* der Strafgerichte, also die internationale Zuständigkeit, die im Blickpunkt steht, und nicht die Anwendbarkeit des nationalen Strafrechts: Selbst wenn die Gerichte ausländisches Tatortrecht anwendeten, müssten sie die Aburteilung von Fällen ohne Inlandsbezug („Weltrechtsfälle") international rechtfertigen. Im Übrigen ist die Behandlung der Weltrechtsfälle unter dem Aspekt des Strafanwendungsrechts kein allgemeiner internationaler Usus, sondern es dominiert weitgehend der Gesichts-

7 Zum Gleichlaufprinzip in Frankreich, Belgien, Österreich, Schweiz, England und Wales, USA und Kanada siehe *Wilhelmi*, Weltrechtsprinzip aaO, S. 50 ff. m. w. N.

punkt der internationalen Zuständigkeit, also der Aspekt der universalen Jurisdiktion[8] *(universal jurisdiction/compétence universelle)*.

Bei der Frage nach einem privatrechtlichen Weltrechtsprinzip kann nichts anderes gelten. Entscheidend ist der Aspekt der internationalen Zuständigkeit. Was die Frage des anwendbaren Rechts angeht, so besteht in Fällen, in denen die Anwendung ausländischen Sachrechts nicht gegen den deutschen ordre public verstößt, gerade unter dem Gesichtspunkt der Völkerrechtsfreundlichkeit grundsätzlich kein schutzwürdiges Interesse daran, den Fall nicht gemäß der nach IPR ermittelten räumlich besten Rechtsordnung zu beurteilen[9]. Es geht hier also – wenn von Weltrechtsprinzip die Rede ist – primär um die Frage, wann vor deutschen Zivilgerichten eine Klage wegen Menschenrechtsverletzungen zulässig ist, die deutschen Zivilgerichte also international zuständig sind.

Dass es auch im Privatrecht Erscheinungsformen universaler Jurisdiktion gibt, zeigt bereits das US-amerikanische Institut der *human rights litigation*, das Schadensersatzklagen wegen Menschenrechtsverletzungen vor US-Zivilgerichten trotz fehlenden oder nur minimalen Inlandsbezugs ermöglicht[10].

Im Hinblick auf die internationale Zuständigkeit erlangt insoweit sowohl in den USA als auch in England insbesondere die sog. *transient jurisdiction* Bedeutung, wonach es zur Begründung der internationalen Zuständigkeit ausreichend ist, dass dem Beklagten die verfahrenseinleitende Ladung im Forumstaat zugestellt wird, selbst wenn sich der Beklagte dort nur vorübergehend aufhält[11]. Die *transient jurisdiction* entspricht damit einem strafrechtlichen Gerichtsstand des Ergreifungsortes und bedeutet wegen des Prinzips *forum non conveniens* der Sache nach eine im Ermessen des Richters stehende, nicht gerechtfertigte universale Jurisdiktion; denn sie beschränkt sich gerade nicht auf schwerste Delikte. *Jochen Schröder* bezeichnet sie insoweit als *„weltweite stellvertretende Privatrechtspflege"*, an der kein Staat vernünftigerweise interessiert sein könne[12].

Die Problematik der *transient jurisdiction* wird noch dadurch verstärkt, dass die Zustellung von Ladung und Klageschrift in England und in vielen Einzel-

---

8 Siehe *Wilhelmi*, Weltrechtsprinzip aaO, S. 50 ff., 76 ff., 171 ff. m. w. N.

9 Siehe *Wilhelmi*, Weltrechtsprinzip aaO, S. 243.

10 Hierzu *Hailer*, Menschenrechte vor Zivilgerichten – die Human Rights Litigation in den USA, 2006; *Wilhelmi*, Weltrechtsprinzip aaO, S. 304 ff.

11 Hierzu m. w. N. *Wilhelmi*, Weltrechtsprinzip aaO, S. 296 ff.

12 *J. Schröder*, Internationale Zuständigkeit (1971), S. 170.

staaten der USA nicht durch einen Gerichtsvollzieher oder einen ähnlichen Beamten erfolgen muss, sondern im Parteibetrieb, also durch Privatpersonen erfolgt. Die Zuständigkeit des Gerichts hängt also davon ab, ob es dem Kläger gelingt, den Beklagten im Forumstaat aufzuspüren, um ihm Ladung und Klageschrift zuzustellen.

In dem berühmten Fall Grace v. MacArthur (1959)[13] hatte der United States District Court, Eastern District Arkansas, Northern Division, seine Zuständigkeit aufgrund der Tatsache bejaht, dass die Zustellung der Klage an den Beklagten erfolgte, als dieser den fraglichen Staat im Flugzeug überquerte[14]: Hoheitsgewalt und Gerichtsbarkeit eines Staates seien nicht auf den Erdboden beschränkt, sodass ein Flugzeug über dem Hoheitsgebiet eines Staates dessen Hoheitsgewalt unterliege.

Der Sache nach handelt es sich hier um die Phänomenologie des Weltrechtsprinzips, auch wenn dies nicht ausgesprochen wird.

Tatsächliche Erwähnung findet das Weltrechtsprinzip in den USA nur im Zusammenhang mit dem Alien Tort Claims Act (ATCA) von 1789 und dem Torture Victim Protection Act (TVPA) von 1991[15]. Hier kam es sogar zu echten „Weltrechtsfällen" als Pendant zum strafrechtlichen Weltrechtsprinzip mit Gleichlauf von internationaler Zuständigkeit und anwendbarem Recht. Dieses privatrechtliche Weltrechtsprinzip ist jedoch durch den ATCA und den TVPA *wie im Strafrecht* auf bestimmte Delikte beschränkt, genauer: auf schwere Menschen- bzw. Völkerrechtsverletzungen.

Die US-Gerichte sind sich des Gedankens universaler Jurisdiktion bei Anwendung des ATCA bzw. des TVPA auch bewusst: So wird etwa im Fall Filártiga v. Peña-Irala[16] der Folterer – wie der Täter beim strafrechtlichen Weltrechtsprinzip – als *hostis generis humani* bezeichnet[17]. Zum Teil ist sogar ausdrücklich die Rede von *universal jurisdiction*[18]. Offenbar geht man in diesen Ent-

---

13 Grace v. MacArthur, 170 F.Supp. 442 (D.C. Ark. 1959).

14 aaO, p. 444.

15 Hierzu eingehend *Wilhelmi*, Weltrechtsprinzip aaO, S. 304 ff. m. w. N.

16 Die berühmt gewordene Entscheidung „Filártiga" aus dem Jahre 1980 betrifft die Klage zweier paraguayischer Staatsangehöriger (Vater und Schwester des Opfers) gegen den Polizeioffizier *Peña-Irala* (ebenfalls paraguayischer Nationalität), der das 17-jährige Opfer, *Joelito Filártiga,* in Paraguay gefoltert und getötet haben soll; 630 F.2d 876 (1980).

17 630 F.2d 876, 890 (1980).

18 So etwa im Fall Sosa v. Alvarez-Machain, 542 U.S. 692, 762 (U.S., 2004).

scheidungen also davon aus, dass für schwere Menschenrechtsverletzungen ein privatrechtliches Weltrechtsprinzip gerechtfertigt ist – ohne dies aber näher zu begründen.

Während man die materielle, also inhaltliche Rechtfertigung eines privatrechtlichen Weltrechtsprinzips jedenfalls dann als gegeben ansehen kann, wenn es analog dem strafrechtlichen auf Delikte begrenzt wird, die für alle Staaten gleich gefährlich sind und auf Täter, die sich durch ihre Tat zum Feind der Rechtsordnungen aller Staaten bzw. der gesamten Menschheit machen, bereitet die formelle Rechtfertigung Probleme[19].

Denn es existieren keine völkerrechtlichen Übereinkommen, die – entsprechend den strafrechtlichen Abkommen – ein privatrechtliches Weltrechtsprinzip oder zumindest ein Prinzip „stellvertretender Zivilrechtspflege" zur Pflicht machen bzw. erlauben. Auch entsprechendes Völkergewohnheitsrecht hat sich bislang nicht gebildet.

Hierin mag vielleicht auch der Grund liegen, dass sich ein privates Weltrechtsprinzip bislang noch nicht durchsetzen konnte.

Zu bedenken gilt es jedoch, dass man insoweit auf privatrechtlicher Ebene keine höheren völkerrechtlichen Anforderungen stellen darf als auf strafrechtlichem Terrain. Jedenfalls dann, wenn das privatrechtliche Weltrechtsprinzip auf Delikte beschränkt würde, für die das strafrechtliche Weltrechtsprinzip formell gerechtfertigt ist – sei es durch völkerrechtliche Abkommen, sei es kraft Völkergewohnheitsrecht – sollte man dies als völkerrechtliche Legitimation genügen lassen.

Die rechtlich bessere, aber praktisch zurzeit schwer vorstellbare und langwierige Lösung wäre freilich die Aufnahme des privatrechtlichen Weltrechtsprinzips in internationale Abkommen.

Dass ein privatrechtliches Weltrechtsprinzip aber bereits jetzt eine gewisse völkerrechtliche Legitimation beansprucht, zeigt auch die Möglichkeit der Opferentschädigung vor dem Internationalen Strafgerichtshof (IStGH).

In der Präambel des Römischen Statuts werden die der Gerichtsbarkeit des IStGH unterfallenden sog. völkerstrafrechtlichen „Kernverbrechen" als schwerste Verbrechen bezeichnet, welche die internationale Gemeinschaft als Ganzes berühren[20]. In dieser Formulierung klingt bereits die altehrwürdige

19 Zu beiden Aspekten siehe *Wilhelmi*, Weltrechtsprinzip aaO, S. 237 ff. m. w. N.

20 Siehe auch Art. 5 Abs. 1 S. 1 des Römischen Statuts des Internationalen Strafgerichtshofes vom 17. Juli 1998.

Rechtfertigung des Weltrechtsprinzips an. Denn letzteres erstreckt sich bekanntlich auf Straftaten, die als Bedrohung von Rechtsgütern der internationalen Staatengemeinschaft angesehen werden und deren Bekämpfung daher im Interesse aller Mitglieder der Staatengemeinschaft liegt.

Zwar ist die Ausübung der Gerichtsbarkeit in Fällen, in denen das Verfahren vor dem IStGH durch einen Vertragsstaat oder den Ankläger initiiert wurde, insoweit eingeschränkt, als Erfordernisse unter Aspekten der Territorialität, des Flaggenprinzips sowie der aktiven Personalität aufgestellt werden[21].

Keine Einschränkung erfährt die Ausübung der Gerichtsbarkeit jedoch für den Fall, dass dem Ankläger eine Situation durch den Sicherheitsrat unterbreitet wird. In diesem Fall wird der IStGH also nach dem Weltrechtsprinzip tätig.

Für die Opfer der angeklagten Straftaten besteht nun vor dem Internationalen Strafgerichtshof (IStGH) die Möglichkeit, Entschädigung zugesprochen zu bekommen: Der Gerichtshof kann auf Antrag des Verletzten, ausnahmsweise auch aus eigener Initiative, den durch das Verbrechen dem Opfer entstandenen Schaden feststellen und anordnen, dass der Verurteilte an das Opfer, gegebenenfalls zunächst an den eingerichteten Treuhandfond, den festgestellten Betrag zahlt[22].

Soweit sich das Strafverfahren vor dem IStGH also auf das Weltrechtsprinzip stützt (also bei Einleitung des Strafverfahrens durch den Sicherheitsrat), gilt dies auch für die Entschädigung des Verletzten, sodass es sich insoweit um eine Art privatrechtliches Weltrechtsprinzip handelt.

Wie wenig entfernt das privatrechtliche Weltrechtsprinzip vom strafrechtlichen ist, zeigt auch das in vielen Staaten eingeführte Adhäsionsverfahren[23].

Gerade hier könnte der Strafrichter, wenn er auf der Grundlage des Weltrechtsprinzips ein Strafverfahren durchführt, den zivilrechtlichen Schadensersatzanspruch einfach mit erledigen und auf diese Weise das strafrechtliche Weltrechtsprinzip ins Privatrecht überführen.

Zwar sollte man für die Zulässigkeit eines Adhäsionsverfahrens insoweit grundsätzlich fordern, dass nicht nur die internationale strafrechtliche Zuständigkeit gegeben ist, sondern nach Maßgabe des internationalen Zivilverfah-

---

21 Hierzu im Einzelnen: *Wilhelmi*, Weltrechtsprinzip aaO, S. 226 ff.

22 Art. 75 Abs. 1, 2 Römisches Statut aaO sowie rules 94, 95, 98 Rules of Procedure and Evidence (2002); hierzu *Wilhelmi*, Weltrechtsprinzip aaO, S. 371 f.

23 Hierzu *Krey/Wilhelmi*, Festschrift für Otto, 2007, S. 933 ff. m. w. N.; *Wilhelmi*, Weltrechtsprinzip aaO, S. 355 ff.

rensrechts auch die internationale Zuständigkeit für die Entscheidung über die Haftungsfrage[24].

Im Rahmen der Brüssel I-Verordnung[25] gilt jedoch eine internationale *Annexzuständigkeit* der Strafgerichte für den im *Adhäsionsverfahren* geltend gemachten Ersatzanspruch (Art. 5 Nr. 4). Soweit sich das Strafverfahren also auf das Weltrechtsprinzip stützt, kann man auch hierin eine universale Privatrechtspflege sehen[26].

Wenn man also die völkerrechtliche Legitimität eines privatrechtlichen Weltrechtsprinzips in Frage stellt, muss man sich insoweit auch über die Legitimation jener Annexzuständigkeit Gedanken machen, was vor dem Hintergrund des Menschenrechtsschutzes jedoch bedauerlich wäre.

Vielmehr bleibt zu hoffen, dass sich de lege ferenda ein privatrechtliches Weltrechtsprinzip international etablieren kann; denn es dient sowohl der Prävention als auch dem Opferschutz und der Durchsetzung elementarer Menschenrechte.

Als vermittelnde sachgerechte Einschränkung eines privatrechtlichen Weltrechtsprinzips könnte jedoch – neben der erforderlichen Beschränkung auf schwerste Menschenrechtsverletzungen – das Prinzip der Subsidiarität fungieren: Eine Klage wäre in Deutschland auf der Grundlage des Weltrechtsprinzips nur zulässig, wenn der Betroffene am Tatort keine Möglichkeit besitzt, seine Schadensersatzklage in adäquater Weise geltend zu machen, oder wenn die Schadensersatzklage am Tatort keine Aussicht auf Erfolg hat, weil die Gerichte in Anwendung ihres materiellen Rechts einen Anspruch – gemessen an internationalen Standards – völlig sachwidrig bzw. willkürlich verneinen würden (internationaler ordre public-Vorbehalt)[27].

---

24 *Wilhelmi*, Weltrechtsprinzip aaO, S. 356 ff.

25 Verordnung EG Nr. 44/2001 des Rates über die gerichtliche Zuständigkeit und die Anerkennung und Vollstreckung von Entscheidungen in Zivil- und Handelssachen vom 22. Dezember 2000, ABl. EG 2001, L 12, S. 1.

26 Hierzu *Wilhelmi*, Weltrechtsprinzip aaO, S. 358 ff. m. w. N.

27 Siehe *Wilhelmi*, Weltrechtsprinzip aaO, S. 426 f.

DISKUSSION

Von Hoffmann leitet die Diskussion mit dem Hinweis ein, dass Frau Wilhemi ihre Dissertation, die die Grundlage ihres Vortrags bildete, bei ihm geschrieben habe, er insofern mit ihren Ausführungen einverstanden sei und übergibt das Wort an Mankowski.

Mankowski wendet sich an beide Referentinnen. Zuerst bemerkt er die Nichtschriftlichkeit und Unübersichtlichkeit des deutschen internationalen Strafprozessrechts im Bereich der Gerichtszuständigkeit. Im europäischen Bereich dagegen existiere eine schriftlich niedergelegte Zuständigkeitsordnung, in der jedoch keine Weltrechtszuständigkeit enthalten sei, weshalb die Anwendung des Weltrechtsprinzips eine Systemdurchbrechung sei. Auch seien gegenwärtig Tendenzen in der Betonung des allgemeinen Gerichtsstandes zulasten der besonderen Gerichtsstände durch den EuGH erkennbar. Eine Verankerung des Weltrechtprinzips im europäischen System sei schwierig, zumal es an Normen fehle.

Frau Wilhelmi bestätigt das Fehlen einer Norm, hält jedoch eine Gerichtsstandsbegründung in Anlehnung an die Notzuständigkeit für denkbar.

An Frau Hailer gewandt fragt *Mankowski*, inwieweit die US-Rechtsprechung zu Immunitätsausnahmen in Auslegung der nationalen Gesetze nach FSIA [Foreign Sovereign Immunities Act von 1976] als Baustein für das Völkergewohnheitsrecht überhaupt heranzuziehen sei oder ob eine Rechtsprechung auf so dezidiert nationaler Rechtsgrundlage als Gegenstand des Völkerrechts von vornherein ausscheide.

Frau Hailer antwortet, dass die US-amerikanische Human Rights Litigation (HRL) eine gewisse Dynamik ins Völkergewohnheitsrecht bringe; einen tatsächlichen Einfluss dieser Rechtsprechung auf das Völkergewohnheitsrecht würde sie nur unter Einschränkungen bejahen; zumal sie in den Entscheidungen der amerikanischen Gerichte die notwendige *opinio juris* vermisse.

Kohler fragt die Referentinnen, ob sie während ihrer Forschungen Spuren von anspruchsbegründenden Zivilrechtsnormen gefunden hätten, in denen eine internationale Zuständigkeit von Zivilgerichten bereits miterwähnt sei oder ob nach wie vor eine Trennung von materiellem Anspruch und prozessualer Zuständigkeit in verschieden Normen gängig sei.

Frau Hailer legt dar, dass sie auf derartige Normen im Rahmen ihrer Recherchen nicht gestoßen sei. Im Rahmen der HRL machten die Gerichte in der Regel keine Ausführungen zu der die internationale Zuständigkeit begründenden

Norm; etwas anderes gelte lediglich hinsichtlich der *doing-business-jurisdiction*, die bisweilen, insbesondere bei Klagen gegen multinationale Unternehmen, diskutiert werde.

Frau Wilhelmi bestätigt, dass im Zivilprozess nach wie vor strikt zwischen internationaler Zuständigkeit und anwendbarem Recht getrennt werde. Es sei also auch in den USA nicht der Fall, dass der materielle Anspruch die Zuständigkeit mit sich bringe. Allerdings liege in den einschlägigen Gerichtsentscheidungen der Schwerpunkt beim materiellen Recht. Auf eingehende Ausführungen zur internationalen Zuständigkeit sei sie im Rahmen ihrer Forschung nur vereinzelt gestoßen. Man müsse hier die erstinstanzlichen US-Urteile heranziehen, wo die internationale Zuständigkeit in den „Weltrechtsfällen" insbesondere auf die *transient jurisdiction* oder – bei starken Geschäftskontakten mit den USA – die sog. *doing business jurisdiction* gestützt werde.

Auf Nachfrage von *Mankowski*, ob das *forum non conveniens* in amerikanischen Entscheidungen diskutiert werde, bestätigt *Frau Wilhemi* eine laufende Diskussion; insbesondere im Bereich der Unternehmensklagen ergänzt *Frau Hailer*.

Kotzur empfindet die in den Ausführungen von Frau Hailer dargestellte Situation über die stark relativierte *opinio juris* in Entscheidungen US-amerikanischer Gerichte und eine mögliche Fortwirkung der HRL im Völkergewohnheitsrecht auch als problematisch. Frau Wilhelmi fragt er, ob man trotz der unterschiedlichen rechtlichen Zielrichtungen aus dem strafrechtlichen Universalitätsprinzip auch ein zivilrechtliches Universalitätsprinzip entwickeln könne.

Frau Wilhelmi erläutert ihren Forschungsansatz, der primär Klagen gegen Privatpersonen und Unternehmen zum Gegenstand habe. Hier bestünden durchaus Ähnlichkeiten zwischen Strafrecht und Privatrecht; zumal sich das Strafrecht in einigen Ländern nicht nur auf Privatpersonen, sondern eben auch auf Unternehmen erstrecke. Sie räumt ein, dass es bei Klagen gegen Staaten an einer direkten Vergleichbarkeit zwischen Straf- und Zivilrecht fehle, da das nationale strafrechtliche Weltrechtsprinzip nur für natürliche Personen gelte. Im Zivilrecht sollte man jedoch versuchen, über eine Weiterentwicklung des Rechts zumindest die Vollstreckung in Staatsvermögen, das nicht unmittelbar hoheitlichen Zwecken diene, zu ermöglichen; dies unter der Voraussetzung, dass die Tat staatlich veranlasst worden sei.

Frau Hailer führt aus, dass Konflikte zu staatlichen Leistungen bei Menschenrechtsverletzungen im großen Rahmen wahrscheinlicher seien. Beispielhaft erwähnt sie die Ablehnung von Klagen gegen deutsche Unternehmen, da vermieden werden sollte, in das deutsche Reparationen-Regime der Nachkriegszeit einzugreifen. Im Rahmen ihrer Forschung sei sie darauf aufmerksam geworden, dass in der US-amerikanischen Literatur die Auffassung vertreten werde, dass Menschenrechte primär für ausländische Staatsangehörige gelten. Dagegen sei für US-Staatsangehörige die eigene nach nationalem Recht formulierte Verfassung anzuwenden.

Von Hoffmann meint, dass Reparationszahlungen, die in Friedensverträgen geregelt worden seien, als ein Prozesshindernis bei Zivilklagen angesehen werden könnten. Eine Privatklage als solche müsste aber nicht prinzipiell ausgeschlossen werden.

Tomuschat weist auf den globalen Ordnungsrahmen des Völkerrechts hin. Auch müsse die Befriedungsfunktion von Friedensverträgen ernst genommen werden und nicht durch Ermöglichung von Privatklagen ausgehebelt werden. Zwar findet er die Schaffung eines „Weltzivilgerichtshofs“ interessant, steht allerdings einer praktischen Umsetzung skeptisch gegenüber. Zum einen wäre der Arbeitsanfall eines solchen Gerichts unermesslich; zum anderen verweist er auf die Größe der internationalen Staatengemeinschaft, von denen einige Mitglieder nicht einmal das Weltrechtsprinzip und den Internationalen Strafgerichtshof anerkannt hätten. Auch gibt er zu bedenken, dass viele Gerichte Befehlsempfänger ihrer Exekutiven wären. Nach seiner Einschätzung besteht in der Staatengemeinschaft keine große Begeisterung für die *universal jurisdiction*. Einer Gleichsetzung von internationalem Verbrechen und Weltrechtsprinzip stimmt er nicht zu.

Von Hein weist auf die internationalen und nationalen Bedenken hin, die gegenüber zivilprozessualen nationalen Zuständigkeitsregelungen (z. B. § 23 ZPO) bestehen und regt an, diese bei einer Übertragung unter Menschenrechtsaspekten in das Völkerrecht zu berücksichtigen. Er teilt die Bedenken von Tomuschat hinsichtlich der realpolitischen Umsetzung des Weltrechtsprinzips in das Zivilprozessrecht. Anderseits fragt er unter Hinweis auf einen Artikel von Ralf Michaels, „US-Gerichte als Weltgerichte- Avantgarde der Globalisierung“[1], ob es nicht eine *second-best-solution* sei, wenn die USA

1 In: DAJV Newsletter 2006, S. 46 ff.

eine Weltgerichtsbarkeit als einzige Nation inne hätten im Verhältnis zu anderen Staaten in instabileren Regionen der Welt.

Frau Wilhelmi fragt, ob eine ausgeübte Weltgerichtsbarkeit nicht nur von den USA, sondern auch von anderen Staaten nicht besser sei. Eine Bejahung des Weltrechtsprinzips müsse seriöserweise für alle Staaten gelten. Auch regt sie eine institutionelle Differenzierung an: Für größere Fälle, die die Öffentlichkeit interessieren, eine Zuständigkeit des Weltgerichtshofs; für kleinere Einzelfälle mit geringerem öffentlichem Interesse eine Einsetzung von staatlichen Gerichten.

Frau Hailer berichtet, dass im Iran ein Gesetz erlassen wurde, wonach die USA dort nach dem Vorbild der HLR wegen Menschenrechtsverletzungen verklagt werden können, was die USA nachdenklich gestimmt habe. Sie stimmt Tomuschat in seinen Ausführungen zur Unterlaufung von Friedensverträgen durch Gewährung von Privatklagen zu.

Frau Hailer weist darauf hin, dass im Rahmen der HRL das Opfer Wiedergutmachung, auch in emotionaler Hinsicht, erhalten könne.

Birk fragt Tomuschat, inwieweit in völkerrechtlichen Friedensverträgen zivilrechtliche Fragen behandelt würden, die zu einem Ausschluss von Privatklagen führten.

Bei *Tomuschat* sei vor kurzem eine Doktorarbeit geschrieben worden, in der die These vertreten werde, dass der Staat dazu befugt sei, über individuelle Ersatzansprüche zu verfügen und dass dem keine Hindernisse aus dem Gedanken des *ius cogens* entgegenstünden. Vermutlich werde sich eine Diskussion entwickeln. Als Einwand der Gegenposition könne er sich vorstellen, dass es als unbillig angesehen werde, wenn ein Staat seinen Staatsbürgern zivilrechtliche Schadensersatzansprüche im Rahmen von abgeschlossenen Friedensverträgen nehme, welche die Bürger eigentlich vor internationalen Gerichten hätten geltend machen können.

Kohler fragt Frau Hailer, ob Verfahrens- und Verteidigungsrechte des Beklagten im Rahmen der HRL in der amerikanischen Rechtsprechung nach einem allgemeinen Mindeststandard gewahrt blieben. Ferner erwähnt er das Krombach-Urteil des EuGH, bei dem französische Strafgerichte zuvor ihre Adhäsionszuständigkeit bei der Klage auf Schadensersatz gegen den deutschen Beklagten aus der Staatsangehörigkeit des Opfers hergeleitet hätten (compétence internationale passive). Dabei hätte der EuGH gefragt, ob ein solches passives Staatsangehörigkeitsprinzip als Gerichtsstandsbegründung unter europäischen Vorgaben haltbar sei. Abschließend fragt er, ob Verfahrensrechte eines Beklagten bei einem „Weltrechtszuständigkeitstotalprinzip" gewahrt bleiben könnten.

Frau Hailer verweist auf die Schwierigkeit der Wahrung von Verfahrensrechten bei Nichterscheinen des Täters, zumal die Wahl der Verteidigung im Zivilprozess dem Beklagten obliege. Auch verweist sie auf das Missverhältnis in amerikanischen HRL-Verfahren, in denen nicht selten auf Klägerseite professionelle Praktiker stünden, auf Beklagtenseite jedoch unerfahrene ausländische Staatsangehörige. Gegenwärtig machten sich jedoch in Hinblick auf HRL-Klagen gegen Unternehmen Veränderungen bemerkbar. Unternehmen ließen sich durch professionellen Rechtsbeistand vertreten, so dass gegen sie gerichtete Klagen von wenig Erfolg gekrönt seien.

Frau Wilhemi wendet ein, dass man das Weltrechtsprinzip nicht a priori mit schlechtem Verfahren gleichsetzen könne, Verfahrensfehler würden unabhängig von der Jurisdiktion geschehen. Selbstverständlich blieben Verfahrensgarantien bei Einführung des Weltrechtsprinzips ins Zivilverfahren in Geltung.

Mankowski meint, dass sich die Struktur des internationalen Zivilprozessrechts gegen eine Einführung des Weltrechtsprinzips sperre.

Frau Wilhelmi erläutert ihren Ansatz zur Einführung des Weltrechtsprinzips mit dem Hinweis auf eine Einführung *de lege ferenda*.

Nach Ansicht von *Mankowski* stellt die Einführung des Weltrechtsprinzips in das Internationale Zivilverfahrensrecht einen Systembruch dar. Dieser Systembruch könne gerechtfertigt werden, wenn es eine völkerrechtliche Pflicht zum Weltrechtsprinzip gebe. Eine solche Pflicht gebe es gegenwärtig jedoch nicht umfassend. Er verweist als denkbare Kompromisslösung für die gegenwärtig fehlende Verpflichtung zum Weltrechtsprinzip auf das Gebot des effektiven Rechtsschutzes, das eine grundsätzlich subsidiäre Gerichtszuständigkeit, eine Notzuständigkeit, als eingegrenzte Systemausnahme ermöglichen könnte. Auch plädiert er nachdrücklich für eine Beibehaltung des § 23 ZPO nicht nur in Menschenrechtssachen, sondern auch im Wirtschaftsrecht.

Stumpf fragt, wie sinnvoll ein Weltrechtsprinzip in prozessualer Hinsicht sei, wenn noch kein Weltrechtsprinzip in materieller Ausprägung bestehe.

Frau Wilhelmi antwortet, dass dies gerade der Clou des Weltrechtsprinzips sei. Im Interesse der internationalen Staatengemeinschaft sei es unschädlich, dass die Tat am Tatort nicht strafbar sei.

Frau Hailer weist darauf hin, dass die Normen beim ATCA – nach Auffassung der US-Gerichte – universal seien, sie überall gelten und alle Personen

Adressaten derselben seien. Problematisch findet sie den Begriff des ‚staatlichen Akteurs'. Privatpersonen mit reinen Geschäftsbeziehungen zum Staat liefen Gefahr, mit diesen Staaten zusammen für etwaige Handlungen haftbar gemacht zu werden.

Die weitere Diskussion umfasst die gerichtliche Vertretung des Beklagten vor Gericht, das sichere Geleit des ehemaligen DDR-Spions und Angeklagten Markus Wolf zu einem Verfahren vor dem BGH, moderne Technik der Vernehmung und die auch in Europa im Vordringen befindlichen *punitive damages*.

IV. ZUSAMMENFASSUNG

ERGEBNISSE[1]

1. Menschenrechte gründen auf vorstaatlichen und vorrechtlichen Wertvorstellungen. Ihre Realisierung ist als kulturelle Leistung von partikularen Kontexten abhängig. Universelle Akzeptanz wird durch interkulturellen Dialog gefördert.
2. Menschenrechte haben überall gleichen Inhalt. Ihre Beschränkbarkeit kann jedoch partikular variieren. Die Rechtfertigung der Beschränkung von Menschenrechten auf Grund kultureller Partikularität wird ihrerseits am Universalitätsanspruch gemessen.
3. Funktionsfähige Staatlichkeit ist Grundvoraussetzung der Geltung von Menschenrechten. Der Staat hat nicht nur Eingriffe in die Menschenrechte zu unterlassen, sondern auch Maßnahmen zu ihrem Schutz zu ergreifen. Der Universalitätsanspruch von Freiheitsrechten wird grundsätzlich nicht durch die Finanzkraft von Staaten beschränkt, wohl aber der von Teilhaberechten. Bei schweren Verletzungen von Freiheits- und Teilhaberechten ist die internationale Gemeinschaft aufgerufen, Schutz zu gewährleisten.
4. Schutz vor Menschenrechtsverletzungen obliegt primär dem Staat, in dem die Rechtsverletzung droht oder eingetreten ist. Kommt ein Staat seiner Schutzpflicht nicht nach, hat das internationale Recht Schutzmechanismen zur Verfügung zu stellen.
5. Gerichte unbeteiligter Staaten können bei der Realisierung des internationalen Menschenrechtsschutzes eingesetzt werden. Dies wird bereits heute im Strafrecht durch das Weltrechtsprinzip verwirklicht; auch zivilrechtlicher Schadensersatz wegen schwerer Menschenrechtsverletzungen sollte gewährt werden.

---

1 (am Ende der Tagung konsentiert durch von Hoffmann, Kotzur, Stumpf, Tomuschat, Wilhelmi)

LISTE DER REFERENTEN

Prof. Dr. Dres. h. c. *Rolf Birk*, em. Professor für Bürgerliches Recht, Arbeitsrecht, Internationales Privatrecht an der Universität Trier; Institut für Arbeitsrecht und Arbeitsbeziehungen in der Europäischen Gemeinschaft.

Prof. Dr. *Bernd Dörflinger,* Professor an der Universität Trier, Fachbereich I Philosophie; Erster Vorsitzender der Kant-Gesellschaft; Mitglied der Jury der ZEIT-Stiftung zur Verleihung des Kant-Preises; Dekan des Fachbereichs I der Universität Trier.

Prof. Dr. *Diederich Eckhardt*, Lehrstuhl für Bürgerliches Recht und Zivilprozessrecht an der Universität Trier.

Dr. *Claudia Hailer,* Staatsanwältin in Berlin.

Prof. Dr. *Jan von Hein,* Professor für Zivilrecht, insbes. Internationales Privatrecht und Rechtsvergleichung an der Universität Trier; bis 2007 Wiss. Referent am Max-Planck-Institut für ausländisches und internationales Privatrecht.

Prof. Dr. *Bernd von Hoffmann,* em. Professor für Zivilrecht, insbes. Internationales Privatrecht und Rechtsvergleichung an der Universität Trier; Vorstand Institut für Rechtspolitik an der Universität Trier; Mitglied des Institut de Droit International.

Prof. Dr. *Christian Kohler*, Generaldirektor am Gerichtshof der Europäischen Gemeinschaften, Luxemburg.

Prof. Dr. *Markus Kotzur,* LL.M. (Duke University), Professor für Europarecht, Völkerrecht, Öffentliches Recht an der Universität Leipzig; Geschäftsführender Direktor des Instituts für Völkerrecht, Europarecht und ausländisches öffentliches Recht.

Prof. Dr. *Peter Mankowski,* Lehrstuhl für Bürgerliches Recht, Rechtsvergleichung und Internationales Privat- und Prozessrecht an der Universität Hamburg; Mitglied des Direktoriums der International Max Planck Research School for Maritime Affairs; Mitglied des Vorstands der Gesellschaft Hamburger Juristen.

Prof. Dr. *Karl-Heinz Pohl,* Professor für Sinologie an der Universität Trier; Arbeitsgebiete: chinesische Geistesgeschichte, Ethik und Ästhetik des modernen und vormodernen China, interkulturelle Kommunikation und Dialog zwischen China und dem Westen; Vorsitzender der Académie du Midi, eines in Trier ansässigen Instituts für Philosophie.

Prof. Dr. *Gerhard Robbers,* Professor für Öffentliches Recht, Kirchenrecht, Staatsphilosophie und Verfassungsgeschichte an der Universität Trier; Richter im Nebenamt am OVG Rheinland-Pfalz; Leiter des Instituts für Europäisches Verfassungsrecht; Geschäftsführender Vorstand des Instituts für Rechtspolitik an der Universität Trier; Mitglied des Präsidiumsvorstandes des Deutschen Evangelischen Kirchentages; Richter des Verfassungsgerichtshofes Rheinland-Pfalz.

Prof. Dr. *Meinhard Schröder,* Professor für Öffentliches Recht, insbesondere ausländisches öffentliches Recht, Völkerrecht und Europarecht an der Universität Trier; Direktor des Instituts für Umwelt- und Technikrecht der Universität Trier.

PD Dr. Dr. *Christoph Stumpf,* Privatdozent für öffentliches Recht, Kirchenrecht und Rechtsvergleichung an der Juristischen Fakultät der Universität Halle-Wittenberg; Rechtsanwalt in Hamburg.

Prof. Dr. Dr. h. c. *Christian Tomuschat,* em. Professor für Staats- und Völkerrecht an der Humboldt-Universität zu Berlin; Direktor des Instituts für Völker- und Europarecht; Mitglied des Institut de Droit international; Richter am Verwaltungsgericht der Afrikanischen Entwicklungsbank.

Dr. *Theresa Wilhelmi,* 2005-2007 wissenschaftliche Mitarbeiterin am Lehrstuhl für Strafrecht, Strafprozessrecht und Methodenlehre der Rechtswissenschaften (Prof. Dr. Volker Krey); Rechtsreferendarin.

Rechtspolitisches Symposium
Legal Policy Symposium

Herausgegeben im Institut für Rechtspolitik an der Universität Trier
von Bernd von Hoffmann und Gerhard Robbers

Band 1 Bernd von Hoffmann (ed.): Towards a Common European Immigration Policy. Reports and Discussions of a Symposium held in Trier on October 24th and 25th, 2002. 2003.

Band 2 Bernd von Hoffmann (ed.): Global Governance. Reports and Discussions of a Symposium held in Trier on October 9th and 10th, 2003. 2004.

Band 3 Gerhard Robbers (ed.): Reforming Federalism – Foreign Experiences for a Reform in Germany. Reports of a Symposium held in Trier on December 2nd to 4th, 2004 hosted by the Institute for Legal Policy at the University of Trier in Cooperation with the German Bundesrat. 2005.

Band 4 Gerhard Robbers / Dieter C. Umbach / Klaus-Eckart Gebauer (Hrsg.): Innere Sicherheit, Menschenwürde, Gentechnologie. Kolloquium aus Anlass des 80. Geburtstages von Ernst Benda am 22. Januar 2005 in Trier, veranstaltet vom Institut für Rechtspolitik an der Universität Trier und den Professoren Dr. Gerhard Robbers (Trier), Dr. Dieter C. Umbach (Potsdam), Dr. Klaus-Eckart Gebauer (Mainz) in Zusammenarbeit mit dem Landtag Rheinland-Pfalz. 2005.

Band 5 Bernd von Hoffmann (Hrsg.): Rechtspolitische Herausforderungen. Kolloquium anlässlich des 75. Geburtstages von Ministerpräsident a.D. Dr. Carl-Ludwig Wagner. 2005.

Band 6 Joachim Mertes / Gerhard Robbers (Hrsg.): Antworten auf den internationalen Terrorismus. Gewährleistung der Inneren Sicherheit durch Bund und Länder. Mit Beiträgen von Manfred Baldus, Wolfgang Bosbach, Paul Dubois, Rüdiger Freiherr von Fritsch, Joachim Mertes, Wolf Plesmann, Gerhard Robbers, Dieter Wiefelspütz und Heinrich Amadeus Wolff. 2007.

Band 7 Bernd von Hoffmann (Hrsg.): Universalität der Menschenrechte. Kulturelle Pluralität. 2009.

www.peterlang.de